教 学 新 探 索 丛 书

■ 裴娣娜 李长吉／主编

体悟教育研究

TIWU JIAOYU YANJIU

■ 张华龙／著

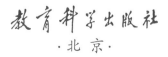
教育科学出版社
·北京·

总　序

改革开放三十年来，中国教学论学科发展进入了新的阶段，在开拓理论视野、转变教育观念以及探索新的研究方式和方法方面取得了许多重大的研究成果，中国教学论学科发展实现了从传统走向现代的历史性超越。

这套由浙江师范大学一批中青年学者撰写的《教学新探索丛书》，正是中国教学论学科建设中诸多研究成果之一。这套丛书的主要特点有如下几个方面。

1. 多视角聚焦学科前沿

丛书不仅涉及学科建设的概念与范畴、理念与方法的问题；而且涉及教学的应用性与技术性层面的问题，主要解决学科建设的实践性问题。针对已经进入研究者视野的教学论原理、体悟教育、学生自主、实践教学、学业评价、信息技术课程实施、数学教学的文化取向、历史教学思想等问题，研究者重新思考其中具有研究范式转变意义的重大变革，这对于促进教学论学科发展具有重要意义。

2. 追求原创意义的研究成果

近年来，我国教育科学界一直在追求具有原创意义的研究成果。难能可贵的是，相对人们耳熟能详的传统教育思想和教育实践而言，此套丛书的作者们已经初步创建了具有原创性的教育话语体系，如《教学论思辨》一书对教学主体、教学内容、教学历程、教学方法以及教学研究等方面进行了形而上思考；又如《体悟教育研究》，立足于个体文化生命的生成与提升，从认识论角度考察悟性认识现象，关注教育过程中意义的建构；在《自主的学生：学校教学生活中的现实建构》一书中，作者从自我伦理、权利自我、能力技术三个层面，将"学生自主"定位于学生个体的一种学习与生活状态乃至其生存态度和生存方式，实质在于使学生真正成为富有人格尊严、自由精神、独立自主、个性丰富，具有创造性和建设性的自在自为的存在者，成为自我的权利主体和责任主体，等等。这些新概念、新思想、新观点有利于开拓人们的学术视野，引发人们在教学论学科发展的一些基本问题上做更深层次的思考。

3. 基于实践又高于实践，具有对教学实践问题的解释力、预测力和指导性

教学论学科发展研究既需要清晰而独特的理论视角，又需要深入地关注实践，要有对教学实践问题的解释力、预测力和指导性。丛书各册的研究没有停留在直觉的把握、经验的感悟上，而是基于实践又高于实践。研究者从理清结构、把握关系的角度，运用理论对教学现象进行分析、抽象和提炼，依据变革性实践以及对理论逻辑的充分论证，关注理论的原点和实践的原点，提高了教学论研究的学理性与科学性水准。

丛书中这些著作大多数是在博士论文的基础上进一步修改、补充和完善而成的，因此选题精当，议题相对集中，思路明晰，内容翔实，研究方法合理，为进一步深入研究教学理论与实践问题开辟了新的视角和思路。

教学论学科的发展，首先要确立自觉的学科意识，通过专题性研究实现我国教学理论与实践研究在研究主题、价值功能和研究范型三个方面的重要转换，这是学科发展的一项基础性工作。教学论学科问题涉及多个方面，不可能指望通过一套书或几篇论文就可以解决，这套丛书只是一个新的开始，有许多问题尚待进一步深入细致的研究。当然，要全面揭示教学理论与实践若干基本问题的内涵和实质，还需要通过实践不断检验和完善。

未来是美好的，但需要我们去创造。我们期望有更多的中青年学者通过自己开拓性的研究，加快教学论学科的建设与发展。我们要提倡批判、突破与超越，提倡实践、探索与反思，使我们从事的事业不断创新发展，我想，这正是我们出版这套丛书的基本出发点。

裴娣娜
2009 年 6 月

目　录

序

　　我曾经在为自己一本著作写的"前言"中说过这样一句话：书，特别作为一种比较严肃的学术著作，无非是作者向读者对其所同样关心的问题做的一次有准备的、系统的发言。所以，在我看来，现在呈现在读者面前的这本定名为《体悟教育研究》的书，也就是作者张华龙就体悟教育问题向人们和学术界做的一次系统的理论陈述和有准备的学术汇报。

　　我以为，做这样一次陈述和汇报并不简单，绝非轻而易举。是作者为此学习、思考了多年，作了长期研究、探索和准备的结果。2005年秋，华龙从浙江师范大学考入西北师范大学，成为教育学院攻读教育学原理博士学位的研究生。入学仅半年，他在谈及自己以后有关博士论文的选题、撰写等方面问题的思考时，就提到了体悟和体悟教育这两个概念，并向我表达了有关思考的起因，撰写旨趣和思考过程等。他告诉我，他之所以关注起这个问题，是源于他在担任"教育史"这门课程教学实践中得到的有关启示、体会和感悟。自此，他就注意搜集、阅读了不少资料，并于2003年和2004年分别在《课程·教材·教法》等教育期刊上发表过几篇有关文章。听得出来，他对此问题的研究，不仅已有明显的倾向性，而且看来已经思考过较长时间，并且已有相当的成竹在胸了。据此情况，对华龙以后正式提出选择这项研究课题时，我自然是持赞同的态度的，但是，由于想到体悟教育这个概念并不为一般人所熟悉，把"体悟"和"教育"如何合理地联系起来，却也是个不小的问题，而其首要的关键词则明显是在"体悟"二字上。所以，我曾不止一次地向他说，对这个问题的研究，客观上需要相当深厚的中西哲学史和历史、文化等诸多知识学问的支持和准备，而且需要深思熟虑，进行极艰苦的比较、分析和综合研究。无此基本条件，这个问题不可能研究深透。而如果把这个问题真正研究深透了，客观上对教育学的基本理论研究的这个方面能够作一次很有价值的探索和推进。应该肯定，进行这个课题的研究是有意义的。

　　在我看来，作为人类的自我意识的哲学，是理性精神的直接表现。但是中西方的哲学又是各有其明显的不同特点的，这种不同的特点，如果借用康德的术语，我们不妨说，西方哲学偏于"纯粹理性"，偏重于追求知识；而中国哲学则偏于"实践理性"，偏重于追求道德。前者多描述自然界的必然，后者多强调精神领域的自由。

中国哲学是内省的智慧，它最重视的不是确立对于外部世界的认识，而是致力于成就一种伟大的人格。所以，和西方哲学相对而言，它并不重视对于客观对象的分析、区分、解释和推理，并不重视对于对象实体及其过程的精确陈述。

体悟是什么呢？体悟乃是中国智慧和思维能力的一种传统，也是中国传统智慧和思维能力的优势所在。它在本能和认知、情感和理智、知识和哲学等诸多层面，给中国智慧提供了融贯和升华的奇妙通道，其核心是"内省"二字。我曾说过，"认识外部世界依靠理性，而认识内心世界（把握人自身）却离不开体悟、体验和直觉"。其意也就是，我们的认识活动既需要借助西方智慧，也需要吸纳中国传统的智慧。它和哲学家张世英教授在其《天人之际——中西哲学的困惑与选择》一书中如下两句话的意思是完全一致的："我以为中国哲学的发展应该在继续召唤西方主体性思想的同时，把主客二分和主体性同天人合一结合起来。我们既需要主客二分和主体性思想所带给我们的科学精神和现实精神，又需要超出主客二分的天人合一所给我们的高超境界，既需要在科学上、事业上孜孜以求，永不满足，又需要超越这种无止境的追求，在境界上求得自我满足。"

选题确定了，思路理顺了，目的明确了，以下就是按开题报告所确定的计划和步骤实施的问题了。在近一年半的时间里，作者先后参阅了三百多项中英文有关文献，整个撰写工作进行得尤为认真、艰苦、细致和有序，并终于在一年前的今天完成了全部论文的撰写工作。功夫不负有心人，一分耕耘，一分收获。华龙的论文不仅顺利获得通过，而且被一致评为优秀，获得很高的赞誉和评价。但是，与此同时，我又想到英文中 Commencement 一词的含义，这个词可译为中文的"毕业典礼"，即英美各大学每年都要隆重举行的学位授予仪式，但此词却也有开始、发端之意。这意味着什么呢？我以为主要就是说，在追求知识和学问的道路上，并无终点，即便已经取得博士学位的学者，也同样意味着开始了一个新的起点。同样，这项题为《体悟教育研究》的研究工作，虽然已经告一段落，却仍还有不断修改、提高、完善的必要，而不是完美无缺的。

2008 年 7 月，华龙在西北师大攻读博士学位的学业结束，获得了教育学博士学位后，又回到浙江师大从事教学与研究工作。2009 年春节前夕，获悉华龙这篇博士论文将准备付梓问世，我内心是甚为此感到高兴和欣慰的。

今年兰州的初春阳气勃发，为五十八年来所最暖。兰州虽属内陆城市，人们仰望天际，亦可时见彩云成阵，看到湛蓝如海的黄河之水，盖亦是良辰美景之时也。遥想华龙现在工作、生活的南国，也是我的故乡，当更春光明媚、景色宜人，则尤使我不胜心向往之。值此一年中最美好的季节，就让我在此给我的这位沐浴在南国春风中的弟子致以春天的祝福，祝愿华龙在今后的日子里，更加奋发有为，学术精进。

胡德海

2009 年 2 月 16 日于兰州西北师大 5－105 住所

第一章

导　论

中国几千年的传统文化中存在着一套有别于西方理性主义、主客二分的认识理论与认识实践路线——体悟理论与体悟实践的路线。它和西方的反映论（认识论）不同之处主要是，体悟实践及体悟理论是向内的而非向外的、总体的而非个别的，它是在主客合一的状态中通达精神世界的。

西方主客二分的理性主义认识论（反映论）沿着主客分立的路线探求世界的真理，这种认识论对于人类把握客观事物的认识实践来说，可被视为是一种哲学上的认识路线与认识理论，在西方哲学发展史上具有划时代的意义。这种认识路线和认识理论对西方几百年来科学技术的发展产生了巨大作用。一百年来的西方教育理论也是在这种认识理论与认识路线的影响下发展起来的。

中国人生活在一个独特的文化氛围里。陈子昂的"前不见古人，后不见来者。念天地之悠悠，独怆然而涕下"，陶渊明的"采菊东篱下，悠然见南山"，等等，都是体悟的写照。在中国几千年来的学校教育教学活动中，教师并不知道"实践""感性""理性"之类的概念，他们教学生固然会自发地遵从从感性到理性这一主客二分的认识路线，但主要还是凭经验，也凭个人的心得体会即体悟引导自己的教育实践行为；学生也并非只是接受权威和定论，而是在不同程度上都有自己个性化的精神面貌。可以说，体悟教育教学实践在中国几千年文化传统中是一种客观存在。

教育学产生于技术化工业社会成型之际，此时，理性的光辉凝聚成为人类文明的光环，遮蔽了体悟认识理路。在这一社会历史背景下茁壮成长起来的教育理论以揭示教育客观规律为己任，带有工具理性的色彩也就不足为奇了。

面对社会的转型，面对唯理性带来的诸多危机，在回归精神家园的呼声中，指向价值、意义与精神世界的悟性认识重新获得了历史的肯定。20世纪70年代以来，西方教育科学领域发生了重要的范式转换，开始由探究普适性的教育规律转向寻求情境化的教育意义。与之相契合，在教育实践领域，注重形式的现代工具性教育正在转向注重内在价值的以人为本的教育。返观具有感悟思维这一传统文化优势的我们，是否已到了关注体悟理路教育学意义的时候了？

第一节 认识路线的转向与教育变革的使命

一、时代探寻的主题：价值与意义世界

人类社会的发展历程是人在实践过程中确证自身本质力量并不断提升本质力量的过程，也是理性与非理性交叠转化的过程。从古希腊哲学产生之初，西方在认识客观世界的过程中就展现出了人类理性的力量与光辉。当苏格拉底高扬着铭刻在德尔斐神庙上的箴言"认识你自己"，把哲学的研究对象从宇宙拉回到人间的时候，科学理性的光芒赋予了希腊人文精神理性的色彩，并由此形成了西方主客二元对立的逻辑分析思维范式。中世纪，上帝无情地剥夺了人的精神自由，收缴了人的理性力量，西方成为人性的荒漠、众神的乐园。然而，此时的东方却是人文荟萃、春意盎然的绿洲。那里是一片丰沃的土壤，在中华智慧的滋润下，审视着人类自身的内部世界，孕育着非理性的内在体验，散发着清香的生命韵味。

以文艺复兴和启蒙运动为转折点，西方社会告别理性的荒漠，人道主义和理性主义成为现代性的核心价值。这一时期，在对神权非理性的讨伐过程中，逐步"形成在人与自然的关系中突出人的主导地位、在人与社会的关系中突出个体权益、在人与人的关系中强调人格独立、在人与自身的关系中强调自我实现自我超越的'人性逻辑'"①，即现代人文精神的核心。理性摆脱了宗教神学的束缚，自由地驰骋于人间思想与实践的原野，"人类凭借抽象思维从复杂的现象中把握事物的本质，以概念、判断、推理形式表达，这是形成系统科学知识的基础；理性原则在实践中体现为依照规律办事，掌握自然的、社会的、思维的普遍规律，指导认知付诸实践。人文精神促生了科学理念、科学理性、科学方法、科学精神，反过来，科学精神又成为人文精神的主导形式。科学的发展，技术的运用对发展社会生产力、提高人们生活水平方面产生了巨大的功利价值，同时科学精神内蕴着人文智慧"。②

主客二分的理性主义认识路线带来了近代科学技术的迅猛发展。理性在人类本质力量客观对象化的过程中得以充分彰显，极大地改变了人类物质生

---

① 杨岚，张维真. 中国当代人文精神的构建 [M]. 北京：人民出版社，2002：68.
② 汪怀君. 由现代到后现代看科学与人文的关系 [J]. 东南大学学报（哲学社会科学版），2006（1）：36—39.

活的境遇。科学的成功在展现人性光辉的同时，由于失去非理性的调和，导致人类逐步走向人类中心主义和唯科学主义。尤其是在上帝被驱逐之后，终极的价值观念未能及时建立，现代化的步伐虽然毫无阻挡，但在繁荣世界的上空，信仰危机却不可避免地弥漫开来。这就注定了现代性的异化：在征服客观世界过程中，人类在尽情地释放着理性力量、彰显着主体性的同时，理性成了工具理性，主体成了单向主体，人最终在物化的胜利宣言中迷失在对象世界里，成为科技统治下的工具。究其原因，现代性异化的根源在于主客二元对象化思维方式的绝对化。它仅仅以人与外部世界的关系框定理性的意义，摒弃人之为人的主观精神世界，其结果必然是人类控制了自然，反过来也奴役了自己。

或许，东方非理性的哲学本可以阻止世界的"祛魅化"，不幸的是，东方的文明由于缺乏"理性"力量的根基，在没有价值约束的西方强势力量的冲击下，出于自身生存的需要也不得不改变文明的去向。在这个意义上，中国古代哲学研究对象的重心越过外在世界而直接进入人类自身也许是过于超前了，以至在西方列强的冲击下不得不回头走上西方"祛魅化"的道路。

在理性荒芜的年代人类觉醒了；在现代性异化的岁月，人类再次觉醒了过来。如果我们从价值观、文化态度、社会精神、思维方式层面理解后现代的话，那么，自叔本华、尼采之后形成的非理性主义以及 20 世纪 50 年代以来"后现代"话语的扩散和流行，都意味着后现代主义思潮的兴盛。他们否定、超越现代性主流文化的理论基础、思维方式、价值取向，以非理性消解理性、以现象消解本质、以边缘消解中心。虽然后现代主义的否定性解构有走向极端之嫌，但其致力于科学与人文和谐发展的努力却有力地促进了僵化意识形态的消解。如今，后现代主义思潮已经普遍地渗透到人类社会生活的各个方面，意味着现代社会的转型和后现代社会的来临。人们清醒地认识到，科学所勾画的明晰的认知图景遮蔽了太多的东西，面对价值、意义、精神领域时是如此的苍白无力，在中国传统思维方式日显其优势的同时，西方的现象学、存在主义、人本主义、后现代主义等哲学理论中，悟性认识已是呼之欲出。价值与意义世界的追寻已经成为时代关注的主题。

二、教育变革：关注内在价值

伴随社会的转型，从 20 世纪 80 年代开始，世界范围的教育改革拉开了序幕，现代工具性教育从此走向后现代以人为本的教育。

西方哲学的理性主义认识路线及其理论规范了近现代教育产生与发展的理性道路。在"知识就是力量"的号召下，科学课程成为学校课程体系的主角，教学内容对快速有效的实用知识青睐有加，科学知识的标准也成了学校

选择人文社会科学内容的尺度。教育的任务基本上局限于传授客观、普遍的
知识技能，学生对教师所传授的知识技能的掌握程度成为教育评价的唯一标
准。与之相应的是教学方法的呆板、机械和教条。现代教育①也是满足个体
和国家权力、秩序、职业和身份等世俗性需要的教育。教育的价值指向社会
经济的发展与个人社会地位的获得。它促使家庭、企业和国家投入大量的资
金，并期待着最大利润的回报。教育成为改变个体命运、增强国力的最强大
的力量。正是在这股力量的推动下，各国纷纷颁布义务教育法规推进教育的
普及，个人出于获得社会地位的需要也迫切地要求接受科学的教育。普及教
育迅速扩展为全球性的教育运动。"现代教育可以说是以科学知识为主要内
容，以满足个体和社会的世俗性需要为主要目的，以大众化为主要发展方
向，以理性启蒙为主要理念的教育。现代教育的基本精神就是科学主义、功
利主义和客观主义。"②

　　最终走向僵化的现代教育是科技理性的产物。在后现代思潮的冲击下，
由科学性、世俗性、普及性支撑起来的这座大厦正在渐渐倒倾。从根底上摧
毁它的应该归功于后现代的价值观与知识观。后现代主义者"破除了主—客
二分法，摧毁了一方胜过另一方的权威地位，中断了同主体范畴相联系的独
断权力关系，并由此消除了其隐藏的层系（等级系统）"③，用和谐关系取代
人与自然、人与人的对立关系，为确立起教育的内在价值奠定了理论的基
础；后现代知识的文化性、境域性、价值性对科学知识客观性、普遍性、中
立性的否定凸显了教育的人文精神危机、社会价值危机和教育机会均等的危
机，为全球范围的教育重建提供了契机。

　　有趣的是，西方世界用了几十年所悟出的后现代思想，从某种程度上
说，在我国的古代哲学和教育中早已存在。美国后现代研究中心主任大卫·
格里芬（Griffin，D. R.）说，"中国可以通过了解西方世界所做的错事，来
避免现代化带来的影响，这样做的话，中国实际上是'后现代化'了"④。如
果大卫·格里芬了解中国传统文化及其思维方式的话，也许对中国的"后现
代化"就会有多一层的理解了。

　　我国当前的教育改革发轫于 1985 年 5 月的《中共中央关于教育体制改
革的决定》。之后，1993 年 2 月发布《中国教育改革和发展纲要》，1999 年 1

---

　　① 众所周知，"现代教育"是一个多义词，对其内涵的理解见仁见智。本研究中的"现代教
育"特指 19 世纪末建立起来的，与工业化时代、科学知识型相适应的，具有浓厚科学理性色彩的教
育理论与实践。

　　② 石中英. 知识转型与教育改革 [M]. 北京：教育科学出版社，2001：113.

　　③ 波林·罗斯诺. 后现代主义与社会科学 [M]. 张国清，译. 上海：上海译文出版社，
1998：71.

　　④ 张昌波. 从西方后现代主义思潮看我国教育的价值取向 [J]. 教书育人，2003（2）：7-8.

月国务院批转《面向 21 世纪教育振兴行动计划》，1999 年 6 月发布《中共中央国务院关于深化教育改革，全面推进素质教育的决定》，2001 年 5 月发布《国务院关于基础教育改革与发展的决定》，2001 年 7 月发布《基础教育课程改革纲要（试行）》。这一系列的教育改革法令昭示着二十多年来我国政府推进素质教育的决心和不懈的努力。其中，《基础教育课程改革纲要（试行）》的发布标志着我国的教育改革进入突破性的阶段，提出了"改变课程过于注重知识传授的倾向，强调形成积极主动的学习态度，使获得基础知识与基本技能的过程同时成为学会学习和形成正确价值观的过程"，"改变课程内容'难、繁、偏、旧'和过于注重书本知识的现状，加强课程内容与学生生活以及现代社会和科技发展的联系，关注学生的学习兴趣和经验，精选终身学习必备的基础知识和技能"，"改变课程实施过于强调接受学习、死记硬背、机械训练的现状，倡导学生主动参与、乐于探究、勤于动手，培养学生搜集和处理信息的能力、获取新知识的能力、分析和解决问题的能力以及交流与合作的能力"等课程改革的具体目标，素质教育理念通过学生为本、终身教育、全面发展、可持续发展、完整的人、价值追求、科学精神、人文关怀、意义世界、师生互动、教育生活化等基本语汇在课程标准中更是得到了具体化，并成为指导课程实施的理念与要求。上述课程目标与教育理念表达了对学生非理性意义与精神世界的极大关注，也预示着教育世界正在走出科学认知独霸的境地，开始吸纳中国传统文化智慧与思维能力的优势，成为学生体验生命、生成意义、提升境界的美好家园。

第二节　体悟教育研究的旨趣

一、体悟教育研究的理论旨趣

（一）肯定悟性认识理路，辨析"体悟"一词的含义，阐明其所具有的教育意义

体悟是中国传统智慧和思维能力的优势所在，它融汇本能与认知、情意与理智、知识与精神、实在与意义，为中国的智慧境界提供了无限奇妙的升华通道。中国传统哲学以社会为起点，以人为中心，立足社会，而后及于自然，借着悟性思维的微妙，实现了天、地、人的贯通。中国先哲在人与人、人与自然、自然与社会和谐生存的状态中，穷天地以期与我并生，究万物以期与我为一，循"理"悟"虚"，形成了非理性色彩的悟性认识理路。《老子》一书指出"道可道，非常道；名可名，非常名"的同时，提出"为道日

损""涤除玄览""致虚极"等重视体悟的直觉主义原则；《易传》则从儒家的思路阐述了"书不尽言，言不尽意"的认识命题。《人间世》中庄子曾借仲尼之口谈论心斋："一若志，无听之以耳，而听之以心，无听之以心，而听之以气。耳止于听，心止于符；气也者，虚而待物者也，唯道集虚。虚者心斋也。"中国社会科学院研究员庞朴对之注解说，"这里所谓的听之以耳和耳止于听，是感性认识。听之以心和心止于符，是理性认识。而听之以气的意思，则是以全体身心、整个肉体与灵魂去感应对象的整体，即悟性认识"①。

中国哲学对认识对象非理性的把握，对体悟、直觉的偏爱在春秋战国之际已渗入私学，形成了颜回曾为之感叹的"瞻之在前，忽之在后"，使弟子"欲罢不能"的教育艺术。

鸦片战争之后，在西方科技理性血与火的涤荡下，我国传统智慧的优势被湮没了。今天将悟性认识提到素质教育的前台，阐明其教育学的理论意蕴，凸显其精神教育的价值，既回应了当前世界教育对内在价值、意义世界的呼唤，也足以为现有的教育理论与实践拓展出一个新的视角和思域，为当前的教育改革提供一种新的教育意识。

（二）揭示个体文化生命的深层机理及其生成过程，探寻文化的生命意义、提升和开拓成长者精神境界的新思路和新渠道

人是自然生命与文化生命的复合体。从自然生命的性质看，人是未特性化的动物，需要文化生命补偿其未完成性所带来的生存缺陷。因此，从种族意义上说，人之为人在于人类自己创生性的活动，在于对自我的无限超越——通过与对象建立关联，在本质力量对象化的活动中确证自己并同时改造自己、超越自己。从个体意义上看，人之成人则是一个教育的过程——通过接受教育生成并提升文化生命。

文化生命是人的内部精神世界，不是知识技能的累积和叠加。因此，教育不只是传递文化的过程，更是营建个体精神世界的过程，是个体文化生命不断超越的过程。"认识外部世界依靠理性，而认识内心世界（把握人自身），却离不开体悟、体验和直觉。"② 体悟教育研究就是指向这种教育深层追求的一种探寻和努力。

---

① 庞朴. 相马之相［C］.//庞朴. 当代学者自选文库：庞朴卷. 合肥：安徽教育出版社，1999：405-430.

② 胡德海. 教育学原理［M］. 兰州：甘肃教育出版社，1998：17.

（三）把个体精神世界的形成作为研究对象并以此为基础，构建体悟教育理论，开拓教育基本理论研究的新领域

从某种角度看，教育基本理论研究必然涉及个体内部世界的形成问题。在教育科学的发展历程中，国内外众多教育家对个体内部世界的形成都有过精辟的论述。苏格拉底和柏拉图认为智慧是理性神赋予灵魂的本性，是人人皆有的天赋，教育就是通过辩证法或回忆重新发现灵魂所原有的世界；夸美纽斯引用自然秩序论证儿童的天性，强调遵循自然的教育原则；卢梭坚信人的心灵中存在着认识世界的巨大能量——"理性使人认识事物，意志使人选择事物，良心使人热爱正确的事物，最终就能够使人获得知识与道德"[①]；杜威则强调教育是经验的不断重组和改造；20世纪50年代以来，柯尔伯格（Kohlberg，L.）的道德认知发展理论、罗杰斯的人本主义道德教育模式、哈明（Harmin，M.）和西蒙（Simon，S.）等人的价值澄清模式以及彼得·麦克菲尔（Mcphail，P.）的体谅德育模式更是从道德教育的层面探及了个体内部世界形成的机制与策略。我国古代的孟子、朱熹、王阳明等许多教育家对存心养性、内圣外王的机理进行了比较深入的探讨。现代心理学运用科学研究方法，更是为我们展现了个体内部精神世界的许多秘密。纵观上述的理论与研究，虽然从不同角度、深度不一地回答了个体文化生命的形成问题，但多数都是运用分析的理性认识方法对文化生命进行切分研究而未能回归到完整统一的精神世界。体悟教育试图从纵向层级的路线对个体完整内部世界的形成进行理论探索，为教育基本理论拓展出一小片新的天地。

二、研究的实践旨趣

（一）为基础教育课程改革三维目标一体化，尤其是情感态度价值观目标维度的实现拓展方法论的界域

《基础教育课程改革纲要（试行）》的课程改革目标部分提出，"逐步形成正确的世界观、人生观、价值观；具有社会责任感，努力为人民服务；具有初步的创新精神、实践能力、科学和人文素养以及环境意识……养成健康的审美情趣和生活方式"，"改变课程过于注重知识传授的倾向，强调形成积极主动的学习态度，使获得基础知识与基本技能的过程同时成为学会学习和形成正确价值观的过程"。在课程标准部分要求国家课程标准"应体现国家对不同阶段的学生在知识与技能、过程与方法、情感态度与价值观等方面的基本要求"。从中我们可以看到，当前的课程改革特别关注学生的精神世界，

---

① 吴式颖. 外国教育史教程［M］. 北京：人民教育出版社，1999：264.

并采取三维目标一体化的途径谋求个体文化生命的完整性及可持续发展性。这是新课改的新起点及方向，也是教育教学理论与实践所面临的新课题。各地各学校虽然在新课改的教育教学实践中正在进行着不断的探索，积累了许多有益的经验，但由于缺乏系统理论的有效关照，大多是局部、零散的。体悟教育理论以完整精神世界的形成与提升为旨归，能够为它提供合理、有效的方法论指导。

（二）为当前学校教育教学实践中正在探索的体悟学习、体悟教学提供理论层面的支持

在教育改革的背景下，我们欣喜地看到，在教育教学实践领域已有很多学校开展了体悟教学的探索。根据现有的资料，渤海大学物理系的《中学物理学科教学论》课程开展了"合作—体悟"教学模式的改革[1]；浙江桐庐中学的语文教学正在积极探索体悟学习情景的创设[2]；安徽省潜山县余进岭头天明学校探索了"体悟式"习作教学模式[3]；湖南耒阳市城北小学积极探索数学体悟式学习的方法[4]；内蒙古赤峰市开展小学思想品德课体悟型学习方式的实践探索[5]，等等。尤其是在语文教学中，体悟教学被认为是新课改的一大亮点，已在实践中普遍运用，涉及阅读教学、诗歌欣赏教学、习作教学等方面，出现了许多体悟式的优秀教学设计范例。江苏省锡山高中还开展了"高中语文体悟教学"的实验研究。体悟教学的这些实践探索在课改理念的指导下，注重方法、策略的革新，追求学生内在发展的效果，在赋予体悟教育理论必要的实践基础的同时，也迫切需要理论层面的指导和支持。体悟教育研究正是在这样的背景下进行的。

第三节 体悟教育研究的脉络与方法

一、体悟教育研究的脉络

（一）回应时代的呼唤

"人类的教育自古以来就是以解决人与自然的关系为基本指导思想而建

---

① 程琳. 大学物理学科教学论"合作—体悟"教学模式初探 [J]. 渤海大学学报（自然科学版），2004（4）：334—336.

② 黄洁. 创设学生体悟学习的情景 [J]. 四川教育学院学报，2005（12）：40—41.

③ 杨启发. "体悟式"习作教学事半功倍 [J]. 作文教学研究，2006（2）：11—13.

④ 谷凤姣. 小学数学体悟式学习方式初探 [J]. 湖南教育，2005（15）：22.

⑤ 赵慧萍. 小学思想品德课体悟型学习方式的实践与思考 [J]. 昭乌达蒙族师专学报（汉文哲学社会科学版），2004（5）：110—111.

立起来的。在这种教育中，提高人的认识能力，从而提高人对自然的控制力或操纵力是整个教育的核心所在。"① 历史推进到今天，人类已不仅仅满足于生存的需要，发展成为人类自身存在的更高的追求。在发展的主题下，人类正由技术型社会走向创新型社会，教育正由工具理性回归人的内在生命。提出体悟教育并对其开展研究，辨析教育意义，探寻精神世界的幽径，正是教育领域对时代主题的回应。这为本研究的成立提供了时代的立足点。

（二）探寻理性的基础

体悟是一种非逻辑的思维活动，以体悟学理为基础的体悟教育隐形地贯穿于教育的整个过程之中。我们把体悟教育作为研究对象进行理论建构，意味着用我们的逻辑理性去把握、洞察教育中非逻辑的悟性认识现象。

为此，在辨析体悟教育之前，我们首先需要澄明体悟教育的两个逻辑前题，其一，人类文化中存在着一套有别于理性主义、主客二分的认识理论与认识实践路线，这就是集中体现在中国几千年传统文化之中的体悟实践与悟性理论的路线。它和西方的反映论（认识论）主要不同之处是向内的而非向外的、总体的而非个别的。其二，体悟教育教学实践是一种客观存在。中国古代原始儒学的践悟教育模式、当代体验教育和体悟教学的实践探索是这一存在的依据。

其次，我们需要建立研究的理性基础，满足理论研究基本的逻辑理性的要求。这些基础包括悟性认识在认识论中的合法性、理性认识与悟性认识的基本关系、体悟教育的支持理论、体悟教育相关的理论研究与实践探索。某些支持理论与实践探索可能尚有争议之处，但它们已经成为事实性的客观存在，那些已为人们普遍认同的部分就是体悟教育研究的基点。

（三）建构理论的体系

进入体悟教育的深处，从体悟的学理到体悟教育的性质与功能、形态与机理，再到体悟教育的情境，首先需要对相关概念、学理进行辨析。辨析是在理性基础上对已有相关观点的分析与选择，是对研究过程路径的取向。其中关键性的内容涉及体悟、意义世界、精神世界、体悟教育、教育情境等概念或相关命题、学理的理解。这些内容都具有不确定性，在以往的研究中即使有所涉猎也是众说纷纭，而从理性基础出发确立它们的范畴也就成为研究过程中逻辑理性与教育感悟之间的第一个结合点。但是，研究如果仅停留在对已有材料的辨析层次，我们就不可能领略体悟教育可意会的微妙。因此，

---

① 方展画."情境教育"模式对建构教育原理的启示 [J]. 课程·教材·教法，1999（7）：12—17.

在研究过程中，笔者或通过内省自我体验获得一些直觉的认识，如体悟的机理、体悟教育的过程等，或在迷茫延续之际，灵光乍现，欣有所得，如"意象"间的关系、实践智慧的样态，等等。期间还有许多感悟由于一时难以辨析清楚，或难以进入系统思维的序列，未能付之于文字。这说明，从意会内容到语言文字呈现的观点是教育感悟与逻辑理性之间的第二个结合点。感悟与辨析同行实现了语言文字化，局部的辨析与理论思辨的结合实现了思想的体系化。正是沿着这样的轨迹，体悟学理的辨析为体悟教育的界说及其理论的建构奠定了基础，体悟教育情境则为理论走向实践架通了桥梁。

（四）回归实践的智慧

认识来源于实践。体悟教育的实践智慧是理论研究的源泉，体悟教育理论也只有回到教育的实践才能实现它应有的价值。在本书中，体悟教育的现象或以事件介绍性叙述的形式，或以个案的方式呈现在我们的面前，之后附加了事件主体的反思、笔者和其他学者的感言。它们在相当程度上向人们呈现了教育中的悟性认识现象。体悟教育的真义隐藏其中，它能直觉地告诉你当代的教育应该是什么样的教育，它也能让你在感悟中获得你自己的体悟教育意味。如此，体悟教育才不至于停留在空洞的理论层面，而是能够真正走向教育的实践。这也是本研究所期望的结果：以我之思激发你的悟思，以实践智慧激扬你的智慧，在你我共同走向体悟教育的过程中分享成长者精神世界的馨香与喜悦。

二、体悟教育研究的方法

（一）研究方法的取向

体悟教育涉及理性的认识论范畴和个性化层面非理性的体验、觉悟过程。体悟教育研究对象的这一特殊性决定了理性和悟性双重方法论同在兼用的研究特点。前者适用于建构体悟教育的宏观基本理论体系，后者适用于体悟教育过程论和对实践智慧的追寻。虽然总体上两者是相反相成的，但在研究过程中却不可避免地存在着冲突的现象，并导致研究"悖论"的出现：体悟教育的过程与智慧在许多时候"只可意会而不可言传"，但理论研究却需要借助理性思维并诉诸文字的表达。消解这个"悖论"的关键在于能否将不可言说的那部分共性的存在辨认出来，用一种超越逻辑分析的方式加以解读，并以"不落言筌"的方式对解读之意进行立言。老子在面对"言"与"不言"、"道"与"不道"的悖论时闯出了一条"言"与"意"之外的意外之途，即"以言去言"，亦即通过"有言"教人去认识、领悟无言之道，从而超越语言，直达本真之"道"。可是，在语言符号成为思维与学术交流习惯与思维定式的今天，我们显然不能像老子那样执著于"道可道，非常道"的信念把学理寄托在天书似的文本之中，那么我们有没有能够"以言去言"地分享意会之道呢？事实上，近来日益为人们所重视的一些质化研究方法已经为我们提供了比较满意的答案。

1. 解释现象学方法的运用

现象学方法描述研究者如何指向生活体验，目的在于获得对我们日常生活体验的本性或意义更深刻的理解；解释学方法描述一个人如何解释生活"文本"。解释现象学把两者统合为一个相连续的过程，通过对生活经验（现象）的描述性研究，形成富有意义性的"描述"，他人则可以通过对描述性文本意义的解释和理解探寻生活经验的意义。这一方法浸透着"悟性"的意蕴，进入体悟教育研究领域意味着研究者走进教育实践过程，以参与者的身份感悟心灵的对话和意义的建构，并以情境性的现象描述蕴载切身的体验和那些意会性的微妙感悟，以原生态描述教育事件经历的文本形式呈现研究结果。这些研究结果本身不具有普遍的推广价值，但却能够给人曾经拥有或可能拥有的共鸣，能够使人体会到蕴涵其中的体悟教育的精髓和智慧。它是体悟教育理论走向实践最有效的途径之一。

2. 叙事研究方法的运用

个体在历史和现实的教育故事中"成人"，在故事的回味中体悟生命意义。叙事研究就是借由叙事材料意义的揭示；展现生命意义、"成人"智慧的一种教育研究方法。它"采用的是与思辨语言不同的生活语言，是人类教育生活经验的表达方式，是教育意义生成的承载工具"①。为了赋予叙事材料以充分的意义，研究者必须对材料具有深刻的体验和感悟。这就要求研究者介入教育过程，或与叙事对象心灵沟通，了解对象的文化背景、人生经历及思想体验。其次，为了摆脱叙事材料的束缚，达到"以言去言"的效果，在叙事研究的结论提出上，应该针对叙事材料进行意义的建构，反映出对象建构意义的原初形式，避免出现普遍、确定性的理论观点。一个教育叙事研究就是教育历程和经验的生动展现，留给读者的不是材料内容，而是若有所思、心有所感、意有所得的感悟。

质化研究方法体系的一个基本观点是通过赋予材料原始情境的深刻体验和感悟，揭示其丰富的自在意义。这也是悟性方法论的精义所在，因此，除了上述两种主要方法之外，人种志研究法、传记研究法等也是"以言去言"、获得意会性思想和智慧的研究方法，可以为体悟教育研究所借用。

---

① 王攀峰，张天宝. 让教育研究走向生活体验 [J]. 教师教育研究，2004（5）：41—45.

（二）研究方法的确定

本书主要以理性认识方法论为主，以中国传统哲学与非理性哲学为理论基点，遵循整体分析原则，坚持理论思考与经验抽象相结合，理性思辨与教育感悟相结合，通过体悟、演绎、归纳，在基础理论与教育教学改革实践的交会处构建体悟教育理论体系。

在具体方法上，除了解释现象学、叙事研究之外，笔者还综合运用了文献研究法、历史法、比较法、抽象法、自我感悟和理论思辨等方法。其中，文献研究法用于收集、处理国内外相关研究的材料，为体悟教育理论确立研究的起点；历史法用于考察、分析体验或悟性认识的历史存在及其合理性，并论证体悟教育的历史客观存在以及产生及发展的历史必然性；比较法主要用于中西哲学的比较并由此辨别中西传统认识路线的差异，廓清西方体验教育的性质及我国体验教育、体悟教学的意蕴。抽象法用于对体悟教育教学实践经验的理论提炼；自我感悟法则聚焦于意会性的体悟过程及体悟教育机理的辨认。基于以上方法，我们能获得教育领域中悟性认识现象背后一些共性的存在，最后需要运用理论思辨的方法探寻这些存在之间的关系，并进而建立体悟教育的理论体系。

第二章

体悟教育研究的历史考察

体悟一词带有鲜明的中国文化特色，在英语中没有与"悟""体悟"意蕴切合的词汇，相对比较接近的是"experience"，中文通常译为"体验"或"经验"。借鉴西方的女性主义者对"体知"（embody-knowing）概念的译法，考虑到英语中"perception"一词有直觉、洞察力、领悟、领悟力的含义，能反映"悟"字的一般性词义，我们把体悟译为"embody-perception"，体悟教育译为"embody-perception education"。与这一语汇现象相对应，国外相关的研究成果主要体现在基础性的理论和体验教育领域；国内在发掘中国文化传统的基础上，经过20世纪90年代中后期体验教育的理论与实践探索，从2002年开始已经深化到体悟教学层面的研究。在短短的三四年时间里，不仅有大量的经验总结，还提炼了一些体悟教学的模式，并出现了一批探讨体悟教学机理的研究论文。

总的来看，国外有关体悟教育理论的研究文献以体验关联的理论为主，而国内的相关研究则以传统文化中的悟性认识及体悟教育教学的经验和理论探索为主。

第一节　国内外相关研究概况

一、国外相关研究概况

国外与体悟教育直接相关的研究主题主要有文化教育学和体验教育（experiential education）。

（一）文化教育学

20 世纪初诞生于德国的文化教育学也称为精神科学教育学，是狄尔泰（Dilthy，W.）、斯普朗格（Sprnger，E.）、利特（Litt）、福利特纳（Flitner，W.）和博尔诺夫（Bollnow，O.F.）等人教育思想的集合。文化教育学源于狄尔泰的精神科学理论、文德尔班（Windelband，W.）的文化哲学、李卡尔特（Rickert，H.）的价值哲学、胡塞尔的现象学等哲学理论。其中，文化教育学的先驱人物狄尔泰的精神科学的理论构架和方法论基础，即"体验—表达—理解"奠定了文化教育学的基调。文化教育学大师斯普朗格从精神科学的解释学——生的哲学出发揭示了人的精神的内在结构：经济作用、认识作用、审美作用、宗教作用、权力作用和社会作用六种精神作用，分别与利、真、美、圣、权、爱的价值相对应。它们相互交错，某一种作用占主导地位，相应地就出现某种"生的形式"。从文化哲学出发，斯普朗格阐述了文化（客观精神）和个体（主观精神）的关系及其通达的问题："文化"与"个人"是不可分隔的同一过程的"客观方面"和"主观方面"，两者是一种"生动循环"的关系，其中，主观精神是选择、追求和实现价值的主体，具有体验最高价值的本领。基于上面两方面的认识，斯普朗格提出教育是文化的过程，是对发展的援助，"内在性的觉醒"则是教育面临的最重大的新问题。这样，斯普朗格就构建起了从人的精神结构、通达道路到教育过程的文化教育学的基本理论体系。之后，利特的陶冶教育哲学观"把陶冶规定为在人的'内在形式'与'外在世界'之间所进行的一种精神上的、内在的深刻转变活动，其目的不仅是达到内在人性的升华，而且是日臻完善的心灵与不断创造的外在世界的和谐统一境界"①；博尔诺夫的人类学教育学"以

---

① 邹进. 现代德国文化教育学［C］//中国博士论文提要（社会科学部分 1981-1990）. 北京图书馆学位学术论文收藏中心，1992：195-196.

危机、唤醒、劝诫、吁求、遭遇等为核心，建立起'非连续性'教育体系"①，进一步发展完善了文化教育学的理论体系，形成了文化教育学的四对核心范畴，即体验和体验论、理解和理解论、陶冶和陶冶论、唤醒与"非连续性"。

（二）体验教育的理论与实践

美国于 1971 年成立体验教育国家协会（National Society of Experiential Education，NSEE），主要探讨各种将经验（experience）统整至教育现场的可能性与有效性；1978 年创设的非营利性组织——体验教育协会（Association for Experiential Education），其主旨在于透过体验教育建构知识、技巧与价值观，举行年会并发行"体验教育季刊"，探讨各种可能的体验模式。

1995 年，体验教育协会出版了论文集"The Theory of Experiential Education"②，收集了先后发表在"体验教育季刊"上的 46 篇论文，分为以下几大块：第一部分是体验教育的哲学基础，包括定义、目的，杜威及汉恩（Hahn，K.）的影响，以及精神在野外冒险经历中的作用等；第二部分为历史基础的考察，包括体验教育协会的历史、汉恩思想的轮廓、户外个案研究所反映的流与变（change and continuity）、基于经验的教育改革的文化思考等；第三部分是心理学的透视，包括体验学习与知识同化之间关系的处理、冒险经历教育中学习的迁移、内隐学习、支持体验教育的皮亚杰（Piaget，J.）的基本原理、体验教育的精神核心，以及指向心理成熟及其效力的教学；第四部分是体验教育的社会基础，包括种族问题、与团体经验相关的多元文化问题、借用其他文化背景下的活动形式问题、性别关系问题，以及通过社区服务学习等；第五部分是体验教育的理论与实践。该部分主要检视体验教育的本质，介绍体验教育理论的教学样式即学生管理下的学院课堂和冒险体验教育下团体发展的样式、大学生实习期间理论与实践连接的阶段理论，以及智力经验如何设计等；第六部分讨论道德伦理问题，包括向他人证明冒险活动存在的风险是有价值的，道德规范、领导能力与体验教育的关系、道德发展以及环境的价值等；第七部分是对体验教育，包括冒险经历教育、户外领导力训练研究的回顾；最后是九个讲演稿及一些意见。

从上述涉及的主题与内容看，美国的体验教育源于杜威的经验论。杜威把体验区分为原始体验和第二手体验。柯尔保（Kolb，D. A.）、布鲁纳德

---

① 邹进. 现代德国文化教育学 [C] //中国博士论文提要（社会科学部分 1981－1990). 北京图书馆学位学术论文收藏中心，1992：196.

② Warren，Karen，Ed.；And Others. The Theory of Experiential Education. Association for Experiential Education，Boulder，CO.，1995.

（Bumard，P.）、杰维斯（Jarvis，P.）在此基础上进一步提出体验学习的概念，并成立了体验学习研究与推广理事会，受到了美国教育界的关注。

在欧洲，体验教育则表现为对生命、情感的诉求。英国麦克菲尔和诺丁斯（Noddings，N.）的体谅关心道德教育以道德情感为主线构建德育课程，认为道德主要靠理解和体悟。诺丁斯主张应以母爱的方式关心儿童，学生只有体验到自己被关心而不是被帮助、被教育时才会产生教育共鸣。德国教育哲学家博尔诺夫在其《教育人类学》中批判吸收存在主义关于人的概念，认为个体生命的发展，特别是精神生命的发展既存在连续渐进的一面，也有因偶然的、外在的事件导致的非连续性的间断及发展方向的变化，创造性地提出"非连续性教育"。这些理论为认识体悟教育的机制提供了认识论与方法论上的启示。

西方在反叛传统主流哲学的思想层面上是深刻的，为体悟教育奠定了借以发展的理论基础。但另一方面，哲学层面的非理性观并没有因此程度相当地走向教育实践，其中的一个主要原因在于理性思维不仅是西方传统的思维方式，甚至已经成为西方人的生活方式。它影响着教育通达个体精神世界的方法论的抉择。尽管如此，在社会转型、教育人本化的趋势下，许多国家的学校教育正进行着体验教育的实践探索。在英国、美国、法国、日本等国家的学校教育普遍注重道德情感体验并以此促进道德认知、培养道德行为。英国同时强调学校课堂教学的自主体验①，探索先体验后结论的教学程序②，还在中学开设了工作体验课程③；日本中小学广泛开展体验活动并积极探索社会支持系统④，在大学的职业教育中还建立了就业体验制度⑤。可以看到，国外的体验教育实践是超前于体验教育理论研究的。

二、国内相关研究概况

国内体悟教育的研究基本上是与新一轮课程改革同步开展起来的，教改应用研究是主流。

体验教育的基础理论研究开始于 20 世纪 90 年代中期，涉及理论基础、原则和方法策略、学科体验教学、体验课程等方面，虽然还没有形成系统的理论体系，但基本上触及了理论的各个方面。而在更深入的体悟层面，理论

① 潘红星. 英国课堂特色：自主体验 [J]. 上海教育，2005（6）：41-42.
② 孟祥林. 英国先体验后结论的教学程序 [J]. 中教研究，2005（3/4）：87.
③ 吴雪萍. 英国中学的工作体验课 [J]. 课程·教材·教法，1995（12）：60.
④ 陈焕章. 日本中小学体验活动的社会支持系统 [J]. 外国中小学教育，2004（7）：12-15.
⑤ 卢宁. 日本大学中的职业教育——就业体验制度 [J]. 教育与职业，2004（29）：47-48.

研究尚比较薄弱，学术论文寥寥无几。总体上看，虽然国内体悟教育研究起步的时间还不长，但有良好、适切的文化基础，有教改实践的强烈需求，体悟教育研究具备了良好的基础环境。在广泛开展的应用研究、经验总结的基础上，客观上迫切要求学术界开展深入的体悟教育基础理论研究。具体而言，国内体悟教育研究的状况表现在以下几个方面。

（一）传统文化的研究基础坚实

中国的传统哲学是人学，中国传统文化的主流是人文，直观体悟是中华民族的基本思维方式，是中国智慧的优势所在，有千百年来的历史积淀。在中国哲学史、文化史、汉语言学等领域的研究中，马中的《中国哲人大思路》、崔大华的《儒学引论》、陈鹏的《执有与空无——中国人的境界观》、张世英的《天人之际·天人合一与情景合一》、王前的《中西文化比较概论》、周春生的《直觉与东西方文化》、衣俊卿的《文化哲学》等著作，从"道"的范畴、儒学"仁"的性质、天人合一、"象思维"等理路对中国文化进行了比较系统的认识论、方法论的考察，为我们论证了主体自觉、主客统一、直觉意会、践行参悟、整体把握等体悟的存在及悟性认识的众多奥秘。

（二）已出现体悟教育哲学的一些流派

在教育改革的呼唤下，从关注人全面和谐的发展、关注人的主体性和精神世界出发，在教育基础理论研究领域出现了一些系统的体悟教育哲学的著作，其中，较有代表性的包括冯建军的《生命与教育》、金生鈜的《理解与教育》、张文质的《生命化教育的责任与梦想》、刘慧的《生命德育论》等，形成了生命教育流派。这一流派吸收了生物学、人类学、文化学、哲学的成果，从人的超机体生命即文化生命或价值生命的性质、需要与意义出发，认为教育是价值生命的体现，体悟是价值生命形成的基本机制。此外，教育生活化理论、主体教育理论等也体现了体悟教育哲学的一些基本特征。

（三）体悟教育理论研究主要停留在体验教育的层面，且多是应用性、策略性研究

截至 2007 年 6 月，笔者从中国学术期刊网上搜索相关的学术论文（包括中国学术期刊全文数据库、中国优秀博硕士学位论文全文数据库）得到以下数据：以"体悟教育"为题名检索词没有出现相关论文；以"体悟教学"为题名检索词得到 4 篇论文：《"体悟教学"的教育学意蕴》（对公开课的点评）、《大学物理学科教学论"合作—体语"教学模式初探》《〈莫高窟〉第二课时体悟教学》（教学设计方案）、《课程目标—体化与体悟教学》（对体悟教学理论的探讨）；以体悟学习题名为检索词得到 3 篇论文：《创设学生体悟学

习的情境》（体悟学习应用性研究）、《体悟学习：塑造人文精神的基本学习方式》《体悟学习的理念与策略》（对体悟学习理论的探讨）；以"体悟"为题名检索词，再以"教学"为题名检索词在结果中检索，得到 17 篇论文，模式讨论 2 篇，基本理论 2 篇，其他基本上是语文学科教学经验的总结和反思。之后，笔者又分别以"体验教育""体验教学"和"体验学习"为题名检索词进行检索，相应得到 88 篇、60 篇、70 篇论文，其中学科类经验总结反思的论文大约占 2/3。以上这些论文发表的时间基本上是在 2001 年之后。纵观以上论文内容，有一部分在论述体验教育的时候涉及体悟问题，其中很多作者是把体悟归入到体验教育中论述的。导致这一现象的一个重要原因是我国教育改革过程中吸收了许多国外尤其是英国先进的教育理念，受英语词汇"experience"中文译意的影响，用"体验"一词统摄体悟语境。此外，基础理论研究偏少，导致体悟教育实践缺乏理论指导而停留在经验探索阶段，因而出现经验总结反思性论文占主导的局面。这类论文又主要集中在语文、思想品德学科，其他学科的研究偏少。

在著作方面，目前出版了一些体验层面的教育类著作，有赵勇主编、2002 年版的《体验教育》；王一川著、1992 年版的《审美体验论》；张践著、1999 年版的《德性与功夫——中国人的修养观》；刘惊铎著、2003 年版的《道德体验论》等，这些著作反映了体悟教育在体验层面的研究成果，但聚焦体悟深层论述的教育理论著作还没有出现。

第二节　体悟教育研究的历程及其关涉的主要内容

一、体验教育研究

（一）体验教育的研究历程

以美国为代表的西方体验教育的研究总体上可划分为"做中学""体验学习"和"体验教育"三个阶段。20 世纪 60 年代之前，以杜威经验论为基础的"做中学"提倡"经历加反思"，倾心经验及其反省思维（reflective thinking）的研究；1960 年，美国引进英国的户外拓展训练学校（Outbound school），对修复越战后人们的消极心理、重建美国教育的信心起到了积极的作用。美国教育界在青睐体验学习的同时，在理论与实践上进行了广泛而深入的探索，并逐步建立起了指向个体人格培养的体验学习模式。20 世纪 70 年代，体验教育国家协会和面向国际的体验教育协会的相继成立标志着体验教育研究进入到一个群众参与、组织推进的阶段。体验教育理论超越"经历加反思"的"做中学",内在体验领域的理论研究获得了新的进展。基于国外体验理论及课改对体验的重视,我国的体验教育研究在 20 世纪 90 年代中期已广泛展开,是教育改革研究中的一个热点。

国内体验教育研究以道德教育理论、情感教育理论为基础,是在教育教学实验的过程中逐步形成的。20 世纪 80 年代和 90 年代初,体验作为道德、情感教育的方式在一些著作中已有了理论的探讨,如朱小蔓于 1993 年出版的《情感教育论纲》等。最早在刊物论文中提及"体验教育"一词的是吉林省实验中学政教处主任关尚敏于 1996 年发表在《吉林教育科学(普教研究)》第 2 期上的一篇短文《创设体验氛围,升华自我心灵——谈体验教育》。文中指出,"针对学生的思想现状和心理特点,我们探索并实施了一种新的教育形式——体验教育。这种教育的基本思路是:改变传统的教育者说教训导的教育模式,有目的地为学生创造一个身心体验的环境与氛围,使学生自觉地进入体验状态,在体验中达到净化和升华自我心灵的目的"①。1998 年和 1999 年初在《生物学教学》和《现代教育论丛》杂志上分别刊载了一篇介绍职业体验教学模式和一篇探讨德育体验模式的论文②③,出现了体验教学的概念。虽然在"中国知网"的跨库检索中,这一阶段只出现了上述三篇介绍性的论文,但从中可以看到中小学界已自发地开展了一些体验教育教学的实验。可以说,1999 年之前的体验教育处于实验探索和局部理论研究的阶段。

20 世纪 90 年代末,张华在《教育理论与实践》杂志第 10 期、第 11 期、第 12 期分上、中、下发表了《体验课程论——一种整体主义的课程观》一文,从课程哲学角度,以西方哲学观的变迁、中国传统的思维方式为依据,在考察课程哲学观演化的基础上提出体验课程,并就体验课程的含义和开发的向度进行了理论的论证,标志着体验教育研究进入理论探讨的阶段。之后,方红等人于 2000 年初借鉴"体验经济"的启示,在语言学习的意义上提出了体验式学习的概念④;2001 年出现体验教育哲学、教育学思考层面的文章⑤⑥,发表了"体验教育理论与实践"课题实验报告⑦;翌年,有人探

---

①　关尚敏. 创设体验氛围,升华自我心灵——谈体验教育 [J]. 吉林教育科学(普教研究),1996(2):53.

②　刘伟超. 职业体验教学模式探讨 [J]. 生物学教学,1998(8).

③　刘惊铎. 德育体验模式的理论与实践 [J]. 现代教育论丛,1999(1):31-32.

④　方红,顾纪鑫. 简论体验式学习 [J]. 高等教育研究,2000(2):82-84.

⑤　关尚敏. "体验教育"的理论与实践研究 [J]. 现代中小学教育,2001(5).

⑥　李英. 体验:一种教育学的话语——初探教育体验范畴 [J]. 教育理论与实践,2001(12):57-60.

⑦　吉林省第二实验学校"体验教育"实验课题组. "体验教育的理论与实践"实验报告 [J]. 中小学教师培训,2001(1):32-33.

讨了体验教育的心理学、社会学依据①。体验教育理论研究从此成为教育理论研究的一个热点。

2004 年之后，体验教育研究的重心由基本理论逐步转向新课程改革的应用性研究。转向的标志是骤然出现大量指向学科教学的体验学习、体验教学的学术论文，主要探讨体验教学与新课程改革的关系、体验教学的实施策略以及各学科体验教学的特点等主题。与此同时，基本理论研究领域出版了刘惊铎的《道德体验论》等著作。体验教育进入理论与应用研究共同进步的良好态势。

（二）体验教育研究涉及的主要内容

1. 相关基本概念的界定

概念是理论体系的逻辑前提。体验教育理论研究首先面临并需要诠释的也是相关的核心概念，如体验、体验学习、体验教学、体验教育等。

体验是微妙的，涉及哲学、人文学科等诸多领域的这一术语自然也就存在着多重的理解。在哲学认识论中，体验是指一种与学术认知相对而言的认识方式，是"主体通过自身直接的活动认识和把握客体，并把对客体的认识纳入主体的身心之中，通过主体的内心体察而内化为主体体认、把握自身存在和外部世界的一种认识方式"②。在心理学视野中，体验主要是指人的一种特殊的心理活动与经历，是"在对事物的真切感受和深刻理解的基础上对事物产生情感并生成意义的活动"③。在美学视域中，体验指艺术中超越于一般经验、认识之上的那种独特的、高强度的、活生生的、难以言说的、瞬间性的深层感性素质。在教育学领域，人们对体验的理解主要有以下观点：受心理学情感理论的影响，视体验为情感，例如，裴娣娜认为，体验是"一个人对愿望、要求的感受"④；借鉴瓦西留克体验心理学的概念，把体验当做一种特殊的活动，如朱小蔓所说的主动体验过程⑤；受现代西方人本主义哲学的影响，将体验规定为意义的建构和价值的生成，例如，张华认为，体验立足于精神世界，立足于人、自然、社会整体有机统一的"存在界"，是意义的建构、存在的澄明、价值的生成，指向对世界的理解与超越⑥；从教育社会学的立场出发，有学者认为体验是主体（体验者）的身心与外部世界产生交

---

① 李维. 青少年体验教育的心理学依据 [J]. 当代青年研究，2002 (5)：47—50，44.
② 庄穆. 体验的认识功能初探 [J]. 福建学刊，1994 (6)：51—52，63.
③ 陈佑清. 体验及其生成 [J]. 教育研究与实验，2002 (2)：11—16.
④ 裴娣娜. 发展性教学论 [M]. 沈阳：辽宁人民出版社，1998：25.
⑤ 朱小蔓. 情感教育论纲 [M]. 南京：南京出版社，1993：150.
⑥ 张华. 体验课程论——一种整体主义的课程观 [J]. 教育理论与实践，1999 (10)：26—31；1999 (12)：38—44.

往并生成反思的认识与实践活动，其要义有四，一是全身心投入，二是产生交往，三是生成反思，四是认识与实践活动①；在教育学意义上，有人从教育活动的综合性出发，认为体验是多方面交织的复杂过程，例如，沈建认为，体验是主体内在的历时性的知、情、意、行的亲历、体认与验证，既是一种活动，更是一个过程，是生理和心理、感性和理性、情感和思想、社会和历史等方面的复合交织的整体矛盾运动②；从教育学的性质出发，又有人视体验为一种活动及活动的结果，例如，李英认为，体验作为一种活动，即主体亲历某件事并获得相应的认识和情感作为活动的结果，即主体从其亲历中获得的认识和情感；台湾学者李坤崇则认为体验是指在真实情境与环境的种种事物接触而产生的经验③。国外关于体验的阐述主要是建立在杜威的经验观基础上的。杜威认为经验有两种不同的方式，一种是"有经验"，一种是"认识经验"，前者是对生活事件的即时接触，后者是对这个事件的继时解释。与此相对应，体验也有两个层面：一个是原始体验，即通过随机反思所产生的体验；另一种是第二手体验，也就是指通过"系统性思维的干预"而产生"反思性"体验。④ 以杜威经验观为基础，保德（Boud，D.）等人认为，体验是人们对其经验的评判、思考及其与其他经验的联系，体验与被体验是一个几乎完整的相互依赖的关系，它们都包含一个整体，体验的关键特征在于它对经验本身赋予意义，而经验的意义有赖于它的解释过程。⑤

以体验的界说为基础，学术界形成了对体验学习两种不同的理解取向。

第一，注重实践，强调亲身经历或原始体验。从价值角度看，持这一理解取向的界说又可分为两种类型：一是强调知识技能的获取，如柯尔保和费里借鉴杜威关于原始体验和第二手体验的观点，提出体验学习是一种适合于具有不同学习类型的学生，通过体验、观察、反思、概括和应用等环节学习实用有效知识的方式⑥，并概括了以下六方面的特征⑦：学习是一个过程，不能依据结果进行评价；学习是以一定经验为基础的连续的过程；学习源于

① 靖国平. 体验性学习与新课程改革 [J]. 教育科学研究，2004（2）：28－30.

② 沈建. 体验性：学生主体参与的一个重要维度 [J]. 中国教育学刊，2001（4）：41－43.

③ 李坤崇. 综合活动学习领域教材教法 [M]. 台北：心理出版社，2001：256.

④ Dewey，J. Experience and Nature，New York Dover. 1929，P. 445.

⑤ Usher，R. "Experiential learning or learning from experience：does it make a difference?" in：D. Boud，R. Cohen and D. Walker. Using Experience for Learning. Buckingham. Open University Press，1993，P. 21.

⑥ Steven E. Brooks，J. E. Althof. New Directions For Experiential Learning：Enriching the Liberal Arts Through Experiential Learning. San Francisco，Jossey-Bass Inc. Publishers，1979，P. 153.

⑦ Kolb，David A. Experiential Learning：Experience as the Source of Learning and Development. Englewood Cliffs. New Jersey：Prentice-Hall. 1984，P. 25－38.

对适应世界的不同方式之间冲突的解决；学习过程涉及对世界的整体性适应；学习涉及学习者与周围环境之间的相互作用；学习产生于学生生成学问之时。"体验学习可以界定为基于个人经验与直接观察的学习。"① 二是知识技能与情感态度或内在意义并重。这种类型是最基本的，如体验学习是指学习者亲身介入实践活动，通过认知、体验和感悟，在实践过程中获得新的知识、技能和态度的方法②；体验学习是指人在实践活动过程中，通过反复观察、实践、练习，对情感、行为、事物的内省体察。最终认识到某些可以言说或未必能够言说的知识，掌握某些技能，养成某些行为习惯，乃至形成某些情感、态度、观念的过程③；体验学习是一种以学习者为中心的学习方式，是指学习者在实践活动中在做某事，而不单单是思考某事，通过实践和反思，获得新的知识、技能和态度④；体验性学习是教育者引导学生将自己的全部身心投入到与外部世界的交往之中，进而生成反思与实践的学习方式⑤。此外，台北学者认为，体验学习是教师引导学生亲身体验大自然，参与社会服务，实地进行调查、访问、参观与实验，实际进行讨论或发表见解，设计与生产工艺作品以及进行生产等真实活动，并经由实践、体验、省思与分享，以觉察活动意义和达成学习目标的学习⑥。美国的布鲁纳德认为体验学习总的来说有两种不同含义，其一是用于描述给予学生在即时和相关的背景下获得和应用知识、技能和情感机会的一种学习方式；其二是指直接参与生活事件课程的活动。

第二，偏重体验的内在形式，强调自我意识及生命意义。持这一取向的理解有下述一些界定：学习是一种以学习者为中心的、把人们从自己的体验中所获得的学习结果视为最佳的学习方式，是学习者在有意识思考各种经验的基础上发展知识、技能和态度的过程，是体现学习者内心价值和焕发其生命活力的发展过程⑦；从教育学的角度看，体验学习是指学生在学习过程中对学习内容内化后，在特定的教育情境中的内心反省、内在反应或内在感受；从心理学的角度看：体验学习是在认知理解基础上的自我觉醒，是学生

---

① Bourdeau, Virginia D. 4-H Experiential Education—A Model for 4-H Science as Inquiry. Journal of Extension, 2004 (5): 42.

② 沈玲娣，陶礼光. 体验学习的理论与实践 [J]. 北京教育（普教版），2005 (7—8): 20—22.

③ 毕克勤. 刍议新课程背景下的体验教学 [J]. 广西教育学院学报，2006 (3): 152—153.

④ 李梅. 体验学习的基本理念与策略 [J]. 广东教育，2003 (12): 17—18.

⑤ 靖国平. 体验性学习与新课程改革 [J]. 教育科学研究，2004 (2): 28—30.

⑥ 李坤崇. 综合活动学习领域教材教法 [M]. 台北：心理出版社，2001: 256.

⑦ 王嘉毅，李志厚. 论体验学习 [J]. 教育理论与实践，2004 (12): 44—47.

对生活意义内在的追问，其核心成分是学生自我意识的觉醒①。20世纪70年代中期，杰维斯发展了杜威、柯尔保等人的思想，认为从原始经验中进行的体验学习实际上是一种感官式的学习，并且它在整个学习过程中把第二手体验排斥在外。因此，他认为体验学习应划分为四个范畴：第一范畴与从生活和工作经验中评定和增进学习有关；第二范畴是学生接受学校教育后为其知识结构变化和发展奠定基础而强调体验学习的；第三范畴是作为提高学生的群体意识而关注体验学习的；第四范畴与个人的成长和自我意识的觉醒有关②。

相对于体验学习的界说，关于体验教学的界定要少得多。检索与归纳现有材料，我们可以发现以下四种提法："体验教学就是师生的一种生命活动或历程，是师生以整全的生命投入教学之中，在与自我、他生命和世界的相遇互动中感受生命、发展生命。"③ "体验教学是指在教学中教师积极创设各种情境，引导学生由被动到主动、由依赖到自主、由接受性到创造性地对教育情境进行体验，并且在体验中学会避免、战胜和转化消极的情感和错误认识，发展、享受和利用积极的情感与正确的认识，使学生充分感受蕴藏于这种教学活动中的欢乐与愉悦，从而达到促进学生自主发展的目的。"④ "体验教学的进行主要是组织学生，体验和引导反思。旨在让学生在经历和'实践'中实现自我领悟，在反思中重构自己的经验，形成自己的行动策略的一种教学形态。"⑤ "体验式教学定义为：在教学过程中，教师以一定的理论为指导，有目的地创设教学情境，激发学生情感，并对学生进行引导，让学生亲自去感知、领悟知识，并在实践中得到证实，从而成为真正自由独立、情知合一、实践创新的'完整的人'的教学模式。"⑥ 上述这些界定中分别涉及生命历程、生命投入、自主发展、自我领悟和教学情境等词汇，反映了我国体验教学对内在价值的关注，实质上已经在体验教学的语境下涉及了体悟教学的理论问题。

此外，有人还尝试对体验教育进行了界定：教师为了达到某一教育目标，把生活实践引入到教学中来，使学生获得认识和经验，以达到教育目标。⑦ 也有人从少先队的角度提出，体验教育"是组织和引导少年儿童在亲

① 沈玲娣，陶礼光. 体验学习的理论与实践 [J]. 北京教育（普教版），2005（7—8）：20—22.

② Jarvis, P. Adult and Continuing Education: Theory and practice. London: Routledge, 1995，P. 18.

③ 闫守轩. 体验与体验教学 [J]. 教育科学，2004（6）：33—34.

④ 赖学显. 体验教学与新课程改革研究 [J]. 当代教育论坛，2005（4）：82—84.

⑤ 闫守轩. 论体验教学的生命机制 [J]. 教育科学，2006（3）：36—39.

⑥ 杨通宇，陈庆良，何克，等. 体验教学的理论研究 [J]. 当代教育论坛，2006（4）：60—62.

⑦ 仇安珍. 中学体验教育初探 [J]. 基础教育，2003（12）：8，36—37.

身实践中，把做人做事的基本道理内化为健康的心理品格，转化为良好的行为习惯的过程"①。在国外，普里斯特（Priest）等人认为，真正的体验教育涉及"带着思考的做中学"②。美国体验教育协会在其官方网站上给出了明确的定义："体验教育是一种哲学观和方法论，在它的指导下师生自觉地从事直接体验并积极思考以便增进知识、发展技能、澄清价值。"同时提出体验教育实践的十二条原则：经过慎重选择的经验得到反思、批判性分析与综合的支持时才会出现体验学习；经验的建构要求学习者有主动精神、做出决定并对结果负责；在体验学习的整个过程中，学习者积极参与提出问题、调查研究、进行实验、富有好奇心、解决问题、承担责任、具有创造性以及建构意义；学习者在智力、情感、社会、心灵及身体等方面积极投入，并产生学习任务真实可信的感受；学习的结果是个体化的，并形成未来经验和学习的基础；学习者与自我、与他人、与整体世界的关系得到发展和培养；教师和学习者可能体验到成功、失败、危险和不确定，因为体验的结果是不能完全被预料到的；学习者和教师探究和检视自我价值的机会逐步形成；教师的主要角色包括提供适当的经验、提出问题、定置范围、支持学习者、确保学习者身体和情感上的安全，促进学习的过程；教师承认并鼓励自发的学习机会；教师要尽力了解学习者的嗜好、判断和先见，并明确它们是如何影响学习者的；学习经验的设计要考虑到从自然后果、错误与成功中学习的可能性。③

2. 关于体验教育的性质、机制与过程

有学者认为，体验具有以下的存在论的价值：统整生存断片，弥合完整生命；求索人生意义，探寻存在价值；经验生成意义，经历构成世界；因此，体验具有人文性、生存论的教育哲学意义。④ 也有学者对体验教学的性质进行了分析，认为它不是一种具体的教学形式或模式，更多地表现为一种方法论意义上的教学理念或形态：体验教学是基于生命的教学，是以人的生命发展为依归的教学，是重视生命之感悟与反思的教学，是生成性的教学，是师生生命成长之家园的教学⑤，并认为体验教学呈现以下机制：自由是体验教学展开的前提；交往是体验教学展开的关键；宽容是体验教学展开的基

---

① 赵勇主编. 体验教育 ［M］. 北京：中国青年出版社，2002：145.

② Priest，Simon and Gass，Michael A. Effective Leadership in Adventure Programming. Champaign，IL：Human Kinetics. 1997，P. 17.

③ Association for Experiential Education. What is Experiential Education？［EB/OL］. ［2006−10−11］. http：//www. aee. org/customer/pages. php？pageid=47.

④ 高伟. 体验：教育哲学新的生长点 ［J］. 湖南师范大学教育科学学报，2003（4）：3−8.

⑤ 闫守轩. 体验与体验教学 ［J］. 教育科学，2004（6）：32−34.

础；情感是体验教学展开的场域①。另有学者从学习角度和教学角度认识体验学习的价值生成问题，认为前者的生成机制是基于价值目标和行为目标，在理念的指导下，从实践性和活动性两个维度指向体验性知识，生成价值。后者的生成机制是基于教学角度的体验式学习价值生成：基于一定教学情境下的教学活动，在情感的参与下，从教学和评价两个维度指向意义的获取，生成价值②。关于体验教育过程，王嘉毅等人认为，一个完整的体验学习一般会包括设定目标、体验情境、观察反思、抽象概括、行动应用等环节。从教学实践来看，沈玲娣等人认为体验学习的过程主要包括以下四个阶段：提供情境，激发兴趣阶段；实践感受，自主体验阶段；相互交流，体验内化阶段；归纳迁移，反馈评价阶段③。哈佛教授柯尔保则从哲学、心理学、生理学角度对体验式学习做了很多研究和阐述，用四个元素来描述体验式学习的理论模型：具体的体验，观察与反思，抽象概念的形成，在新情境中检验概念的意义，体验学习可以描绘成一个四阶段的循环周期。④

3. 关于体验教育的特点与实施

体验教育的特点是目前体验教育研究中涉及比较多的内容，概括起来有以下一些提法：主（体）动性、实践性、生命整体性、情感性、价值性、精神性、境遇性、场景性、现实性、活动性、过程性、生成性、反思性、理解性、感悟性、整合性、建构性、个体性、意义性、亲历性、个体差异性、娱乐性、实用性、情境性、开放性、缄默性，等等。

关于体验教育的实施，概括起来主要有以下一些途径或策略：第一，创设情境，提供适合学习的条件和环境；第二，参与实践，实现学习者与环境的互动；第三，通过语言，唤醒学生内心的体验，反思生成；第四，引导学生表达自己的体验；第五，评价重质不重量，重思不重知，重实不重虚。有人针对人文课程与科学课程的特点，提出了不同的实施策略：人文课程的体验教学要体验人伦真情，体验生活，感受人性之美；体验自然的美，体验文学作品的美，感悟人生真谛。科学课程要精心备课，为学生创造体验条件；认真准备实验，尽量将演示实验改为学生实验；让学生体验成功；开展科学小制作等。⑤

---

① 闫守轩. 论体验教学的生命机制 [J]. 教育科学，2006（3）：36－39.
② 蔡熹耀. 体验式学习的价值生成机理及关联分析 [J]. 科技管理研究，2004（5）：126－128.
③ 沈玲娣，陶礼光. 体验学习的理论与实践 [J]. 北京教育（普教版），2005（7－8）：21.
④ 李湘，袁志芬. 体验式学习的理论与实践策略 [J]. 现代中小学教育，2005（2）：25－27.
⑤ 赖学显. 体验教学与新课程改革研究 [J]. 当代教育论坛，2005（4）：82－84.

二、体悟教学研究

（一）体悟教学基本理论研究

最早在刊物上出现"体悟教学"一词的是《人民教育》杂志 2002 年第 6 期上的两篇文章。一篇是王建军的课后点评《"体悟教学"的教育学意蕴》，认为体悟教学的提出实现了教育研究视角的一个重要转变——从注重形式到注重实质，"似乎包含了这样一些重要的内涵：1. 强调学生的发展是教学活动的最终目的，教学过程中的主体是学生而不是教师；2. 强调学生作为一个完整的人，而不单单是大脑的载体；3. 体悟是一种精神体验，'体悟教学'强调学生已有的经验、正在进行的经验和可能最终成为学生之一部分的经验在教学上的重要价值；4. '体悟教学'意在寻求学生在教育活动中获得的'个人意义'"①。另一篇是唐江澎的《我的专业发展历程》。在人物介绍部分，言及作者领导研究教育部特设课题"高中语文体悟教学"，文中述及体悟教学的策略方法："倡导用问题的创设、情境的创设来调动学生思维与情感的参与，以设问与理答为基本手段，通过教师的'导向'使学生'定向自悟'，通过教师的'启悟'使学生有所'体悟'。"② 笔者在教学实践中思考"体悟"这一问题期间，正是受到前一篇短文的启发，开始从理论层面研究体悟教学，2003 年至 2004 年期间分别发表了《体悟学习：塑造人文精神的基本学习方式》《体悟学习的理念与策略》和《课程目标一体化与体悟教学》三篇论文。之后，主要的学术论文有肖龙海的《论优化教学过程与学生学习方式的更新》、陈建翔的《试论"体悟式教学"》以及吴俊的《体悟：道德知行转化的基础》等。

体悟教学基本理论研究主要涉及以下内容。

第一，体悟学习、体悟教学概念的界定。目前多数人把体悟理解成体验与感悟。"所谓'体悟'就是体验与感悟，指学生在'身临其境'的体验氛围中通过对教学内容内化后的内心反省、内心反应或内在感受抽象实现自我教育。"③ 陈建翔把体悟式教学作为指导中小学德育和综合实践活动中尝试运用的一种教学模式，是"在教学过程中，通过组织游戏化、身心整体参与的集体活动，引导学生达到对某种抽象认识或抽象的教学目标的深刻感悟"④。而笔者认为，"体悟学习是个体以主动、自觉的态度，通过领会、感受、参

① 王建军. "体悟教学"的教育学意蕴 [J]. 人民教育，2002（6）：47.
② 唐江澎. 我的专业发展历程 [J]. 人民教育，2002（6）：43—46.
③ 聂慧. 在体悟和合作交往中培养学生健康人格 [J]. 教育导刊，2003（6）：17—18.
④ 陈建翔. 试论"体悟式教学"[J]. 教育科学，2004（4）：24—25.

悟等形式形成稳定的、个性化的、对个体行为具有指导性的情意态度与价值观念系统的学习方式"①。

第二，体悟教学的原理与机制。陈建翔从以下几方面揭示体悟教学设计所包含的教育学原理：只有身体的全面的活动，才有头脑的全面的活跃（即全脑活动）；只有头脑的全面的活跃，才有理解的顿悟和思维的突破；只有理解的顿悟和思维的突破，才有内在的表达与交流的冲动；只有内在的表达与交流的冲动，才有人性的分享。笔者提出体悟教学蕴涵以下新的内容：注重个体内在自主发展的态势，强调学生发展是教学活动的最终目标；学生的自主性是体悟教学的先决条件；注重个体经验的整合；强调实践活动在学生发展中的价值②，并讨论了由领会与内化、感受与体验、协调与整合、渐悟或顿悟等多环节构成的完整的认识过程。

第三，体悟教学的特点及策略。肖龙海认为体悟学习的基本特征是亲历性、个人性和默会性；陈建翔从体悟教学设计角度提出综合实践活动性、集体与个性的统一、人文与自然的和谐、挑战心理极限、高峰体验、重在自我教育等特点。笔者则提出下述体悟学习的一般性策略：创设丰富的体悟情境；营造良好的心理氛围；把握时机，启迪导悟；注重自主评价，明确目标追求。③ 梅玉芳结合教学实践，总结出五种体悟型学习的主要方式即角色体悟、情境体悟、活动体悟、情感体悟和探究体悟等。④ 除了这些方式外，聂慧认为还有表演体悟。有关课堂体悟教学的策略在语文学科领域论得更多，如加强朗读、诵读的指导，提升学生的体验、感悟；创设生动有趣的情境，引领学生的体验、感悟；引导学生展开联想、想象，丰富学生的体验、感悟等。⑤

（二）学科体悟教学的经验与理论

体悟教学的基本理论一方面来源于先进的教育理念及其哲学、心理学、知识论等背景性的时代理论成果，通过理性演绎和体悟思辨阐释新的思想；另一方面也来源于体悟教学的实践，是对实践经验的总结、升华。相对于基本理论而言，体悟教学的实践要丰富得多，尤其在语文学科，经验总结与理论研究并存，教学模式异彩纷呈，显示出欣欣向荣的局面。思想品德教育课程次之，其他学科如数学、历史、地理等也涉及，但相对要少得多。

---

① 张华龙. 体悟学习：塑造人文精神的基本学习方式 [J]. 课程·教材·教法，2003（3）：47—51.
② 张华龙. 课程目标一体化与体悟教学 [J]. 课程·教材·教法. 2004（4）：18—22.
③ 张华龙. 体悟学习的理念与策略 [J]. 教育探索，2003（8）：50—52.
④ 梅玉芳. 体验·感悟·实践 [J]. 陕西教育，2003（2）：22—23.
⑤ 武悦英. 引导学生体验感悟的策略 [J]. 河北教育，2005（23）：28.

1. 学科体悟教学的理论研究

学科体悟教学研究开展最广泛的是语文学科，涉及理论研究、阅读教学、诗歌教学、习作教学和教学设计等方面。

语文学科体悟理论的研究是语文课标要求的反映。体验和感悟是语文课程标准的关键词。《全日制义务教育语文课程标准（实验稿）》有以下有关体悟的表述："语文学习具有重情感体验和感悟的特点""应尊重学生在学习过程中的独特体验""阅读是搜集处理信息、认识世界、发展思维、获得审美体验的重要途径。应让学生在主动积极的思维和情感活动中，加深理解和体验，有所感悟和思考""要珍视学生独特的感受、体验和理解""阅读评价要综合考察学生阅读过程中的感受、体验、理解和价值取向""鼓励学生多诵读，在诵读实践中……加深体验与领悟""诵读优秀诗文，注意在诵读过程中体验情感，领悟内容""欣赏文学作品，能有自己的情感体验，初步领悟作品的内涵，从中获得对自然、社会、人生的有益启示""根据文学作品形象性、情感性强的特点，可着重考查学生对形象的感受和情感的体验，对学生独特的感受和体验应加以鼓励""写作要感情真挚，力求表达自己对自然、社会、人生的独特感受和真切体验"。有人在归纳上述大量的体悟要求后，进一步从新课标实验教科书、教师教学用书、中考命题方面考察了体悟性要求的落实与体现，并提出对语文教学的如下建议：引导学生用"心"去体验、感悟；指导学生在读中体验、感悟；指导学生通过联想去体验、感悟；指导学生通过想象去体验、感悟；设置情境，唤起学生的体验、感悟等。①

从课标精神出发，人们从语文教学过程审美化②、语文教学模糊性③、体悟的象喻式文学评论④、体悟性阅读及其策略⑤、习作体悟教学⑥等方面展开经验的总结与理论探微。与这些有所不同的是，诗歌体悟教学的研究除了反映课标精神之外，更多的是在"妙悟说"的历史关照下进行的。值得一

---

① 程杨木. 关于语文体验感悟学习的思考与实践 [J]. 课程·教材·教法，2005（10）：44－48.
② 邓武蓉，周庆元. 试论新课程背景下语文教学过程的审美化 [J]. 湖南师范大学教育科学学报，2006（1）：109－112.
③ 华伟中. 语文教学模糊性的合理存在及作用研究 [J]. 小学语文教学，2003（2）：7－8.
④ 焦幸安. 疏于理性善于体悟的象喻式批评 [J]. 语文学刊，2001（5）：41.
⑤ 朱岳和，施茂枝. 阅读教学促成学生体验感悟的策略 [J]. 云南教育，2004（10）：25－27；范力myr. 阅读和写作教学中的体验和感悟 [J]. 语文教学与研究，2005（2）：32；李建郿. 阅读中的体悟 [J]. 读写天地，2001（5）：5；王林. 注重体悟——阅读教学的最佳方略 [J]. 语文教学与研究，2004（2）：29；尹携携. 涵泳体悟与多元解读教学 [J]. 现代语文（教学研究版），2006（4）：54－55；王宪廷. 语文新课程体悟式阅读教学 [J]. 中国教育学刊，2006（3）：47－48，55.
⑥ 李福灼. "多元素养作文"初探 [J]. 广西师范学院学报（哲学社会科学版），2004（4）：125－129；吕彩娜. 激发写作兴趣 提高作文能力 [J]. 青海师专学报（教育科学），2005（1－2）：108－109.

提的是，妙悟研究的主体主要集中在高等院校，诗歌教学研究的主体则以中小学教师为主。

在禅悟入诗之前，作为有意识的悟性思维在向士人日常生活渗透过程中已与琴、棋、书、画结缘，这一方面体现了艺术美学所蕴涵的悟性思维，另一方面也为当今艺术美学的悟性研究提供了历史的视野。因此，体悟教育的理论研究中，艺术美学是可以与语文学科领域相媲美的。美学"悟性说"①、审美"妙悟说"②、乐感体悟③、画作体悟④成为艺术美学领域研究的主题。

数学、历史、地理、体育等学科因为没有与"悟"的历史机缘，这些学科的课程标准中对体悟虽有要求但没有语文、艺术类突出。因此，这些领域的研究主要是新课改要求的应用性研究，研究论文的数量少也就不足为奇了。

此外，在经验总结和理论研究的同时，体悟教学的课例设计方案是体悟教学实践的一个亮点。从刊物中发表的优秀教学设计方案的学科类型看，基本上是语文学科的课例设计，也有些许数学学科的教学设计，其他学科的体悟性教学设计寥若晨星。

2．现有的体悟教学模式

根据现有收集到的文献资料，依据出现时间的先后，我们可以概括出以下一些体悟教学的模式。

（1）"阅读—体悟—讨论（鉴赏）—拓展—总结"五步教学模式

在高中使用语文新教材、贯彻语文新课程理念过程中，浙江省椒江一中的语文教师结合学生、教材和教师本身的实际，探索适合实际需要的教学新路，创造了使教材"材"尽其用，学生"生"尽其能，教师"师"尽其才的这一教学模式。实践表明，它对学生学习兴趣的激发，语文水平的提高，学习方式的改变以及自学能力的培养均是有效的。⑤

（2）"活动体悟"模式

活动体悟是根据课文的重点、难点和特点来组织即兴表演，让学生进入课文角色，以课文为剧本，即兴表演和体会的阅读理解方法。活动体悟教学一般分五个步骤：教师提出活动体悟的"剧本"和"演员"的组合；学生自

---

①　朱良志. 中国美学中的悟性说 [J]. 齐鲁学刊, 2003 (6)：5—10.

②　朱良志. 论"审美妙悟"概念之成立 [J]. 江海学刊, 2004 (1)：185—190；张天明. 沧浪"妙悟"说与审美的直觉性 [J]. 湖南师范大学社会科学学报, 1998 (4)：101—104；曹章庆. 妙悟的美学历程 [J]. 广西大学学报（哲学社会科学版）, 1998 (6)：84—90.

③　李双彦. 乐感的审美体悟及其艺术心理分析 [J]. 西北民族学院学报（哲学社会科学版）, 2000 (3)：110—113.

④　肖毅. 浅析中国画的体悟性表现语言 [J]. 洛阳大学学报, 2001 (3)：65—66.

⑤　项香女. 建构高中语文新教材有效教学模式 [J]. 浙江教育学院学报, 2002 (6)：6—9.

由酝酿；学生自由"预演"；汇报表演；赏析或评述。①

（3）"合作—体悟"教学模式

这一模式基于大学教学的特点，把过程与方法应用到物理学科课程论的课堂上，利用课堂以外的时间来完成作业，然后又回到课堂上进行交流，以达到共同进步的目的。这个改革项目作为渤海大学的重点教学改革项目之一，拟在全校的各个学科教学论的课堂上推广。基本框架由四个部分构成：选择伙伴，确定主题；收集资料，形成结论；课堂交流，分析论证；体悟过程，形成习惯。②

（4）"体悟—创新"教学模式

这一模式力图在"往"与"来"之间架起一座桥梁，使以往的基础知识与未来的创新应用彼此沟通，强调应用各种教学手段，让学生深刻体悟教材，经过教师点拨，逐步形成创新性个性欣赏和创造性写作，由"小课堂"拓展到"大语文"，具有教材开放性、课堂系统性、学科综合性的特点。③

（5）"自探—共研—体悟—发展"教学模式

自探是学生感知教学内容的前奏阶段，让学生在感知教材内容的过程中提出问题，尝试性地去解决问题；共研是模式的核心部分，指的是教师组织、带领学生共同探究知识形成的过程，从而获得知识的方法；体悟是模式的必要环节，主要是指教师通过一些策略使学生能够把自己已有的经验与当前的学习活动结合起来，对知识有深刻的感受，对方法技能有切实的体会，在自己已有的知识背景下，按自己的方式对知识进行编码、加工，进而构建一个合理的知识结构；发展是模式的内在要求。通过上述教学环节，教师带领学生将头脑中原有的内在逻辑结构的材料与新的材料有机地结合起来，形成学科能力。④

（6）"体悟式"习作教学

它是通过组织游戏化的、身心整体参与的活动，引导学生达到对某种抽象的教学目标的深刻感悟。"体悟式"习作教学的基本特性是综合实践活动性和高峰体验性。针对前者，采用以下几种操作方式：创设情境，体悟激思；体悟情境，学会习作；体悟成功，自主创新。针对后者，体验途径有体悟文本、体悟生活、体悟自然等。⑤

---

① 李雪红. 精心设计活动体悟引导学生形成个性化理解 [J]. 广西教育，2002（6）：43－44.

② 程琳. 大学物理学科教学论"合作—体悟"教学模式初探 [J]. 渤海大学学报（自然科学版），2004（4）：334－336.

③ 庄平. "体悟—创新"教学模式的理论依据及特征 [J]. 南阳师范学院学报（社会科学版），2005（11）：110－111.

④ 王洪兰. 自探·共研·体悟·发展 [J]. 语文教学与研究，2005（17）：24.

⑤ 杨启发. "体悟式"习作教学事半功倍 [J]. 作文教学研究，2006（2）：9－11.

这些体悟教学模式以及体悟教学的课例设计方案是体悟教育理论研究最基本的原材料，有待于理论的提炼与升华。

第三节　体悟教育研究的反思

一、体验教育与体悟教育

体验教育是什么？体悟教育是什么？尽管已有研究对这两个概念有很多界说，但也由此形成了比较混乱的局面，致使"体验"与"体悟"不分、"体验教育"与"体悟教育"交替错杂。体悟教育理论研究首先要清楚地还原这两组概念的本来面貌，阐述两者的基本关系。

从词源看，我国《现代汉语辞海》对"体验"的解释是"亲身经历以认识周围的事物"，强调体验者的"经历"。英文"体验学习"一词为"experiential learning"，直译应是"经验学习"，其原始词义以及体验学习的产生过程充分体现了这种体验学习模式"通过实践与训练"的最初含义。笔者曾经就体验学习与体悟学习的关系进行过探讨，认为"正是体现着体验学习独特价值的'亲身经历'，同时也框限了它的外延。人文精神的养成除了通过亲身经历体验、感悟之外，还有一条基本的认知渠道，即在实施学术性课程的过程中，通过主体内部认知活动（思辨、参悟）实现人文知识向人文精神的过渡"①。它包含着这样两层基本意思：第一，体验强调实践与经历，体悟注重内省与感悟；第二，体悟教育的外延包含体验教育。体悟教育存在体验感受和认识心悟两种形式，体验教育就是实践体悟教育的外在形式。在现有的研究中，对体验及体验教育的理解存在两种价值取向。注重实践、强调亲身经历或原始体验的观点坚持体验的原初理解和立场；偏重体验的内在形式、强调自我意识及生命意义的理解则悄然把强调的重心从经历转移到了心悟，虽然反映了教育追求生命意义的要求和趋势，但实际上已演化成为通过经历途径的体悟。基于以上分析，笔者认为，个体亲身经历是获得体悟的外在途径和手段，但因为实践经历必然涉及个体的内在世界，以亲身经历为标志的体验教育因此成为体悟教育的一种外在形式，包容于体悟教育之中。

体悟教育理论研究已经有了相当的基础，但也需要开拓一片新领域。具体来说，体悟教育理论研究已拥有体验教育理论和体悟教学经验的基础。从现有的文献资料来看，体验教育在美国、欧洲和我国存在不同的理解，三者

---

① 张华龙. 体悟学习：塑造人文精神的基本学习方式 [J]. 课程·教材·教法，2003（3）：47—51.

分别以杜威的经验论、非理性主义哲学、中国传统哲学与非理性主义作为哲学基础。总体上看，体验教育理论本身还不完善，更何况体验仅仅是体悟的一种形式，因此，体悟教育理论不能由体验教育理论扩展而成，体悟教育理论的研究在提升教学经验的同时，依然需要从哲学、心理学、知识论、脑科学等上位理论中寻求支撑的平台。

二、体悟教学实践的状况

直至目前，理论界还没有开展体悟教育理论宏观层面的研究，体悟教学、体悟学习的理论研究也仅处于起始阶段，理论的缺乏直接影响基于课程标准要求而出现的体悟教学、体悟学习的实践探索。

从现有的文献资料看，体悟教学的经验确实比较丰富，实践中也产生了六种体悟教学的模式，但从性质上看还处于初期的探索阶段。它具体表现在以下几个方面：其一，体悟教学理论研究的主体部分是经验总结，以体悟教学概念、命题、特点、原则、机制、影响因素、理论基础、内在关系等为主要研究内容的论文仅有十多篇，大量的是结合各科教学的具体实施的策略性研究论文；其二，研究主体基本上局限于个人，几乎所有可以查到的经验总结性论文都是作者个人教学实践探索的感悟、反思或提炼与升华，现有文献中，以课题形式开展系统研究的只有唐江澎主持的锡山"高中语文体悟教学"；其三，各学科体悟教学的开展很不平衡。由于学科性质的差异，学科间实施体悟教学存在不平衡的现象是正常的，但目前存在的不平衡现象表现为有传统理论支持的领域（如语文学科和艺术领域有"妙悟说"和"悟性说"）体悟教学开展得比较丰富，其他学科开展得很少，这说明在课程改革实践中，虽然多数学科的课程标准中有"感悟"的要求，但由于缺乏体悟理论的指导，实践中的探索是比较艰难的。

三、体悟教育理论的逻辑前提

体悟教育理论存在两个逻辑前提：一是人类的认识除了理性认识之外，还存在另一条认识路线，即悟性认识；二是教育活动中存在体悟这一认识现象。这两个逻辑前提我们可以分别从中国传统文化的思维方式，以及体验教育、体悟教学的实践寻找到成立的依据。但是，鉴于理论研究的逻辑理性诉求与研究对象直观悟性的特征，体悟教育研究需要进一步澄清一些最基本的认识论问题：如何处理与定位悟性认识与理性认识的关系？悟性认识是认识论的范畴吗？从现有的体验教育研究成果看，它的哲学基础有三个来源，一是美国杜威的经验论，是美国体验教育的哲学基础；二是欧洲大陆的非理性主义，是欧洲体验教育的哲学基础；三是我国的传统哲学，是悟性认识的源头。非理性主义哲学关注人的世界，弘扬人的生命意义、价值追求和精神世界，但其体系本身是理性认识、理性建构的产物；中国传统哲学却是悟性认识、悟性建构的理论。两者共存至融合必然经历一个冲突的过程。体悟教育理论研究同样也涉及这个过程的跨越问题。此外，马克思辩证唯物主义认识论的基本观点是从感性认识到理性认识，再回到实践，认识就是如此不断循环的过程。在这里我们看不到悟性认识的位置，那么，悟性认识存在认识论的合法性吗？进而衍生的问题就是，体悟、体悟教育具有认识论的合法性吗？我们怎么确立体悟教育理论研究的合法性？

四、体悟教育的理论基础

体悟教育理论研究建立在哲学、心理学、脑科学、知识论、思维科学等领域的相关理论成果以及体悟教学实践探索及相关研究的基础上。体悟教育体现着教育变革的时代精神。它的支持性理论是多方面的，但另一方面也正说明了体悟教育理论基础的不确定性。教育理论形成与发展往往是以相关教育哲学的出现为前提的，如西方的人本教育理论、国内的主体性教育理论，等等。但目前，虽然有学者提出东方人应该研究一下感悟哲学，并构划了这样一些基本问题："感悟是如何沟通客观世界与主体体验，如何渗透于主体体验的知、情、意，如何浸染于客观世界的生、成、变"① 等，但是，感悟哲学或体悟哲学毕竟还没有开始建设理论体系，这就带来体悟教育理论研究的困难。在这样的情况下，我们分别从中国传统哲学、非理性主义哲学、后现代主义吸取悟性认识论、精神科学研究方法论、知识性质观等作为体悟教育的理论基础，而将其他理论如脑科学、人本主义心理学等作为不同学科领域对体悟教育存在及其理论的支持（详见本书第四章）。

---

① 杨义. 感悟通论（上）[J]. 社会科学战线，2006（1）：101-118.

第三章

体悟理念及其相关学理的辨析

中国社会科学院文学所研究员杨义在《感悟通论》一文中有以下一段话：

"讨论现代中国学术研究方法的时候，绝不能忽略数千年间久蕴厚蓄的文化经验和文化资源。这份经验和资源为现代中国学术及其方法，提供了丰富的创新开拓的可能性。在对这份丰厚而独特的资源进行系统的、深入的审视之后，我们发现，感悟乃是中国智慧和思维能力的传统优势所在，它在本能和认知、情感和理智、知识和哲学等诸多层面，给中国智慧提供了奇妙的融贯和升华的通道。哲学是西方学科分类和知识汇总的术语，将感悟与哲学二字联系，是非常陌生的，可能有人会认为它'不通'。但是不通中求通，乃为'大通'。它有可能使文化学术达至一种新的境界，'致广大而尽精微'，在学术的形态和深广度上都获得原创的拓展。人们大概可以同意，西方思维重分析，东方思维重感悟。西方文化之主流向来把理性的逻辑分析的思维方式，当做最基本的思维方式，乃至生存方式，以此立下其文化传统的深厚根基。中国文化出于自身经验和聪明，则另有所见。中国文学艺术之所以能够极其精妙地表达人类难以言状的精神体验和生命韵味，是与它的重感悟分不开的。因此，既然西方能有分析的哲学，那么东方人研究一下自己的感悟哲学，又岂是多余？从中国文化的行程中，考察感悟是如何沟通客观世界与主体体验，如何渗透于主体体验的知、情、意，如何浸染于客观世界的生、成、变，直到对感悟进行哲学的把握，将有可能开拓一条既有开阔的世界视野，又有中国智慧的原生性系统作为其精神的出发点，内蕴一种富有张力的学术生长过程。这是由于感悟尽管是非常有魅力、穿透力和生命力的智慧形式，但它的古典形态往往采取闪现或爆发的方式，电光石火，星光四射，在烫灼着或震撼着人心之时，未能高度致力于自身的知识—学理体系的建构。在这种意义上说，感悟是潜哲学，是超哲学，在许多学理层面上往往浑而未分，甚至音影模糊。若要朝着知识—学理体系的方向前进一步，就有必要使浑融的感悟与明晰的哲学在质疑和对话中结缘，在强强过手和联手中形成一种现代智慧形态。"①

这段话提醒我们，感悟是中国智慧的传统优势，是融通意义与精神世界的奇妙通道，是内涵未曾揭示、却对现代学术发展具有本质价值的学理。在感悟理念的引导下，辨析感悟的学理，不仅可能开拓出一条崭新的学术生长的过程，也有可能发掘出提升人的发展水平的全新轨迹。这里，我们循着这一思路、着眼于体悟的教育学意义，在哲学层面对体悟理念及其学理进行力所能及的探析。

---

① 杨义. 感悟通论（上）[J]. 社会科学战线，2006（1）：101—118.

第一节　体悟及其相关概念的辨析

一、体悟的界说

词源学上，"体"的最初含义是指人体、躯体、肢体，指代全身或四肢，如"心广体胖"（《礼记·大学》）、"四体不勤，五谷不分"（《论语·微子》）等。表达"人体"或"躯体"形态、特征、功能等相关范畴的词语有体貌、体形、体态、体相、体面、体格、体魄、体质、体力等。从"体"的初义中引申出名词、动词等词性。名词的第一种含义是事物的结构、秩序、状态或规范，相应的词语有个体、实体、形体、文体、字体、政体、体系、体制、体例、体裁、体统等；第二种含义是本质、本源、根本，是对事物形而上的抽象与概括，是中国传统哲学的主要范畴之一，相应的词语有本体、心体、性体等。动词的第一种含义是贴身亲近、切身体会、身临其境、亲身实践，相应的词语有体验、体知、体认、体悟、体贴、体恤、体谅、体现、体己等；第二种含义是划分、分解，相应的词语有体国经野等。①

"悟"是中国传统文化中极其重要的思维方式。《辞海》简单地把"悟"解释为领会、觉悟，从某种程度上说，也反映了"悟"之深邃浑圆、不可言说的特点。在中国文化中，"以悟组词之多，意味着它们的深层存在着一以贯之的强大的'一'……纷纷从各个角度趋向一个终极的本体求索和真理追寻，趋向一个无所不在又难以言说的'道'"②。"道"是一种境界，存在于人类的精神世界。今天，当我们跨越科技理性，走上精神家园的复归旅程，"悟"作为通达意义与精神境界的必由之路，再次历史地成为人类自身存在所不可回避的话题，也将逐步成为能够自我意识的生存的基本方式之一。

"体"与"悟"组合成的词汇——"体悟"，在汉语中是一条经常使用、中国人皆能意会却未列入《辞海》《辞源》中的词语。《汉语大词典》收录了"体悟"词条，释为"体味领会"，并以明代王守仁《传习录（卷下）》中的语录"良知明白，随你去静处体悟也好，随你事事磨练也好"作为引证。从"体悟"的词性结构看，"悟"是心理动词，"体"为方式状语，体、悟连用

---

① 辞海（词语分册）［Z］. 上海：上海辞书出版社，1979：199－201；辞源（1－4 合订本）［Z］. 北京：商务印书馆，1988：1891－1892.

② 杨义. 感悟通论（上）［J］. 社会科学战线，2006（1）：101－118.

能够表达一种由身到心的完整活动过程。这个过程也就是中国传统哲学中修身养性的过程。"悟，得道于身，道与身一体，也叫体道"①，因此，体悟也就是"道"与"身"融为一体的过程，用现在的话说，是意义世界与文化生命融通的过程。依据前述对"体"的词源学分析，结合"悟"的哲学意境，我们可以把"体"理解为一体化的身心（道与身一体），引申为认识已达到的境界。它同时也蕴涵了其他两层意思：第一，境界是人的境界，故有主体之意；第二，境界是知、情、意各方面的统一体，故有完整、融合、全身心投入之意。由此，我们把"体悟"界说为：在一定的情境下，主体已有的精神世界与认识对象交互作用，经由体验、觉悟而达到新的精神境界的悟性认识活动。

二、相关的概念

（一）渐悟与顿悟

渐悟与顿悟是佛教的两个命题。渐悟又叫渐修、渐了，是指通过长期的禅定修行，逐渐悟得佛法，以便最后成佛。为了适应渐悟的过程，佛教把这一过程分为"十地"，即欢喜地、离垢地、发光地、焰慧地、难胜地、现前地、远行地、不动地、善慧地、法云地，要求人们精进不已。所谓顿悟就是突然醒悟佛法。学界一般认为南禅宗重顿悟，北禅宗重渐悟。实际上，渐悟与顿悟是一个修行过程线上的两个不同阶段，即事物变化时的量变和质变。②

渐悟与顿悟作为佛教命题，因为与中国传统的悟性思维方式相契合，故在特定历史阶段促成了佛教得以广泛传播。悟性思维的基因来源于中国文化的本原：太极、道与心，集中体现在太极图之中。秦汉由于黄老之学和谶纬神学的流行，悟性思维增加了一层心灵世界和天命领域的神秘感。东汉佛教传入后，与中国哲学相互碰撞，一方面，激活了儒、道、黄老经籍中已经存在的有无、心性、言意等话题；另一方面，大量的佛典译作为思维理论和思维实践提供了新奇神异的丰沛资源。二者磨合的结果就是禅悟的出现。其间的顿悟、渐悟之辩更是对宗教与文学产生了巨大的冲击。六朝隋唐以后，妙悟率先渗入书法，开始了悟性思维日常化的早期历程；之后入画，进而渗润琴、棋；唐时诗悟已结缘，两宋之交以禅喻诗，严羽更是把妙悟视为诗道的精髓，并强调以渐修的工夫作为顿悟的基础。宋明理学在辟禅的同时沟通了性理与觉悟，强调循序渐进的"渐"对于自然贯通的"悟"的重要性，以道

---

① 庞朴. 相马之相［C］// 庞朴. 当代学者自选文库：庞朴卷. 合肥：安徽教育出版社，1999：405－430.

② 张松辉. 论渐修与顿悟的同异［J］. 宗教学研究，2002（3）：54－58.

学问作为尊德性的修养基础。① 从此，悟性思维不仅是中华民族最基本的思维方式和生存方式，也成为中国文化体悟的对象。

此外，顿悟也是心理学领域格式塔学派的一个术语，是学习者通过重新组织知觉环境并经领悟其中关系而发生的学习。格式塔心理学家认为，学习是动物通过对知识环境的顿悟实现的。可见，格式塔心理学中的顿悟只是对顿悟机制的解释，作为悟性思维的顿悟依然是一个"灰箱"，有待于人们进一步研究。

（二）逻辑思维与非逻辑思维

1999 年新版《辞海》中对逻辑思维进行了权威性的界定："人们在认识过程中借助于概念、判断、推理反映现实的过程。它和形象思维不同，以抽象出事物的特征、本质而形成概念为其特征，故亦称'抽象思维'或'概念思维'。"② 与其相对的思维方式是非逻辑思维，虽然近年来它被频繁使用，但对它的定义却极少。秦骏伦认为："非逻辑思维是超出逻辑思维的思维方式的统称。它们无须严密，不讲逻辑，或暂时说不出什么道理，然而有的非逻辑思维在人们的认识发展到一定的程度后，也会逐步演变为逻辑思维。"③这其实不是严格意义上的概念界定，并没有揭示出非逻辑思维的本质属性。随后有人从两大思维方式的划界对它们进行了辨析，认为充足理由律是区分逻辑思维与非逻辑思维的根本标准。④ 依据这个标准，灵感思维、直觉思维属于非逻辑思维，如果关于一个对象的形象信息充足，由此加工作出结论，这样的形象思维活动，即"以形象为主要思维手段的思维活动"⑤ 就属于逻辑思维；但是，由于事物的形象大多不能显示对象的实质，不能必然地得出结论，因此，利用形象进行的思维大多是非逻辑思维。

灵感思维（inspiration thinking）是中国科学家钱学森在《系统科学、思维科学与人体科学》一文中提出的。他认为，灵感思维与逻辑思维、形象思维一样也是一种基本的思维形式，是"人在科学或文艺创作高潮中突然出现的瞬息即逝的短暂思维过程"。在历史上就曾经出现过许多灵感理论。西方先后有神赐天启论、天才论、潜意识论、认知心理学的信息加工论⑥；我国现当代有显意识和潜意识相互作用说、灵感发生的自组织说、潜意识的信

① 杨义. 感悟通论（上）[J]. 社会科学战线，2006 (1)：101−118.

② 辞海编辑委员会. 辞海 [Z]. 上海：上海辞书出版社，1999：3001.

③ 秦骏伦. 创造学和创造性经营 [M]. 北京：中国人事出版社，1996：34.

④ 余华东. 非逻辑思维论纲 [J]. 北京市政法管理干部学院学报，1999 (3)：24−29.

⑤ 田运. 思维辞典 [Z]. 杭州：浙江教育出版社，1996：248.

⑥ 蒋卫东. 灵感思维研究简史（上）[J]. 发明与创新，2003 (3)：12−13.

息加工说和超意识的自动编程说①等。依据显意识和潜意识相互作用论，有人尝试对灵感思维的概念进行了如下界定："灵感思维是思维主体在实践基础上获得了某事物或问题的大量信息并对这些信息进行了较长时间的思考仍未认识该事物的情况下，调动潜意识活动达到一定程度而与显意识活动通力协作，使对该事物的认识产生顿悟或突然质变的一种高级创造性思维活动。"② 另外，还有些人的研究则涉及了灵感思维产生的条件："大量事实资料表明：灵感思维的产生一般说来有三种情况。（1）是在原形启发下出现的，即受到有关具体事物的启发而产生灵感的方式。（2）是在注意转移的情况下出现。（3）是意外的机遇诱发灵感的产生。"③

灵感思维是否就是直觉思维？目前在学术界，关于二者关系的认识是比较模糊的。第一种观点认为灵感思维就是直觉思维④；第二种观点比较模糊，采用"直觉和灵感"的提法，并把它作为论文的关键词加以运用⑤；第三种观点认为直觉思维是"主体借助于智慧迅速认识对象的本质及其特点的思维活动，是直接观照对象进行理解并做出判断的思维能力"，它与灵感思维有联系也有区别："在激发灵感的顿悟状态中，需要直觉的参与，做出直觉判断。这两者都是最佳智慧状态下的产物，都具有顿悟性。但不能因此把直觉与灵感混为一谈。灵感（inspiration）主要是指创造过程上新形象、新观念、新思想的出现带有突然性，这种突然性大多是在艰苦研究的基础上受到某种启示或联想而产生的。直觉（intuition）主要是指直接观照真理、直接领悟对象的认识能力"⑥。"灵感是有准备的大脑的突然闪光，直觉是无准备的大脑对世界的直接洞察。"⑦

爱因斯坦指出，科学认识包括三个主要环节：第一，通过直觉从直接经验到公理体系；第二，通过逻辑推理从公理体系到个别结论；第三，通过直觉从个别结论回到直接经验。⑧ 如图3-1所示。

爱因斯坦关于科学认识过程的见解在一定程度揭示了逻辑思维与非逻辑思维之间的关系。

---

① 蒋卫东. 灵感思维研究简史（下）[J]. 发明与创新，2003（5）：10—12.

② 黄辉. 论灵感思维的本质、特征及其实践意义 [J]. 中共四川省委党校学报，2002（2）：26—30.

③ 莫晓辉，章新. 论灵感思维 [J]. 玉溪师范学院学报，2001（6）：71.

④ 齐虎田，齐芳. 灵感思维探析 [J]. 历史教学，2003（4）：54—56.

⑤ 刘国建. 论直觉和灵感思维的自组织机制 [J]. 科学技术与辩证法，2001（5）：25—27.

⑥ 孟宪鹏. 直觉思维 [J]. 思维与智慧，1996（3）：48.

⑦ 吕汉东. 直觉思维新探 [J]. 台州学院学报，2003（2）：10—14.

⑧ 汤川秀树. 创造力和直觉——一个物理学家对东西方的考察 [M]. 周林东，译. 上海：复旦大学出版社，1987：51.

图 3-1 爱因斯坦的科学认识过程图

（三）理性与非理性

理性与非理性是相对应、相比较的一对范畴，也是一直以来含义比较模糊的一对范畴。人们从不同的层次或角度赋予它们不同的含义。在日常生活层面，人们常把非理性理解为在思考和处理问题时偏激、欠冷静的一种态度或行为。从人类学角度看，"理性表现为人类超越自我有限生命，追求必然性、普遍性及永恒无限的能力，是生命灵性之光辉。非理性体现着生命的自然欲望和冲动，表现为追求感性、具体、有限性的特性"①。在认识论层面，"理性和非理性是两种不同的能力。作为一种能力，理性是指人们形成概念、做出判断、增进推理的逻辑认识能力和按照思维逻辑和思维规律指导实践的逻辑能力。……其次，理性和非理性是通过不同的形式表现出来的。人的理性主要是以概念、判断、推理等逻辑思维形式和系统化、理论化的思想、理论等为表现形式的，它们存在于理性能力的活动过程之中；而非理性则主要是通过意志、直觉、灵感、情绪、信仰、猜测、潜意识、本能、欲望等来表现的，这些形式也不外是非理性能力的外在表现"。②"传统理性哲学中起支撑作用的'理性'可以从三个层面来加以规定，第一层是从认识论意义上来说，理性是指人认识事物的本质和内在必然性、统一性的抽象思维形式和思维能力；第二层是从人性意义上来说，它是指人的抽象能力所支配的人的理智、自觉性的能力和存在属性；第三层是从与无意识相比较的意义上来说，它是指意识结构中的显意识。"③ 综合起来看，"理性应当包含三方面的含义：（1）建构性的，来自于人类长期以来的实践和文化的熏染而逐渐沉积于人类的主体之中的特殊生理结构和思维结构，这是人所特有的。……（2）认识论意义的，即与感觉、直觉、意象等相对的具有概念化、判断化、推理化、系统化、理论化等的认识方式和认识手段。……（3）心理学意义的，即在本能、冲动、情感、意志等之上的控制和调节人的心理意识活动和行为活动

---

① 冯玉珍. 理性、非理性与理性主义、非理性主义 [J]. 哲学动态，1994（2）：32－33.

② 高海燕. 理性与非理性关系初探 [J]. 菏泽师专学报，1994（1）：29－32.

③ 杨楹. 非理性主义哲学思维方式论纲 [J]. 新疆师范大学学报（哲学社会科学版），1998（1）：19－24.

的能力。"①

（四）理解和解释

在西文的语境里，与汉语"体悟"一词比较接近的词汇除了"体验"（experience）、"领悟"（perception）之外，另一个是"理解"（apprehend，德文为 verstehen）。后两者与体悟的内在形式相对应。

认识论的意义上，理解是人类具有的一种认知方式，解释则是借助语言表述理解结果的外化过程。它们是解释学中相互交叠的两个最基本的概念。

在古希腊神话中有一位连接众神与人间的信使赫尔墨斯（Hermes），担负着向人们解释、传达神谕的任务。从词源上看，解释学（Hermeneutics）显然来自于这一神话。神谕的权威与主客二元分立的思维方式相呼应，框定了古希腊及中世纪理解与解释的还原倾向和理智态度。及至文艺复兴时期，古希腊的文明成为资产阶级意识形态的依托，肩负着催生、丰满时代精神的历史使命，这样就赋予了经籍文献的现实意义。于是，在理解和解释经籍文献的目标上，本意已不能满足借古托今的要求，生成、阐释新义成为文艺复兴的内在追求。从此开始，适应解释学的转型，理解和解释的寓意发生了三次重大的变化：第一次是施莱伊马赫（Schleiermacher，F. D. E.）把圣经的解释学转入到对人类及其生活史的文本的解释，认为理解不仅是真意的破译，更是"在语言分析和心理移情中，把理解对象（作品等）自身本来所具有的原意再现出来，理解被视做解释者在心理上重新体验他人心理或精神的复制和重构过程，这种重构是从文本的文字到它的意义，从作者的文化心理背景复原到作品的愿意的过程中进行的"②。第二次转型是狄尔泰突破历史文献、典籍的对象性解释，由文献学和语义学转变成为精神科学的认识方法论。在狄尔泰的生命哲学中，理解既是借助"既定感性表现"通达人类共有的精神现象的活动，也是以自己的方式解释对方，并进而揭示自我意义、生成自我价值的过程。这样，理解和解释也就成为主体主观精神世界形成的一种基本的认识方法。第三次转型是海德格尔及其学生迦达默尔（Gadmer，H. G.）使解释学由认识方法论走向了本体论，理解被看做人的存在方式，理解与存在获得了统一。由此，理解真正地参与到人类的生活经验中，不仅致力于对象性的真，同时也必然关涉主体的善与内在统一的美。

概而言之，在认识论范畴内，理解先后出现了三种含义：认识本义、洞察并重构本义形成的背景、认识自我。在第三种含义出现之后，理解实质上

---

① 王蓉拉. 论理性与非理性的界定 [J]. 宁波大学学报（人文科学版），1998（3）：71－77.

② 金生鈜. 理解与教育——走向哲学解释学的教育哲学导论 [M]. 北京：教育科学出版社，1997：32.

已包摄了理性与悟性两大认识。狄尔泰虽然使理解摆脱了理性的附庸，但作为人文科学的致知途径和方法论却又不知觉地诉诸对理解的理性解释，导致了悟性理解的悬置，也局限了精神科学的界域。或许在理性的解释学范畴里开拓理解的命运注定了理解的描述性倾向，以至于后来解释学完成了本体论的转型之后，语言依然是存在（理解）的家。

在西方的文化环境里，悟性理解现在也还是无家可归，它的家在东方，是中国传统文化孕育起来的生命主体。原始儒学"述而不作"的学术态度把"仁境"置留于删编的《六书》之中，悟道不著也无可著，深刻地反映了生命境界的本色。到了汉代，古文经学与今文经学之争开创了考据与阐发经学两种泾渭分明的研究风格，出现了诸多的"注"和"传"。从此，除了修身之途外，理解方式也成为学术研究的一条路线。当然，理解的这两种含义并不是分立的，研究是一种修身，修身也可通过研究得以进阶，"做好学问先做人"的学术品格对此就作了无言的解释。但是，要做到这一点是很不容易的，在理学家陆九渊看来，只有"知本"之后两者才能真正合一。《象山集·语录》中有这样两段语录，其一是"或问先生：何不著书？对曰：六经注我，我注六经。"其二是"学苟知本，六经皆我注脚。"① 这两段语录的意思是说，如果悟得了儒道，六经皆是我的注释，我所要注的也就是六经，我（指陆九渊）不著书就是这个道理。

第二节 体悟的旨归：意义与精神世界

人是寻求意义、具有精神智慧的生物。人的生存与发展不仅需要一定的物质环境，更需要一定的意义环境。个体只有在意义环境中学习怎样做人才能逐步形成、拥有精神世界，从而成为一个真正意义上的人。这个过程就是个体进入意义世界、形成并不断提升自我精神境界的历程。在认识论上，这个过程也是个体感性认识、理性认识和悟性认识的历程。

意义与精神是人们日常生活中广泛运用的两个语词，由于它们的高度抽象和概括性，不同的具体情境下也就有着不同的意旨与意味。在一定的文化情境下，人们把它们作为不言自明的概念使用，虽然不能准确地表述它们的意思，但却能意会和理解。意义与精神也是哲学理论中与人的本质直接相关的两个基本语汇。生活中对两者理解的宽泛性及其广度的不确定性导致不同

---

① 关于"六经注我，我注六经"的理解，有些学者认为，前者是继承孔孟之道、探寻本义的方法，后者是借六经阐发自己的思想。联系象山语录的前后内容，笔者认为两者表达的是同一个意境：悟道后本义与自己的思想已经合一，"六经注我"和"我注六经"已经是一回事。

的哲学理论依据自身的需要对它们作出众多不同的阐释。因此，对意义与精神世界的界说是一件非常困难的事情。英国学者赖特（Wright，A.）指出："'精神'是一个众所周知难以定义的词。"① 波兰哲学家沙夫（Schaff，A.）在《语义学引论》中谈道："关于意义的问题，的确是今天最重要的和在哲学上最困难的问题之一。"尽管如此，鉴于体悟研究的需要，我们还是要面对意义与精神的释义问题，以期澄明体悟所要通达的世界范畴。

一、精神世界

《辞海》中对"精神"一词释义如下：一是与物质相对，指人的内心世界现象，包括思维、意志、情感等有意识方面，也包括其他心理活动和无意识方面。二是指神志、心神，如宋玉《神女赋》中的"精神恍忽，若有所喜"。三是指精力、活力，如李郢《上裴晋公》诗中的"龙马精神海鹤姿"。四是指神采、韵味，如方岳《雪梅》诗中的"有梅无雪不精神"。五是指内容实质，如"传达会议精神"。统观以上这五个方面的释义，在词义的性质上，存在着三种类型：一是与物质相对，标志着人的基本属性的具有实质性内容的精神实体；二是人的精神实体的外部表现状态及其特征，包括第二、第三项，兼及第四项；三是事物所体现出来的本质及其表现特征，包括第五项，兼及第四项。在词义的语境上，可以分为两大类：一是第一项所指的哲学领域上的精神；二是生活情境中被广泛运用的精神，并同时体现在作为反映生活的文学、艺术等作品之中。

在上述的各种释义中，我们倾向于选择哲学意义上对精神的理解。这一选择主要基于以下几个方面的原因：第一，体悟教育所通融的意义与精神是人所特有的世界；第二，与物质相对的精神实体是对人的根本、人的内部世界的浓缩和概括；第三，生活情境下的精神所承载的词义是精神实体在人体上或事物中所表现出的状态或外在形式，取决于人的内部世界的内容。

从西方人对"精神"一词的理解中，我们也可以看到理论界的这一认同趋势。"精神"一词在英文、法文、德文中对应的最常用的单词分别是"spirit""esprit"和"geist"，蕴涵观念、意识、思维、情感等意思。除此之外，在英文中，"soul""mind""mental""psyche"等词汇在不同情况下也有精神的含义。通过词源学的考察，有学者认为西方人所说的精神至少包括四个方面的含义：一是哲学上用"spirit"表示与物质存在相对应的非物质性

---

① Andrew Wright. Spirituality and Education. London and New York: State University of New York Press, 2000, P. 7.

方面的思想、情感、意识和信仰等，是伴随着物质世界进化而产生的一种更高级的运动形式；二是与身体相对，指人的灵魂或思想（soul）；三是与手工的、操作的相对应，指心智的、大脑的（mental）一种活动方式及其性质；四是用"mind"一词意指人当下的某种意识、愿望或打算，是精神这个整体投射在对当下某种事物或现象的态度上的一种取向，是精神的实现化表现。①其中，"spirit"所表达的词意是西方人使用"精神"一词最基本的一种理解，与我国《辞海》中对精神的第一条释义是基本一致的。

从宏观人类学角度看，人是自然生命与文化生命的复合体。人的文化生命是人所特有的精神世界，归根结底，它源于人超越自身的"有限性"和不完满性生存境况的欲求。人的活动器官在构造和机能上并非指向适应某种固定、特殊的环境，具有非专门化、非完成性的特点和性质。它使人在适应环境的能力上成为动物界最脆弱的自然生命体，甚至不能拥有固定的生存家园。但另一方面，人的未特定化也给人留下了不确定性，并赋予了广阔的发展空间和创造的自由。在本能欠缺与生存需要的矛盾下，原始状态下的人类面对异己的自然环境，利用工具等外在力量弥补自身的不足，向自然索取生活资料，并同时改造环境以利于自身更好的存在。在这过程中，语言的产生大大改变了人与人之间的沟通方式，一方面形成了更强大的群体力量，另一方面也开启了人类思维的崭新天地。人类把一切外在存在物连同他自身都变成认识和改造的对象，从而使自己成为一切存在物的主体。这样，人类在支配、改造环境的创造性活动过程中逐步形成并优化了独特的文化生命：借助知识经验提升改造环境的能力；借助道德品性优化人际生活关系、凝聚群体的力量；借助价值取向确定行为的方式；借助信仰追求建立目标、实现自身不断的超越。

从初始性上看，文化生命也即精神世界是人在改造环境的目的性活动过程中形成并不断得以提高的。精神世界的拓展意味着改造环境能力的提升，反过来通过人的实践活动进一步改善环境。精神世界与人所生活的环境之间在这种"否定之否定"的无限循环中不断得以提升，达到个体有限时间内的永恒。

精神是人之为人的基本标志，是人的本质特征，具体蕴载于每一个个体的生命体中。个体的精神包括三个层面：一是心理和情感，是人的精神存在的基础；二是道德意识，是人在与他人交往过程中逐渐发展起来的高级的心

① 王坤庆. 精神与教育：一种教育哲学视角的当代教育的反思与建构 ［M］. 上海：上海教育出版社，2002：27—28.

理状态，是个人与他人交往的精神能力；三是审美意识和信念水平，是个人精神存在的核心，是人的自我认识的升华和境界，标志着人的精神发展所达到的高度。① 然而，个体的生命是有限的，上述个体精神的各个层面如何在历史长河中得以一代一代永无止境地超越呢？其中的关键就在于个体精神的外化与内摄。个体通过本质力量的对象化，在改造环境、确证自己存在的同时充盈精神世界；另一方面，个体也直接通过群体共有的客观文化的内化奠定个体精神的基础。从发生学角度看，群体共有的客观文化是通过漫长的历史，通过群体内无数个体的精神不断外化而积淀起来的。它可以依附于物质形态之中而游离于生命体之外。这种精神外化的产物显然并不属于纯粹的物质世界，也游离于生命体内的精神世界之外，我们把它界定为第三个世界——意义世界。

二、意义世界

正如"精神"一词一样，"意义"既是哲学研究的一个主题，也是日常生活中被广泛运用的词汇。美国语义学研究者奥格登（Ogden，C. H.）和瑞恰兹（Richard，L. A.）在《意义的意义》一书中列举了人们对"意义"一词的不同用法，分门别类地归纳出 16 种不同的语义，但依然没有穷尽可以继续派生的不同意义。英语语境下的"意义"一词尚且如此，具有象形表意特征的汉语环境下，"意义"一词的意蕴就更加丰富多彩了，不仅在不同层面、不同场合、不同领域有着不同的理解，而且，基于文化的差异，不同地域的人们在同样的情境下也会赋予"意义"独特的品味。因此，要全面地列举出人们对"意义"一词的理解几乎是不可能的。为了澄清"意义"的意义，我们需要从发生学的角度揭示意义存在的基本属性。

（一）物化意义

人与动物的区别在于人必须依靠自己的实践活动改造环境对象，以满足未特定化的生命发展的需要。这一实践活动把生命的适应性转变为创造性的活动，从而根据人的实践目的变革了活动对象自然、原有的面貌。物质对象之中所蕴涵并折射出来的人化意蕴构成了最原始的意义——物化意义。

人类对环境对象的改造是主体与自然力量关系的展现过程，一开始就赋予客观对象两种性质迥异的人化意蕴：变革意义和象征意义。变革意义是人

① 王坤庆. 精神与教育：一种教育哲学视角的当代教育的反思与建构 ［M］. 上海：上海教育出版社，2002：17—18.

面对可征服的自然环境对象时，通过改造对象而在对象上留存下来的变化意蕴。例如，面对复杂的自然环境，原始先民学会了制造工具，并先后"构木为巢"（《韩非子·五蠹篇》）、"钻木取火"（《淮南子·本经训篇》）、"作结绳而为网罟，以佃以渔"（《易经·系辞》）、"制耒教民农作"（《白虎通》），极大地改善了原始人类生存的环境。其中，工具、木、巢、火　网罟、耒等既体现着先民们改造自然环境对象的能力，发挥着它们对人类生活巨大的作用，同时也内含着特定事物之间的关系，如"工具"中包含着人、原材料、工具、使用工具时所指向的对象之间的关系，"巢"包含着人、工具、树木、建巢地点等之间的关系等。象征意义则是人面对不可征服的自然环境对象时，人类赋予自在力量的象征意蕴。在人类的幼年期，人类无法解释的自然现象很多，无法抗拒的自然力量非常强大。于是，在思考这些力量的源泉时，人们就把可以感性直观把握的自身力量的性质自然地映射到自然界，认为各种客观事物和人一样有意识功能，有主宰力量的各自心灵存在，这样就有了精灵树怪之类的故事和传说，有了图腾和崇拜，并产生了试图沟通人与自然力量、试图利用自然力量的巫术，这是一种物灵意义观。当人们更深入地探寻事物主宰力量的普遍原因时，宗教开始出现，上帝或神成为万事万物的创造者和意义赋予者。这是一种神灵意义观。从意义出现的终极源泉看，无论是物灵还是神灵，都是人在一定认识基础上的赋予或揭示，是一种人化客观对象所产生的意蕴。

（二）文化意义

伴随着物化意义的出现和累积，出于相互沟通的需要，人类在实践过程中产生了语言，也产生了表示对象及其意蕴的符号。与此同时，出于人类世代延承与发展的需要，人们借助语言、符号把个体或群体的经验外化为游离于生命体之外的意义存在，成为一种可以不依附于特定物质对象的客观文化，这样就产生了文化意义。

文化意义的出现昭示着意义系统突破了"对象—意谓"的简单模式，形成了介于物质世界和精神世界之间并贯通两者的"意指—符号—意谓"的意义系统模式。在英文中"意义"有两个常用单词，一是"significance"，它与"sign"（标记，符号，记号，指示）有词源上的联系，它揭示了符号的意义在于它对相关存在物的指向。另一个是"meaning"，它与动词"mean"（意谓，含意）存在词源关系，反映着对象或符号所昭示于人的意义。前者引导意义指向符号代表的具体对象，为意义的意指；后者揭示符号或具体对象对人意味着什么，为意义的意谓。"意义的意指指向客体端，它的作用是可以通过各种意义转换，帮助人们找到具有这种意义的具体客体"；"与意指的方向相反，意谓的方向是主体端，它可以通过意义链上的其他环节的转换，最终与主体的实践态度（欲求、需要量、喜爱、使用、寻找、欣赏、讨厌、逃避……）相关联"[1]。符号则是连接主客体的纽带，既可以是语言、文字、图画，也可以是动作、事件、现象甚至实物，如"心有灵犀"游戏中合作一方的体态动作作为符号就是指向语词所代表的对象，蚂蚁搬家昭示着天要下雨，旧社会插在人身上的稻草意味着卖身为奴等。意义系统对物质世界的指向关系基于物化意义，对精神世界的意谓则弥漫着文化的生命意义。由此，与物化的自在意义相对，文化表现出自为意义的倾向。

古希腊智者普罗泰戈拉（Protagoras）说："人是万物的尺度，是存在的事物存在的尺度，也是不存在的事物不存在的尺度。"[2] 德国古典哲学创始人康德（Kant，M.）在 18 世纪后期则明确提出了"人是自然立法者"的命题。之后，人本主义者更是极力主张意义来自于人本身，如尼采认为人类为着自存"创造了万物之意义，一个人类的意义"[3]。这些论断充分肯定了世界的开放性和未完成性，呼唤着文化意义赋予世界灵动的"生命"与"活力"。

（三）生命意义

物化意义是人的精神世界与物质世界相遇时在物质世界上打上的烙印，是物质对象这一载体显示于人的意谓；文化意义是人在改造客观世界过程中获得改造的自身精神世界独立的外化形式，是以符号为载体、以意谓为核心的意义系统；从物化意义到文化意义是一个符号化的过程，是物质形态向非物质形态转化的过程。当这一转化过程走向非物质形态的主体端时，意义突破人与物的关系而延及人与人的关系维度——以生命为载体蕴藏着人所特有的精神世界（意谓），这就是生命意义。

人的生命是自然生命与文化生命的复合体，是物质与精神的统一。生命意义实质上是文化生命的个体意蕴，是精神世界的意谓。生命意义与精神对象的关系在性质上犹如物化意义与物质对象的关系，是他人或群体内在的精神昭示于实践主体的意义。例如，保尔·柯察金有这样一段名言："人最宝贵的东西是生命。生命对于我们只有一次。一个人的生命应当这样度过：当他回首往事的时候，他不因虚度年华而悔恨，也不因碌碌无为而羞愧——这样，在临死的时候，他能够说：'我整个的生命和全部精力，都已献给世界上

---

① 秦光涛. 意义世界 [M]. 长春：吉林教育出版社，1998：92.
② 罗素. 西方哲学史（上卷）[M]. 何兆武，李约瑟，译. 北京：商务印书馆，1976：111.
③ 尼采. 查拉斯图拉如是说 [M]. 尹溟，译. 北京：文化艺术出版社，1987：67.

最壮丽的事业——为人类的解放而斗争。'"① 这段话对保尔·柯察金来说，是其精神世界的写照，而对每一个读者而言，感受体会到的是生命的意义。当某个读者感悟到了其间的生命意义并通过自身的体验而成为自我生命活动的指导思想或原则时，这一生命意义就内化成为了该读者的主体精神。

就生命意义与精神世界的关系而言，如果我们从人类群体出发看待精神世界，生命意义事实上已包容在精神世界之中，如果我们从人类个体出发看待精神世界，那么精神世界就可以划分为个体的主观精神世界和个体之外生命体中存在的精神世界，即客在的精神。生命意义就是客在精神对个体主观精神所显示出的意谓。其间关系可用图 3-2 表示。

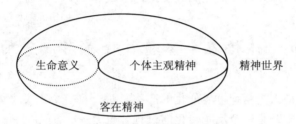

图 3-2　个体视野下的精神世界结构图

三、物质世界、意义世界、精神世界的关系

马克思主义哲学并没有明确阐述意义问题，但马克思主义的实践观却为我们提供了解读意义、理解三个世界关系的科学思路。循着这一思路认识意义问题及由此得出的基本观点我们暂且称之为实践意义观。它为我们展现了以下一幅图景：其一，实践改造了客观世界，在客观世界打上了"人化"的印记，即赋予了客观世界以意义（物化意义），与此同时，实践也改造了人自身的主观精神世界；其二，人的主观精神世界外化为精神产品（文化意义），形成群体共同的精神财富，并在重归新的个体精神世界过程中与个体的主观精神融合，从而进一步丰富个体的主观精神；其三，以人为认识对象，确立人自身的生存价值及其与世界的关系（生命意义），并以此决定实践的取向。其中，物化意义、文化意义分别主要与科学、社会实践相对应，生命意义则是实践的动因和最终归宿；物化、生命意义分别与物质世界、精神世界相接合，从而构成一个有机统一的整体世界。三个世界的关系可用图 3-3 表示。

---

① 奥斯特洛夫斯基. 钢铁是怎样炼成的 [M]. 田国彬，译. 北京：燕山出版社，2004：301.

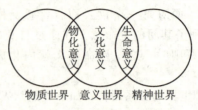

图 3-3　三个世界的关系图

由三个层次构成的意义世界与物质世界、精神世界相互作用，循环往复，物质世界不断呈现新的意义，意义世界不断得以拓展和丰富，精神世界不断获得充实和提升，人的完满程度由此不断登上新的阶梯。

第三节　体悟在个体精神世界形成中的作用

意义世界是人类精神世界外化的产物，对于每一个人类个体而言，主观精神世界的形成既是一个反相转化的过程，也是一个意义创新的过程。两个世界在外化与内化的螺旋上升过程中永无止境地拓展和丰富，人类由此得以不断超越生存的局限，逐步接近完满的生存理想。体悟作为一种悟性认识活动，正是突破意义与精神世界圆周循环、充实精神世界新内涵的关键所在。具体而言，体悟在个体精神世界形成中的作用表现在如下两个方面。

一、生成意义

意义系统连接事物与主体两端，决定了意义既有客观的一面，也有主观的一面。对主体的不同定位，其中具有主观色彩的意谓也会有共性或个性之分。例如，看到电视中一则某企业破产的新闻，大众层面的意谓是这家企业经营不善、这个行业竞争激烈等；如果某个人看到这则新闻抱着事不关己的态度，他所理解的最多也只是共性的意谓；然而，对于这家企业的职工，或持有该企业股权的人，亲身经历其间，有着深刻的情感体验，这则新闻不仅具有失去工作、蒙受经济损失等清晰的个性意谓，同时也必然带来"冷暖只自知"的心灵颤动。意谓的共性具有相对确定性，是个体成为社会人的前提，可以通过理性的逻辑认知成为主体知识结构的一部分；意谓的个性往往与个体的经历、情感相伴随，具有不确定性，是变通与创新的基础，需要通过悟性认识活动的参与才能形成。

意谓与意指的主客观性表明，个体通达意义世界是感性认识、理性认识和悟性认识的统一。其中，感性认识形成意指的表象，理性认识获得存在逻辑关系的、共性的意谓，悟性认识指向生成的主观个性意谓及其系统化，即意境。

按照意义的分层结构，体悟所生成的意义内容相应的有事物的象征意义、文化的生命意义和生命的转化意义。

（一）事物的象征意义

在人类发展的历程中，象征意义曾以物灵意义观、神灵意义观的形式出现，是难以用理性的科学方法加以论证的。如果我们对个体成长过程加以考察的话，我们会发现，儿童的世界是自由、想象的世界，是一种象征意义的世界。寓言、传说、童话故事是他们放飞心灵的空间；"过家家""老鹰捉小鸡"等角色游戏是他们全身心自然地体验角色情感的活动。他们会把布娃娃拟化为自己的孩子或好朋友，悉心照料或对之倾诉；他们会为自己的涂鸦作品临时命名并赋予情境或故事。物灵意义以一种独特的形式在儿童成长过程中成为精神世界奇幻的通道。当个体跨越物化意义，进入文化意义和生命意义世界，"象"成为象征意义的基本范畴，"象"思维在文学和艺术领域尤其突出，诗意的表达和玄理的揭示成为生成象征意义最基本的方式。例如，柳宗元《江雪》诗中写道："千山鸟飞绝，万径人踪灭；孤舟蓑笠翁，独钓寒江雪。"诗歌用"象喻"的手法表达了诗人孤高的人格与超然的意境；绘画艺术中的象征主义突破形象思维的限制，注重主观精神的表现。这些文化艺术成就如果没有作者的体悟是不可能出现的。

（二）文化的生命意义

文化是由人类精神世界外化形成的，以语言、文字等符号为载体的相对独立的意义系统。人类的精神世界是理性与非理性的统一，以客在的形式存在于生命体之外的文化，更多的是外化了的精神世界理性的一面。非理性的、难以言传的主观精神只能以内在意蕴的形式体现在文化系统之中。文化反映人类精神世界的这一局限性决定了个体在成长过程中内化客在文化必然存在三个层次：其一，通过学习，以逻辑认知的方式承继客在的、普遍的、具有明确内涵的文化知识，这是人类得以不断进步的基础；其二，探寻文化所潜含的内在意蕴，个体只有理解了文化所蕴含的原义（精神现象），才达到了同步人类以往精神世界的水平；其三，生成文化的生命意义，人类在追求完满的过程中需要不断地超越自己，因此，个体精神生命不能仅仅停留在同步历史的层面，而要进一步通过生成文化的个体生命意义超越既有的文化存在。后两个层次在狄尔泰的生命哲学和文化教育学中被称为"理解"，在中国传统文化的语境里则是一种体验和感悟，是以个体既有的精神世界为基础，在与文化的互动过程中赋予文化以生命意义，从而提升个体精神境界的过程。

（三）生命的转化意义

生命是每一个人都具有的，在个体成长历程中，每一个人都在体验和感悟着自我的生命意义。然而，站在每一个"我"的立场上，他人的生命意义却是异"我"而存在的。群体的生命意义通过文学、艺术、历史等以文化的形式表达出来，可以经由文化的个体生命意义化实现群体生命意义到主体意义的转化。"我"之外个体的生命意义则以个体生存的状态、以其为"我"所觉的精神面貌的方式存在，与"我"面对就成为了"你"。"我"以对自我生命的体悟透视、理解、感悟"你"的生命意义，在这一过程中揭示自我的生命意义、生成自我的生命价值，从而实现生命意义由"你"向"我"的转化，或者说实现生命意义向精神世界的转化（自我的生命意义是精神世界的核心内容，是针对反思自我生命时的对象性层面而言的）。

二、超越意义

意义是事物、符号等客观对象对个体文化生命所展现的内在意蕴，是连接物质世界与精神世界的桥梁。通过体悟认识揭示事物的象征意义、文化的生命意义和生命的转化意义，意义世界与精神世界得以交融，主观精神世界也由此获得了客观的认识基础。但是，精神世界如果仅仅停留在意义世界对个体所展现的意蕴上，人类自身的超越和进步是非常有限的。人类在追求自身完满的过程中，需要进入意义世界，更要超越意义世界。超越意义世界意味着精神世界摆脱客观对象的束缚，进入自由驰骋的空间。为此，超越意义必须突破意义系统，把主体端的意谓作为中介，在个体情感态度、价值观的参与和作用下实现意谓的整体融合。如图 3-4 所示。

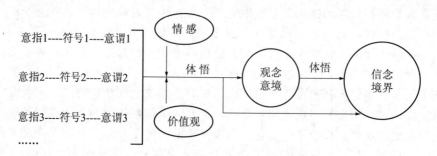

图 3-4　从意义世界到精神世界的过程图

由意义世界到精神世界及其升华，体悟的作用主要表现在两个方面：第一，整体融通。意义系统中的意谓与特定符号或事物相关联，有限的意谓虽然可以通过逻辑推理的认知方式形成知识的结构体系，但毕竟是有范围的。精神世界没有量或空间的界线，只有在情感、价值观的参与下，通过体悟认识融通意识到或没意识到的意谓才可能形成一个人相对独立于客观对象的观念或某种意境，乃至形成一个人的信念，达到一定的精神境界。第二，生发新思想。"悟"不是一种意谓或观念的累加过程，也不是单纯概念的演绎，它是一种在此基础上的"豁然开朗"，是一个质的飞跃过程。因此，"悟"而所得的是一种融通了意义或观念而形成的全新的思想和境界。它不再为固定的意义系统所羁绊，而是能够合时随境地从对象中生化出新的意义。

《六祖坛经》中记载有这样两则故事①：六祖慧能到黄梅山拜弘忍为师，弘忍让他到后院碓米。八个月后，弘忍觉得传法的时机已到，就让弟子们将自己证悟的心得写成偈子，准备把衣钵传给悟道者。在众弟子中，被认为最有希望接传衣钵的神秀上座在墙上写了一首偈子："身是菩提树，心如明镜台，朝朝勤拂拭，莫使惹尘埃。"慧能听说后对师兄弟说："写这偈子的人尚未悟道"。在众人的惊诧声中，不识字的慧能请人在墙上对了这样一首偈子："菩提本无树，明镜亦非台，本来无一物，何处惹尘埃。"第二天，弘忍让慧能三更到自己的房间，为他讲金刚经，并把衣钵和顿教法门传给了他。

后来，慧能的三代弟子百丈收了一位名叫香严的弟子。香严聪明伶俐，博通经典，智解辩捷，问一答十。百丈死后，他便追随百丈的大弟子沩山。有一天，沩山对香严说："请问你在父母未生你之前，你的本来面目是怎样的?"香严茫然不知所对，翻阅了所有经籍也没有找到答案。他一气之下焚毁了经书，决定做一个到处化缘乞食的和尚。一次，他云游暂住在慧忠国师的遗迹古寺里，在除草时偶然抛了一块瓦砾，击中了一棵竹子。清脆撞击的声音使他顿然彻悟，找到了沩山问题的答案。从此，香严成了一个得道的高僧。

禅宗的佛道与中国古代哲学的"道"一样，"惟恍惟惚""迎之不见其首，随之不见其后"（《老子》），是对精神世界高度概括而"强为之名"。这两则禅宗里分别揭示渐悟和顿悟得道的故事告诉我们这样一个令人深思的哲理：不识字者可以得道，通晓典籍、知识渊博者不一定就能入道，是否得道于身，关键是一个"悟"字，即能不能超越原有意义的束缚。以此印证现代人的精神世界，我们也看到，在革命战争的年代，无数的革命者没有文化却有信仰，食不果腹却有乐观的精神；当代的人们虽然有接受良好文化教育的机会，物质生活也比较充裕，但精神世界的匮乏却是随处可见的一个事实。

---

① 蔡志忠. 六祖坛经 [M]. 北京：生活·读书·新知三联书店. 1989：25－29，74－75.

在现代人"找回失落的精神世界"过程中，西方出现了生命哲学、体验哲学、文化教育学、人本主义等不同的哲学流派；中国传统哲学是追寻人的内在世界的哲学，本质上是体悟的潜哲学，只是在许多学理层面浑而未分而已，毋庸置疑，对体悟学理的探析将为我们提供一条中国文化所特有的通达精神世界的捷径。

第四节　体悟的机理

在传统认识论的视域中，研究体悟的机制似乎存在着一个难以逾越的障碍：体悟通常是意会性的，不可言说的过程难以用理性思维方式加以把握。当我们面对马克思主义认识论时，甚至出现了一个合法性的问题。唯物史观是世界历史经验的结晶，以人类社会生活为背景，用严密的逻辑论证，展现了人类社会历史发展的科学图景。与之相应，马克思提出了从感性认识到理性认识，再回到实践的辩证循环过程，把理性认识视为认识的高级阶段。显然，非理性的悟性认识并没有在这个认识循环系统之中，那么，体悟是否需要或存在认识论的合法性呢？

在回答这个问题前，我们首先需要澄明思维与认识论的范畴问题。不可否认，人类的思维存在逻辑思维和非逻辑思维两大基本形式。逻辑思维是依据一定的系统知识、遵循特有的逻辑程序而进行的思维活动，其内容与工具是一系列抽象的概念、判断和推理。它经过漫长的历史发展而逐渐形成，为近现代科学技术的发展奠定了基础，适应了工业社会"机械化"的要求。因此，逻辑思想一经形成，便在相当长的历史时期内几乎成为学术界思考问题的唯一形式。目前，这种状态并没有得到很大的改观，我国《辞海》中对"思维"的释义就是典型的表现："（1）指理性认识，或指理性认识的过程。是人脑对客观事物能动的、间接的和概括的反映。包括逻辑思维和形象思维，通常指逻辑思维。（2）相对于存在而言，指意识、精神"[①]。非逻辑思维建立在不充足理由的整体把握基础上，具有偶然性、模糊性、非线性和不确定性，包括想象、直觉、灵感等形式。直觉和灵感思维的机制到目前几乎还是一个"灰箱"。认识论是哲学范畴的一个术语，是以认识的一般过程与普遍规律为对象的，是对整个认识的宏观把握，与思维科学是"共性与个性的辩证关系"[②]。也就是说，思维科学中带有普遍性的逻辑思维通过起源、方式、过程和可靠性的追问进入认识论范畴，而具有特殊、个别性质的非逻辑

---

① 辞海编辑委员会. 辞海（缩印本）[Z]. 上海：上海辞书出版社，2000：4763.
② 赵光武. 思维科学研究 [M]. 北京：中国人民大学出版社，1999：581.

思维只能在形态、方式等具备共性的某些方面具有认识论意义，偶然、不确定性特点以及过程的个体性决定了其整体的非认识论倾向。因此，当前一般意义上的认识论实质上指的是理性认识论。

辩证唯物主义认识论作为一种科学的理性认识论不可能从认识过程上为体悟教育提供理论依据，但马克思以生命实践活动为对象的"感性意识"却为悟性认识提供了存在的空间①。恩格斯也曾说，"思维规律的理论绝不像庸人的头脑关于'逻辑'一词所想象的那样"② 简单，暗示了"逻辑"之外思维形态的存在。由此，我们可以说，以非逻辑思维为特征的体悟在形态及方式上具有理性认识论的合法性。它们的过程则建立在思维科学基础上，总体上不属于理性认识论范畴，但却为中国传统文化及社会历史实践所证实，其存在是无可置疑的。

中国传统哲学的认识论是以非逻辑思维为基础的指向天人合一的悟性认识论。中国先哲循着直观体悟的认识路线考察悟性认识论，把"象"确定为最基本的范畴，提出取象比类、立象尽意、得意忘象等具体的思维方式，虽然其中的"象"依然是一个需要体悟才能领会的对象范畴，但基于中国文化的背景，人们却对这些思维方式及其认识途径基本上能"心领神会"。这告诉我们，正如理性认识论需要借助概念、判断、推理等范畴一样，悟性认识论也可以确立起没有明确逻辑界线但人们却可以普遍领悟的一些基本范畴，并以此为基础展开直观体悟的过程。基于这样的认识，研究体悟的机理就可以通过文字和理性思维确立悟性认识的范畴及其关系。

一、悟感：体悟的生命底蕴

随着现代科学技术的迅猛发展，尤其是信息技术的飞跃，机器智能化程度已经越来越高。通过特征码的解析，机器已经可以进行概念间的判断和推理，从理论上说，理性认识过程最终将可以借助机器得以完成。但是，智能化程度不管达到什么样的程度，机器不可能超越人类。因为，人不仅有情感调节着认识的"理性"，更重要的是人对世界的把握还有一种机器永远无法处理的悟性认识。如果一个人没有了悟性认识，他也就失去了人之为人的灵魂，甚至及不上一台智能机器。

既然悟性认识是人所共有的，它就必然有一个统一的发生学基础。在脑科学领域，斯佩里（Sperry，R.）等人通过裂脑实验提出的"脑功能定位

---

① 周文文. 超越近代"理性"的走向：马克思的"感性意识"[J]. 人文杂志，2002（5）：7—11，26.

② 马列著作选读（哲学卷）[M]. 北京：人民出版社，1988：158.

说"，以及 20 世纪下半叶一些科学家对右脑进行的大量研究表明，人的左右脑分别侧重于显思维和潜思维，与理性认识和悟性认识相对应。脑的这种结构是人类亿万年的进化在生理上的反映。与这种生理结构相适应，人类亿万年进化过程中认识与改造世界的方式则以相关生理结构的功能形式体现出来。其中，悟感就是源于"人类在亿万年发展中大数量大概率的类似事件和重复的实践在生命机体中的积淀"①。

悟感是人的右脑所具有的一种性能，一种前意识现象。因此，悟感本身并没有意识内容，但却是后天体悟的生命基础。从人类学角度看，这一生命基础是自然生命与精神生命的合金。换句话说，悟感是人类亿万年把握世界的和谐方式在生理机制及其性能上的反映，表现为一种先天的精神能力倾向。我们虽然无法直接知觉到它，但在我们日常生活中却常会听人说："某人的悟性很高"，说明悟感的灵敏程度即悟性是可以意识到的。此外，在日常生活现象中，我们也能间接地察知某些悟感形态的存在。例如，在语言的学习方面，儿童掌握母语的能力和方式在成人的眼中是一个奇迹，一些语言学家（如美国的乔姆斯基）提出，儿童对本族语言快速、完善的掌握缘于大脑中语言中枢所具有的先天的人类语言的共同结构及其性能即语感。类似可察知的还有数感、乐感、美感、道德感等悟感形态。

悟感是一种人之为人的生命底蕴，后天的意识内容累积在底蕴上产生各种体悟的形式。郭思乐认为，"悟感上升到意识领域即形成感悟称为觉悟；情感和悟感被激动起来，称为感动；由悟感生感悟，称为领悟或顿悟"②。基于悟感的性能，在这里我们对悟感与体悟的关系作如下的悟解：意识是后天人脑对客观现象的反映，先天的悟感与后天的意识相结合产生并催动悟性思维活动。其中，由特定意识对象触发产生新意识的悟性思维活动称为感悟；对意识外化的产物（如文本、符号或人化环境）再意识化的悟性思维活动称为领悟；改变意识倾向的悟性思维活动称为觉悟；和谐与融通所有意识内容的悟性思维活动称为彻悟；内隐的悟性思维活动称为渐悟；能自我察觉并伴有豁然贯通之感的悟性思维活动称为顿悟。在脑神经学上，这些体悟的形式表现为神经突触接通的不同方式。为了更好地悟解体悟的生命机理，我们可以做这样的一些假设：感悟和领悟是某个神经回路引发的某些神经回路的突然接通；觉悟是大部分神经回路的突然接通。彻悟是所有神经回路的突然接通；渐悟和顿悟的区别在于神经回路突然接通是否为生命主体所意识到；虽然这些都有待于脑神经科学的证实，但有一点是肯定的，那就是体悟的各种形式都是基于右脑的结构及其性能即悟感而发生的，其结果是产生新的意识

---

① 郭思乐. 人之悟感发展与教育的生本化改革 ［J］. 教育研究，2004（3）：44－49.

② 同上.

或意识倾向。

二、意象：体悟的意识内容

体悟是意识内容激发悟感而产生的悟性思维活动。在我们探讨体悟的意识内容之前，需要对意识有一个基本的认识。

诺贝尔奖得主、DNA 双螺旋结构模型提出者克里克（Crick）在展望神经科学时明确提出用自然科学的办法可以解决意识问题。① 困扰着无数代哲人和学者的意识真的具有科学性质，能成为科学的合法对象吗？从 19 世纪 30 年代冯特（Wundt，W. M.）创立实验心理学开始，通过心理学、物理学、神经科学、信息科学等自然科学的途径，意识的研究确实获得了许多新的成果，但与此同时，意识也是哲学和社会科学研究弥久常新的永恒主题。关于意识的众多界说表明，意识问题的复杂性不是仅靠科学方法就能解决的。

有学者在考查了牛津词典、中国百科大词典、神经科学百科全书以及一些哲学家关于意识一词的释义后，概括出两点共识："（1）意识是一种主观体验；（2）意识是感觉、知觉、感情、动机、注意等精神因素的总和。……包括从神经系统处于觉醒状态时各种感觉通道来的刺激的觉知（awarence）、注意、回忆，一直到更高级的愿望、意向等精神活动"②。不同学科对意识的共识反映了意识主观的基本性质和精神世界的归属。但另一方面，自然科学的研究及其所取得的丰硕成果也说明了意识具有客观、物质世界的一面。悟性与理性认识论正反映了意识所具有的这两个方面，两者分别拥有各自的意识范畴。

依据认识的不同类型，与感性认识、理性认识、悟性认识相对应，意识可以划分为感觉意识、本质意识和象意识。三者的关系是，从感觉意识到本质意识是一次认识上的飞跃，象意识则可能是在感觉意识的基础上形成的，也可能基于本质意识而形成的。如图 3-5 所示。

什么是象意识？"象"是中国古代文化长期潜移默化而形成的一个特有范畴，是"意想者"。象意识就是借用了中国传统哲学认识论中的这一范畴的概念，用以意指可意会却不能用言语明确表达清楚的那部分意识。有学者认为，"象"的范畴存在物态之象、属性之象、本原之象、规律之象四个层次。其中，物态之象是一切可直接知觉、有形的实物形象；属性之象是从各

① Crick，F. The Astonishing Hypothesis——The Scientific Search for the Soul. New York：Charles Scriber's Sons 1994.

② 汪云九、杨玉芳. 意识与大脑——多学科研究及其意义 [M]. 北京：人民出版社，2003：4.

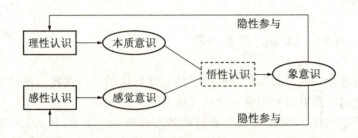

图 3-5　感性、理性、悟性认识及其相关意识关系图

种物态之象中抽象出来的事物某一方面属性的体现；本原之象反映各种属性之象的内在联系，揭示事物的本质属性；规律之象反映事物的各种本质属性的必然联系。① 这种理解对于"象"的范畴进行了层层递进的分析，但其中涉及的主要概念如本质、规律等却是理性认识的基本核心范畴，没有展现出"象"所原有的圆浑一体的性质。其实，上述四个层次所蕴涵的"意想者"概括起来有象征意义和本体还原两类，我们可以把它们统称为意象。

意象是象意识内容层面的称呼。从存在的方式看，意象与人、物、符号直接相关。与人的心向关联的意象称为意向或心象，如恋人间的甜言蜜语，对于置身其间的人而言，感受到的是对方的爱心，在旁观者看来则可能是言不由衷；与物或现象关联的意象称为物象，表现为象征意义；与符号（言语、文本、图现等）相关联的意象称为意蕴，既有创造者意图传递的意象，也包括解读者的领会及由此产生的新思想；心象与物象、意蕴融和称意境，是意象的高级形态。

意象也是体悟的意识内容。在心象、物象、意蕴和意境面前，逻辑判断和推理显然是无能为力的，只有激活悟感，才可能融通感觉意识、本质意识，乃至象意识，并最终形成个体主观的意象。

三、潜伏与融通：体悟活动的过程

体悟是基于悟感的一种"象"意识活动。长期以来，体悟作为一种广泛存在的悟性认识活动，由于意识内容的主观与变幻、活动过程的偶然与无迹，故没有自身确定的学科归属，披着一层神秘的面纱，难以登上学术的殿堂。人们甚至不经意间把体悟看成是唯心主义者专有的认识世界的方式。事实上，体悟作为一种"加工"意识的认识活动，也是唯物主义认识论应该涉

---

① 王前. 中西文化比较概论［M］. 北京：中国人民大学出版社，2005：65-70.

及的基本范畴。唯心与唯物的区别在于意识的来源而不是对意识的"加工"方式。不过，要使体悟成为唯物主义认识论的基本范畴之一，我们必须首先对体悟的机理进行一定程度的把握，否则，"黑箱"将永远游离于认识论之外。

探讨体悟的机理意味着洞察悟感被激发之后象意识的活动过程。然而，过程的跳跃与模糊性却正是悟性认识的基本特点。它意味着体悟的过程是不可能被有意识地明晰洞察的。这个悖论一直以来不断地警示着我们的理性：体悟是自发、自在的认识活动，我们无须也无力洞悉体悟的机理。可是，面对科技发展所带来的诸多问题，当理性不能独立支撑起人类的理想时，与中国传统思维方式相呼应，20 世纪西方不仅出现了生命哲学、现象学等关注人非理性存在面的哲学，甚至在心理学领域也进入了潜意识领域的研究，并取得了丰硕的成果。或许体悟过程深处的奥秘是人类智慧、生命灵动自我保护的最后一道防线，不允许我们有一丝的亵渎，但我们已经在心理学层面触及它与理性的交叠面，在哲学层面看到了它的一些概貌。可见，尽管最后的心领神会只能潜藏于我们的心灵深处，我们还是能借助理性与文字展现出体悟机理可以辨析的那一部分的。

（一）体悟相关形式的心理机制——悟性与理性交叠面的考察

20 世纪 90 年代，在信息科学、脑科学等新兴学科的推动下，意识问题的研究成为西方各学科领域关注的热点问题。在沉寂半个多世纪后，意识再次成为心理学重要的研究对象。其中，直觉、顿悟、灵感等问题的研究更是探及了人的潜意识领域，在悟性与理性的交叠面为我们揭示了体悟的一些心理的机制。

美国认知心理学家西蒙（Simon，H. A.）是这一领域研究的代表人物之一。他把直觉定义为"不经有意识的推理而了解事物的能力或行为"[1]，是"个体在先前知识经验基础上再认（recognition）某事物的过程"；把顿悟定义为"通过理解和洞察了解情境的能力或行为"，并认为问题的潜伏与问题表征形式的更新是出现顿悟的两个基本条件。灵感则是"通过已经存在的基本成分间的联合和再联合而产生的，新的物种、新的定理、新的思想等均可通过少数有限的原始成分无限循环地进行联合而产生出来"[2]。为了验证上述

---

① H. A. Simon. Discovery, invention and development, human creative thinking. ［M］//赵光武主编. 思维科学研究. 北京：中国人民大学出版社，1999：384.

② H. A. Simon. Explaining Ineffable—— AI on intuition, insight and inspiration topics. in Proc. of IJCAI, 1995. ［M］//赵光武主编. 思维科学研究. 北京：中国人民大学出版社，1999：384-390.

观点，西蒙分别开发、设计了"初级知觉和记忆程序（EPAM）""残缺棋盘实验"和"生成—检验系统"。这些实验的结果基本上证实了西蒙对直觉、顿悟、灵感心理机制的分析。

显然，直觉、顿悟、灵感是与体悟相关的认识世界的方式，但心理学以实验为基础，遵循理性认识论的规范，揭示的是认识过程的逻辑性机制。因此，心理学的研究不可能超越理性的界线，只能停留在悟性与理性的交叠面。但从另一方面看，心理学的研究结果却为我们深入到悟性认识的层面提供了认识进阶的起点及其前进的方向。沿着这一方向，我们能觉察到其中隐现的体悟品性，如表 3-1 所示。

表 3-1　体悟相关形式心理学研究结果的性质分析

性质＼类型	逻辑品格	体悟品质
直觉	有明确问题和解答方案，是再认识过程	快速、跳跃，不能为认识过程提供明确的解释
顿悟	有明确问题和解决方案，尝试错误，问题表征形式的更新	快速、跳跃，存在潜伏期，不能为认识过程提供明确的解释
灵感	选择性搜索、尝试错误，信息的联合	快速、跳跃，意识的涌现，产生新颖的思想，不能为认识过程提供明确的解释

从上表对直觉、顿悟、灵感性质的分类中，我们可以获得如下几点启示。

1. 在认识者不能为认识过程提供明确的解释，但却存在明确问题和解决方案的情境下，认识过程的内在逻辑性可能存在也可能不存在。例如，内隐学习中虽然存在人工语法规则，学习者的答案却是直觉提供的；在疑难杂症的医疗诊断中，有经验的医生能明确地说出诊断结果，但其过程却无迹可寻。

2. 心理学的实验（如 EPAM 系统和残缺棋盘问题）只能论证具有内在逻辑性的直觉与顿悟，没有内在逻辑性的认识过程心理学不能为我们提供确定的科学结论。例如，西蒙为检验关于灵感的观点而设计的"生成—检验"系统只能说明：依凭前人使用过的真实资料，通过选择性搜索可以发现规则和概念，灵感是启发式搜索的副产品这一观念也仅仅是假设性质的结论。

3. 在理性与悟性的交叠面，与体悟相关的某些认识形式兼具理性品格与悟性品质。这个交叠面存在于意义世界，反映在学科领域，在自然科学、社会科学中的问题解决与创造发明中表现得比较突出。

4. 悟性品质中的潜伏与意识的涌现经过意义的转换，可以成为三种认识形式共有的因素，为我们从哲理层面展开对体悟的探讨提供了有益的思路。

（二）体悟的哲学机理——体悟过程的系统性考察

直觉、想象、领悟、感悟、觉悟、渐悟和顿悟是体悟在不同维度下的认识形式，但心理学视野中的直觉、顿悟等只作为我们研究体悟的启思门径，不纳入我们体悟的理解范畴。其原因在于，体悟是基于非逻辑思维的悟性认识活动，认识过程的非逻辑性是体悟活动的标志，并由此衍生出体悟的以下基本特征：第一，认识过程具有跳跃性，不可能做出明确的解释；第二，认识对象具有意会性，不可能通过语言清楚地表达；第三，认识内容具有整体性，不可能还原出参与的意识成分。正因为体悟认识活动中有这么多的不可能，体悟的哲理只能从悟性认识论的角度加以考察。

悟感是体悟的生命底蕴，意象是体悟的内容与结果。从悟感到意象的过程是如何发生、如何展开的？当试图洞察其中的奥秘时，我们身处其中却被浓雾萦绕，理性与悟性交合，忽隐忽现，本原远在天涯、遥不可及，却又似近在尺寸、转念即是。回首一路的悟思，隐现在我们面前的是两个路标：其一，"悟感具有使认识回归本体的还原性"①，还原生成的意象是浑圆一体的。以此观体悟，其过程必然包含着从非本体、非一体状态到本体、浑圆状态的走向，即由分解状态回归整体状态。这个过程可以称之为融通。其二，处于分解状态的意识在开始融通之前以潜意识或显意识的状态存在，但并非所有的意识都必然出现融通。这样，分解的意识相对于体悟而言，都是一种沉积在生命底蕴上的潜在准备着的材料。分解的意识等待融通的过程可以称之为潜伏。依循这两个路标，我们看到的是这样一条体悟之道：悟感—意识的沉积—潜伏—融通—意象。

1. 意识的沉积

在生命的底蕴上，意识是怎样沉积起来的？它们是不是都一样？回答这个问题前我们首先要理清不同认识之间的层次关系。前面论及认识的三种类型即感性认识、理性认识和悟性认识，与三者相对应的分别是感官意识、本质意识和象意识。从三类意识在生命体中出现的次序看，新生儿最初的意识

---

① 郭思乐. 人之悟感发展与教育的生本化改革 [J]. 教育研究，2004 (3)：44－49.

来源于两个方面，一是生命体的内部，表现为各种生理方面的需要；二是外部世界，表现为通过视觉、听觉、触觉等获得的各种外部信息。毫无疑问，这些都是感官意识，是生命底蕴上沉积下来的第一层。其次，婴幼儿在获得语言、概念之前，显然以判断和推理为标志的理性认识还不可能展开，但人类生命体出生之初即拥有回归本原的悟感，离散的感官意识为悟感性能的发挥提供了材料，因此生命底蕴上沉积下来的第二层意识自然是最初级的意象。最后，婴幼儿在获得语言以及一些基本的概念之后，意义世界呈现在他们面前，出现了理性认识活动，于是在生命的底蕴上铺上了第三层意识即本质意识。

虽然从出现的时间顺序上依次是感官意识、象意识和本质意识，从认识的水平上看，理性认识高于感性认识，悟性认识伴随感性、理性认识始终，但从意识沉积的过程看，以感官意识为基础，在获得语言、概念之后，三者是不断往复交叠的。如图 3-6 所示。

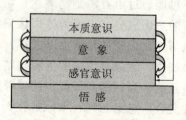

图 3-6 意识沉积图

2. 潜伏

"潜伏"一词来源于认知心理学家西蒙和开普兰（Kaplan，C. A.）关于顿悟机制的观点。西蒙对顿悟机制的解释强调新问题表征的形成和潜伏对问题解决的影响。开普兰进一步对潜伏作了界说，定义为"中断对问题解决行为的积极影响作用"[①]，并通过实验证实了潜伏的客观存在及其对问题解决的积极效果。参考其有关实验研究的结论，从开普兰对潜伏的定义中我们可以归纳出如下三层意思：第一，中断问题解决行为后，线索处于暂时搁置状态；第二，中断所导致的问题潜伏状态；第三，中断后，与问题相关的认知信息处于等待激活的状态。

当我们超越心理学的研究对象进入哲理的无限时空，顿悟将不再满足于问题的解决，潜伏将不再仅仅基于问题解决行为中断之后的状态。婴幼儿在最初仅仅具有感官意识的阶段，是否已具有问题意识还是一个值得研究的问

---

① Kaplan, C. A., Simon, H. A. In search of insight, in Cognitive Psychology. 1990, P. 374—419. ［M］//赵光武主编. 思维科学研究. 北京：中国人民大学出版社，1999：388.

题，但却能对感官意识进行还原，形成最初的意象。虽然我们不能确定，是否还原之前存在离散的感官意识，有一个"悟感激活"的等待过程，抑或最初的还原只不过是一个基于先天悟感的整体认识情境下的感官意识成分的获得和纳入过程，但在出现了本质意识以后，相对于体悟活动而言的潜伏及其存在的状态却已经在各种日常现象中隐现在我们的面前。

现象一：被称为中国童话大王的郑渊洁只上过四年学，但他在艰苦的环境下坚持学习，背诵古诗和《古文观止》，成为同龄作家中创作最丰的大家。我也有一个能诵《唐诗三百首》和《古文观止》的朋友，同样学富五车，但在文坛上却不见经传。①

现象二：小说《透明的胡萝卜》是青年作家莫言的代表作。在回答青年朋友的问题时，他曾说道，该篇小说的创作来源于一个梦，是依据梦境的情节扩展而成的。②

现象三：物理学家费米（Fermi，F.）有一次与另一位物理学家躺在草地上用玻璃棒捕捉壁虎，在注视着壁虎动作的同时，刹那间闪现出长久以来求而未得的灵思：一种气体中没有两个原子能够恰好用同样的速度运动。从此，量子物理学中就有了著名的费米统计。③

现象四：孔子学鼓琴师襄子，十日不进。师襄子曰："可以益矣。"孔子曰："丘已习其曲矣，未得其数也。"有间，曰："已习其数，可以益矣。"孔子曰："丘未得其志也。"有间，曰："已习其志，可以益矣。"孔子曰："丘未得其为人也。"有间，有所穆然深思焉，有所怡然高望而远志焉。曰："丘得其为人：黯然而黑，几然而长，眼如望羊，如王四国。非文王其谁能为此也！"师襄子辟席再拜，曰："师盖云《文王操》也。"④

上述四个现象代表了四种不同的体悟类型，现象一反映学识累积基础上渐通、慢悟对个体成就的影响。之所以说它是渐通或慢悟，除了经历长时间的坚持学习，一个重要的原因是文学素养是不可能一朝顿悟就可获得的；现象二说明了显意识与潜意识是相通的，个体积累的各种信息内容经过潜意识的酝酿，能够融合成为丰沛的创作之源；现象三是科学灵感的典型案例，是在原型⑤的激发下，已往相关研究意外地水到渠成；现象四反映了孔子学弹琴其间，执著地体其志趣、穆然深思、怡然所得的领悟过程。概括起来，其

① 李一信. 感悟 [M]. 北京：作家出版社，1996：14.
② 李一信. 感悟 [M]. 北京：作家出版社，1996：41.
③ 赵光武主编. 思维科学研究 [M]. 北京：中国人民大学出版社，1999：354.
④ 司马迁. 史记 [M]. 郑州：中州古籍出版社，1994：572.
⑤ 西南师大张庆林教授在《顿悟认知机制的研究述评与理论构想》一文中认为，创造性思维的核心作用成分是"原型的激活"，其中，原型是指能对目前的创造性思维起到启发作用的认知事件。

中隐现的潜伏有两种，其一，意识和潜意识的潜伏。潜伏的意识往往以学识、问题等显态的形式表现出来，如现象一当中涉及的古诗及《古文观止》的内容，它的主体是人类理性认识世界的产物（主要是知识）内化在个体身上的内容。在所举的现象案例中，前两者没有有待解决的直接问题，后两者则存在明晰的认识者渴望解决的问题，正是问题的存在为后两者的体悟活动提供了方向与动力。现象二当中的梦境是潜意识活动的结果，现象三当中参与灵思但连费米自己也说不清的那些意识成分则更多地表现出潜意识的性质。弗洛伊德（Freud，S.）在他的代表作《精神分析引论》中开宗明义地指出："心理过程主要是潜意识的，至于意识的心理过程则仅仅是整个心灵的分离部分和动作。"① 三者的关系犹如漂浮在大海中的巨大冰山的不同部分："意识是这座冰山的露出海面的部分，只是这座冰山的一小部分，并且是不断变动的；潜意识则是位于海面以下至浅层水域之间的部分，它随着海水的涨落时而露出海面，时而没入海中；无意识则是这座冰山的深层和根基部分，是这座冰山的主体，它深藏于无底的海水之中，表面上看不见摸不着，但实际上却承载着整个冰山。"② 以此推论，潜意识作为潜伏状态心理内容的主体应该是确定无疑的。其二，意义的潜伏。相对于意识而言，意义是主观精神外化的产物，存在于生命体之外却又必须与生命体发生关联才得以表现出来。如现象四里文王寓乐曲之中的志趣及王者风韵，处于一种有待认识主体领悟的存在状态。意识潜伏于生命体之中，意义却潜伏于生命体之外，二者的结合就是认识主体领会并生成新意义（意象）的过程。

在人们的社会生活与实践中，类似以上描述的现象很多，每个人都有切身的体会，也能隐约感受到潜伏现象的客观存在。但是，我们的任务不能仅仅停留在观察与分析现象的层面，需要进一步在哲理上诠释潜伏现象存在的依据，也就是回答为什么会有潜伏现象存在的问题。

悟感是潜伏的逻辑前提，个体没有了悟感就不可能发生体悟认识活动，也就没有了相对于体悟而言的意识或意义的潜伏。悟感也是打开潜伏存在问题的一把钥匙，指引着我们走进人类学的天地，看到潜伏存在链的生长点。

马克思认为，实践活动是人改造客观对象的活动，也是人改造自身的活动。在族类存在与发展的意义上，前者的结果是人类创造了一个对象化的意义世界，后者的结果是人的自然生命与精神生命的不断完善。悟感是人类亿万年把握世界的和谐方式在生理机制及其性能上的反映，与意义世界统一于实践活动之中。然而，当我们着眼于个体的生存与发展时，意义世界就不再仅仅是人类实践活动的结果，同时也成为了人类世代延续的一个环节，成为

---

① 弗洛伊德. 精神分析引论［M］. 高觉敷，译. 北京：商务印书馆，1999：8.

② 魏金生主编. 现代西方人学思想的震荡［M］. 北京：中国人民大学出版社，1996：123.

了个体的认识对象。这样，作为族类存在与发展产物的悟感与作为个体认识对象的意义世界就出现了主体分离与时空异步的格局。这样，就产生了个体认识物化意义、文化意义、生命意义时，理性与悟性互补却不同步的现象，奠定了潜伏存在的认识论基础。

对个体而言，意识与意义的潜伏是客观存在的，但存在的状态却与意义世界的性质直接相关。自古希腊以来，西方人逐步形成了主客二元对立的逻辑分析思维范式，致力于建构客观化、确定性的意义世界。近代以来，科技理性的节节胜利更强化了这种趋势，理性成为通达意义世界的令牌，知识几乎成为意义世界的代名词。在这样的背景下，个体获得的知识作为意识的主体内容带着理性的深刻烙印与强大惯性，以抽象、离散的方式潜伏在生命体之中，既作为悟性认识的资源，又抗拒着悟性思维的活动，大大降低了潜伏资源的激活性能。近代以来，人类精神家园的失落与这种意识的潜伏状态不能不说有着密切的关系。

3. 融通

潜伏是意识、潜意识或意义的沉积，是量与结构的变化，是培育生命灵性的沃土。融通则如暗夜划破天际的闪电，伴随着心灵的惊雷，闪烁着生命的灵光。生命的这一壮丽景观吸引着无数的哲人，为之流连忘返，为之悟思笔墨：

柏格森在其著作《创造进化论》中论及人的自我生成时说，"对有意识的存在者来说，存在就是变易；变易就是成熟；成熟就是无限的自我创造"①。针对知性或理性思维方式对"变易"的肢解，柏格森说，"虽然我们依靠不断增加因素来模仿转化的状态，但转化本身却在我们以为紧紧抓住了它的时候，从我们手指间溜走了"②。

为什么知性或理性总是抓不住"转化本身"？非理性主义的先驱尼采说，因为日神之外还有酒神："日神安抚个人的办法，恰是在他们之间划出界线，要求人们'认识自己'和'中庸'，提醒人们注意这条界线是神圣的世界法则。可是，为了使形式在这种日神倾向中不致凝固为埃及式的僵硬和冷酷，为了在努力替单片波浪划定其路径和范围时，整个大海不致静死，酒神激情的洪波随时重新冲毁日神'意志'试图用来片面规束希腊世界的一切小堤坝。"③

弗洛伊德潜意识理论的回答是："潜意识像一双看不见的手操纵和支配

---

① 柏格森. 创造进化论 [M]. 王珍丽，译. 长沙：湖南人民出版社，1989：283.
② 柏格森. 形而上学导论 [M]. 刘放桐，译. 北京：商务印书馆，1963：128.
③ 尼采. 悲剧的诞生 [M]. 熊希伟，译. 北京：华龄出版社，1996：46.

着人的思想和行为"①，因为"潜意识是精神生活的一般性基础，潜意识是个较大的圆圈，它包括了意识这个小圆圈，每一个意识都具有一种潜意识的原始阶段，而潜意识虽然也许停留在那个原始阶段，但却具有完全的精神功能，潜意识是真正的精神实质"②。

哲学人类学的开创者马克斯·舍勒（Scheler, M.）在论及人的本质时，其关于生命冲动和精神统一的见解似乎也触及了"转化本身"的性质："生命冲动和精神是人的不可分离的两个方面。缺乏精神的人不是现实的个人，他无法把自己同地位区分开。没有生命冲动的人不是实在的人，而是鬼怪或幽灵。作为一个完整的人必须同时兼生命冲动和精神于一身，熔激情与理智于一炉。人既是生命冲动的体现，又是精神活动的场所，人是生命冲动与精神之间的张力和运动的中介，他不栖居于某一边"③。

美国人本主义心理学家马斯洛（Maslow, A. H.）在其著作《人的潜能和价值》中则向我们描述了转化之后出现的一种如诗般的意境——高峰体验："体验可能是瞬间产生的，压倒一切的敬畏情绪，也可能是转瞬即逝的极度强烈的幸福感甚或是：惊喜若狂、如痴如醉、欢乐至极的感觉"④，这时候，会"觉得自己已经与世界融为一体""摆脱了一切怀疑、恐惧、压抑、紧张和怯懦""感到自己窥见了终极真理、事物的本质和生活的奥秘""像突然步入了天堂，实现了奇迹，达到了尽善尽美"⑤。

从这些哲人的思想中，我们看到了与转化之道——融通相关的一些关键性的词汇：激情、潜意识、意识、生命冲动、生成、意境，加上前文涉及的悟感、潜伏、原型、激活等，它们成为走进融通机理的路标。但是，我们依然身处夜幕下，看不清融通的道路，因此，有必要回到哲人的天空，获得一些启示，辨析前进的方向。

潜伏着融通的问题，感悟哲人的智慧与睿思，可见之语言描述的启悟概括为以下几点：

第一，融通是"转化"的基本方式之一，是自我生成、自我创造的活动，是建立在理性元素基础上的悟性认识过程；

第二，融通是潜意识、意识的接通，其间也可能包含意义的生成或意识化；

第三，悟感与潜伏之间存在的张力可能是融通得以发生的内在动因，原

---

① 叶启绩，林滨，程金生. 20世纪西方人生哲学 [M]. 北京：人民出版社，2006：76.
② 弗洛伊德. 精神分析引论 [M]. 高觉敷，译. 北京：商务印书馆，1999：8.
③ 刘放桐. 新编现代西方哲学 [M]. 北京：人民出版社，2000：390.
④ 马斯洛. 人的潜能和价值 [M]. 林方，等，译. 北京：华夏出版社，1987：366.
⑤ 马斯洛. 人的潜能和价值 [M]. 林方，等，译. 北京：华夏出版社，1987：371.

型的激活则是融通出现的外部动因，但并非必要条件；

第四，融通存在广度与深度的区别。从具体对象领域到世界观再到人生观，融通的广度与深度逐步提升，最终进入人生的最高状态或阶段：尼采视野下的醉境、马斯洛描述的高峰体验或庄子笔下的"逍遥"；

第五，尼采主张的远观、刘勰提倡的积学、老子践行的玄览等途径或方法能够在一定程度上实现对融通积极的人为影响。

上面几点笔者在翻阅哲人著作过程中已有所感，虽然所思所得似乎很多，随思而笔无滞，结果却与最初想表达的"所思所感"有了距离，直接以对融通的理解形式表现了出来。在写下这五点之后，忽然发现脑子里隐现出关于融通机理的模模糊糊的轮廓，试图走近它、理清它，却是剪不断理还乱，连轮廓也悄然溜走了。于是，在接下来的一段时间里，笔者试图用理性的思考检索、捕捉那个隐约的轮廓，却在不经意间闪现出些许的灵思（关于象意识之间关系的一些认识），形成了一个基本的框架，如图 3-7 所示。

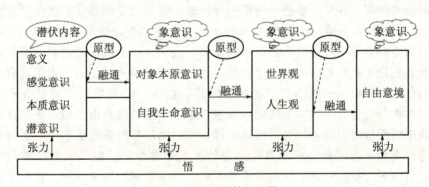

图 3-7 意识融通的机理图

从图 3-7 可以看到，依据广度和深度的不同，融通可以划分成依次递进的三个阶段。

第一阶段：潜伏的潜意识、意识和意义的融通，生成对象本原意识和自我生命意识，是融通的初级阶段。从广度上看，参与融通的潜伏内容存在领域的限制。领域可以小到一个问题，如费米的灵思、莫言的那个梦境，也可以大到一个专业或学科，如郑渊洁在文学上的成就。从深度上看，更多的是问题型的融通。问题型的融通是在问题意识的导引下发生的与该问题相关的潜伏内容的融合，往往出现于仅涉及小领域的情形之中，在对象本原意识内表现为问题解决方案的形成，在自我生命意识内则表现为困惑的清朗或心结的松解。它是心理学研究涉及的范畴。当参与融通的潜伏内容涉及较大领域时，问题型融通逐步减少，非问题的自在融通多了起来。就对象本原意识和自我生命意识而言，前者涉及的潜伏成分主要来自感性和理性认识，融通的深度、广度较低，后者相关的潜伏内容非理性成分更多，因此，融通的深度、广度自然就会高一些。

第二阶段：对象本原意识和自我生命意识由第一阶段融通的结果转化成为进一步融通所需要的潜伏的意识或潜意识，并与原先存在的基础潜伏内容相互融通，生成世界观、人生观。世界观的形成过程是对象本原意识为核心的融合过程，是关于对象世界各学科领域认识因素的融合。它超越了问题的界域，表现为认识、对待对象世界的基本方法、态度和信条；以此类推，人生观的形成过程是以自我生命意识为核心的融合过程，是关于内部世界各领域认识因素的融合。它昭示着个体对自我人生的意义、价值、目标、未来的方向有了一个具有原生功能的态度和信念。但此时，世界观和人生观并未达到合而为一的境界。

第三阶段：世界观和人生观与前面的基础潜伏内容进一步融通，形成天人合一的自由意境。自由意境在尼采笔下称为醉境，在马斯洛眼中是高峰体验的精神状态，在庄子思想中则是一种逍遥。借用尼采的描述，在自由意境中，"万物浑然一体，个体的东西融化到了万物之中，我不是单纯的个体，而是与万物为一，宛有登泰山而一览无余，众山皆小之慨，我逃脱了无常的纷扰，忘记了死亡和时间带给个体的焦虑，感到一种永远创造、永远富有春意的狂喜和慰藉……能够有'超然物外的'自由"①。禅宗故事里的香严击竹，竹声与听者合一，一刹间融通佛理，进入了佛界的自由之境；正如修行过程中悟而成佛者寥若晨星的情形一样，在为物所累的现代生活中，通过融通世界观和人生观最终达到自由意境的人是非常少的。但从人类学的角度看，自由意境是一种完满的精神状态，是人不懈追求的终极目标。它为个体世界观与人生观的融通提供了永恒的动力。

除了追求完满、自由这一本能的动力之外，各阶段的融通还归因于另一种力量的存在——悟感与潜伏之间存在的张力。在追求完满自由的本能驱动下，张力达到一定程度不能维持两者之间的平衡时，融通就出现了，其结果是形成某种形式或层次的意象。之后，张力在新的关系中重新产生，如此循环往复，个体的精神世界得以提升，永无停息地朝着自由意境走近。在某些情形下，原型可能提前打破张力的平衡状态，在原型激活的刹那间产生融通的现象，这样，顿悟就出现了。

如果我们转向取象比类的象思维考察融通的话，水系的汇流将有助于领悟融通的机理。雨后的阔叶上闪烁着晶莹的水珠，微风吹过，枝叶颤动，点点水珠在相接的瞬间交融在一起，滑落地表，或渗入疏松的土层，或流经地

① 张世英. 天人合一——中西哲学的困惑与选择［M］. 北京：人民出版社，1995：359-360.

面，两者在山涧汇聚成涓涓细流，融入小溪、汇合为江河，日夜不息地奔向大海，最后融入水天无际的汪洋。比类体悟的融通过程，雨水和清泉汇聚成溪流正如第一阶段本原或生命意识的形成，而世界观和人生观仿如长江与黄河，以其磅礴的气势涌向大海，汇融成天人合一的自由之境。

第四章

体悟教育的界说及其支持理论

　　在人类社会的文化教育活动中，体悟现象是广泛存在的。在教育认识论的视域中，古代社会的伦理道德教育是一种强调体悟的教育；到了近代，主观体悟的强势地位被科学知识观削解的同时，却在教育的艺术属性中获得了合法性；20世纪中期以来，人本主义教育所强调的非理性认知以西方特有的方式重新肯定了体悟在教育活动中应有的地位，也促使我们开始自觉地关注体悟教育及其赖以成立的支持理论。

第一节　人类文化教育历史上的体悟现象

体悟作为传统的东方思维方式，缘于象形表义的汉语言文字，凝聚于中国传统哲学，渗透中国古代教育过程，自然孕育了体悟教育的理念。

中国哲学以社会为起点，以人为中心，核心是思考人生，其目的主要是教导人们如何做人、如何处事。从逻辑起点上讲，各种思潮与学派都研讨人道，努力在人类社会和人自身中寻求绝对与永恒，从"惟恍惟惚"的本体——"道"出发，以求"善"作为最高的宗旨。古代先哲在研究社会与人事过程中首先遇到的问题是思想的共享与传承，因此，书、言、意之间的差异矛盾在中国古典哲学中也就被领悟得最早、讨论得最透彻。如《老子》劈头就指出："道可道，非常道；名可名，非常名"；《老子》第二十五章中再次强调道之不可道："吾不知其名，字之曰道，强为之名曰大"。书不尽言、言不尽意的感怀被言简意赅的几句话表现得淋漓尽致。中国先哲对书、言、意关系的认识结果造就了古代文化典籍简洁、简易、文约义丰的表述方式。"六经"是中国古代哲学的总源头，其中《易经》又被认为是群经之首，但它仅有 2 万余字。《论语》《大学》《孟子》《中庸》是最精粹最可靠的儒学经籍，对中国文化的影响是毋庸赘言的，但总共也只有 5 万余字。在人类的各种语言文字中，如果说有一种文字能比较流畅地连通言和意的话，那么，象形表义的汉字是当之无愧的。但即使是汉语言文字也无力承载"窈窈冥冥"的大道，只能是强为之（如《老子》）或简而为之（如孔子删编的《六书》）。针对这一现象，道家提出了"为道日损""涤除玄览""致虚极"等重视体悟与意会的直觉主义原则。

中国传统哲学是关于人的哲学，也可以说是关于伦理道德的哲学。中国古代教育是伦理道德的教育。哲学的思维方式及其求"道"之路自然成为教育理念的母体，孕育了如孔门私学这样具有鲜明体悟性质的原始儒学教育。

孔子儒学思想的两个基本范畴是"礼"和"仁"。其中，"礼"指社会典章制度和生活方式、宗教礼仪及文化教育等方面的规范，集中体现在由孔子删定并作为孔门私学教学内容的《六书》之中。如果说"礼"主要继承了周代的礼乐制度，那么，"仁"则是对"礼"的超越与升华，表现为一种境界、一种精神。"仁"以"礼"为基础，孔丘曾对子路说："好仁不好学，其蔽也愚；好知不好学，其蔽也荡；好信不好学，其蔽也贼；好直不好学，其蔽也绞；好勇不好学，其蔽也狂"（《论语·阳货》）。但是，《六经》仅是对"礼"的内容的文字表述，停留在为学的层面。若个体仅达到识礼、守礼的程度，还只是被动遵礼的小人儒。一个人要成为能弘道的君子儒，必须以"仁"一以贯之。孔丘曾问子贡："赐也，女以予为多学而识之者与？"子贡答："然。非与？"孔丘说："非也，予一以贯之"（《论语·卫灵公》）。可见，以"仁"处世接物就能够自然演生出各种"礼"的形式。在修己过程中，孔子主张通过"思"与"行"实现知"礼"到悟"道"的飞跃。"思"就是凭借所掌握的丰富的知识材料进行有效的思考，在归纳、综合，形成基本原理的基础上领会、参悟统贯其中的仁道，实现由博返约。"行"包括两个不同水平的层面：首先是遵礼而行礼，在践行的过程中体认各种形式的礼的关系与价值，进而切身领悟礼背后不可言传的道。一旦个体悟道之后，即进入弘道而行礼，通过从政为官或设学授徒实现孔子行道的终级教育目标。

《论语》中有一句关于孔门私学启发式教学的经典语录："不愤不启，不悱不发。举一隅不以三隅反，则不复也"（《论语·述而》）。在孔子的教学目标中，达到"启（开其意）"后可"发（达其辞）"、且具有举一反三效果的"类"仅仅是一个由形式的"礼"向实质性的"仁"过渡的阶梯，"一以贯之"才是教学的最高追求。这个类类相通的"一"就是儒学体系里孔子从自我生命经验中体悟而来的仁道。在中国先哲"道可道非常道"的哲学思路指导下，作为启发教学的进阶，以自己修身为仁的经验为基础，孔子选择了践行"礼"而体悟"仁"的教育策略，从而形成了由注重逻辑关系的学、思到注重直觉思维的践悟的体悟教育范式。

以经籍表述"礼"，以思、行感悟"仁"的原始儒学教育模式，决定了中国古代教育通过体悟铸造主体人文精神的基本思路。

在儒学成为封建思想统治的工具后，儒学教育失落了建构大同理想社会的政治信仰，教育的目标不再指向独立能动的"仁者"。宋真宗的劝学诗充分说明了统治者对儒学的这种态度："富家不用买良田，书中自有千钟粟；安房不用架高梁，书中自有黄金屋；娶妻莫恨无良媒，书中自有颜如玉；出门莫恨无随人，书中车马多如簇；男儿欲遂平生志，六经勤向窗前读。"读书士人在名利的诱惑下蜂拥科场，科举考试成为儒学教育的指挥棒。进入封建社会后期，思想控制越来越严厉，铸造个体精神世界的体悟教育失去了存在的社会政治基础，指向能动个体的体悟教育模式最终淹没在儒学死板的经籍教育之中。

尽管如此，体悟作为中国传统文化的优势所在，作为中华民族的一种思维方式是不可能与教育绝缘的。唐朝直指人心、反求诸己的禅宗之兴盛，宋代新儒学的出现，凸显了体悟所具有的强大的文化生命力，也赋予了体悟教育全新的动力与意义。之后，陆学"当机启悟"的教学方式、王艮"以经证悟，以悟释经"的治学风格、王夫之启发"自悟"的教学观等让我们看到了体悟所自在的教育教学意义。

近现代以后，在批判封建教育、清除封建社会意识形态的过程中，西方主客二分的思维方式及与之相对应的科技文化开始成为学校教育的主导内容。东方悟性思维方式及其本土文化在与西方知识标准及其现代科学文化的抗争中，虽然依旧坚守着民族心理这道最后的防线，但只能退隐到附属的地位。在科学技术成为社会发展进步主要标志的工业化历史阶段，西方传统哲学（自然哲学）及其研究方法逐步取代了体悟的地位，人为地开凿出了一条分析、培养人文精神的遥遥天路。

然而，20 世纪 50 年代，现代科学技术的迅速发展，在带来了西方社会物质生活空前丰裕的同时，也导致了人类的精神世界陷于空前的孤独无助。这使西方社会在发展经济的同时，也开始呼唤关怀人类的自身，尊重个人的情感，出现了与科学主义相对立的人本主义教育思潮。人本主义教育作为一种反传统思潮，虽然仍然未能真正脱离西方传统的自然哲学（原子论哲学）的思维模式，其所研究的人表现出孤立、个体的特征，把自我实现作为追求的最终目标，但在探索自我实现的过程中，人本主义者在理性科学认知的基础上，看到了非理性认知在人文精神培养上无可替代的作用。如非指导性教学的创立者罗杰斯强调营造一种和睦的心理气氛，提供一种真诚、信任和理解的人际关系，以让"潜能"自由运行，并设计了由情感释放、顿悟和统合三个要素构成的非指导性教学的自主学习模式。中国传统的体悟教育在遥远的西方以其特有的方式再次展现在世人面前。当前我国的教育改革吸收了隐含体悟意蕴的世界教育理念，预示着在社会转型的背景之下体悟教育将开始从附属地位自觉地走上历史的前台。

第二节　什么是体悟教育

教育是"成人"的活动，是生成个体科学智慧和艺术智慧的活动。从个体认识发展的进程看，教育包含两大性质不同的认识活动：科学认知的教育和悟性认识的教育（体悟教育）。前者关注客体文化如何成为个体知识结构中的一部分；后者注重知识的生命意义化，追求艺术智慧和生命境界。两者的关系可用图 4-1 表示。

体悟教育与传统科学认知教育的区别源于思维方式的差异。传统科学认知教育建立在归纳、推理、演绎、综合为表征的逻辑思维基础之上，只注重知识的获得以及同理性认识直接相关的能力（科学智慧）的培养，具有普遍性、客观性、逻辑性的特征；体悟教育认识方法的基础是以感性、表象、直

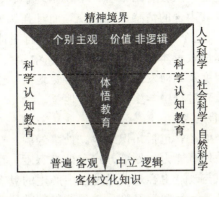

图 4-1 科学认知教育与体悟教育关系图

觉为表征的非逻辑思维，注重主体意义的获得和非理性能力（艺术智慧）的培养，具有个别性、主观性、非逻辑性特征。

依据上述认识方法论和教育目标指向的分析，我们认为，体悟教育是指基于非逻辑思维方式，经由体验、心悟实现客体文化的生命意义化，提升个体精神境界的一种"成人"思想、方式或活动。它首先是一种教育思想，倡导体验、感悟，叩问生命的意义和价值，追求精神世界的一体化；它也是一种通达精神境界的教育方式。作为以直觉思维、整体认知为特征的教育方式，体悟教育是创生的，可依据具体的认识对象、师生状况、情境态势选择或灵活组合唤醒、对话、反思、情境设计、生活体验等形式。最后，也是最基本的，体悟教育作为教育的一种类型，具有"成人"活动这一教育的基本规定性。

与科学认知教育相比较，体悟教育具有以下"成人"的特性。

1. 注重个体内在自主发展的态势，强调学生的内在发展

从个体发展的性质看，教育活动中存在着两个具有递进关系的发展。一是个体对客观世界认知度与认知能力的状态。它更多地表现出统一性和可操作性，是个体发展的基础；二是个体认知世界的态度、方式以及对精神世界的把握程度。它是个体独特的能动的精神经验系统，是个体发展水平的主要标志，也是个体持续发展的动力。体悟是一种精神经验，体悟教育关注个体精神世界的拓展与提升，着眼于个体内在自主发展程度的提高，自觉地规定了教育教学活动的目标指向：学生的内在发展。

2. 学生的自主性是体悟教育的先决条件

衡量一种教育是否贯注着体悟教育理念，不在于采用了哪种教育教学方法，也不在于获得了多少知识技能。体悟教育的一个重要标志是教育活动目标是否指向具有个体意义的内在新质的产生。实现这一目标的过程是一个生

成的过程、创新的过程。从教育结果看，不仅是理解、领会了存在于学生个体之外的文本知识及其内含的情感、价值观，而且强调通过体悟形成实实在在的"自己的东西"。这个过程只有在个体发挥了自主能动性的情形下才可能发生。可以说，体悟教育本身不存在教育过程中学生有无自主性的问题，关注的是自主性的程度及如何发挥，因为它自觉地对学生的地位进行了内在的规定，那就是，教育过程中学生处于主体地位。

3. 注重个体经验的整合

从结构上看，个体经验包括知识经验、处事经验、精神经验等内容。其中，处事经验主要是处事能力、处事方式和处事态度；精神经验则是个体通过特定方式，在认识与改造主客观世界过程中产生的具有自我指导意义的情意观念体系。体悟既是一种精神经验，一种获得精神经验的方法，也是一种主体改造自身精神世界的活动。它是在特定情境下，动态选择、提炼并融合已有的知识经验、处事经验与精神经验，在理性、非理性思维方式的共同参与下形成主体新的精神经验体系的过程。虽然体悟可以通过精神经验的重组改造（往往表现为顿悟）实现，但在教育过程中，若是离开了具有外显的、可操作性的、"左右逢源"的知识与处事经验，体悟之源也就丧失了。渐悟是教育过程中体悟的基本形式，是在整合个体原有经验的基础上形成的。

4. 强调实践活动在学生发展中的价值

体悟教育通过诠释学生发展的内容和教育目标的内在定位揭示实践活动在学生发展中的价值。首先，实践活动是个体直接经验的源泉。它赋予个体在掌握人类种族经验（类经验）基础上完整经验的个体性与时代性，从而为个性化精神世界的形成奠定有效经验的基础。其次，实践活动为学生提供了丰富、广阔的体验世界。体验赋予认识对象个体意义，是客观世界通向精神世界的桥梁，也是产生体悟的一种有效的情境。最后，实践活动是主体运用已有经验认识、改造世界的过程，实现了经验由理论形态向实践形态的过渡。在这个过渡过程中，形成有助于解决问题的经验组合体系，并得到检验与更新，为个体精神世界的改造提供了更多的契机。

体悟教育的下位概念是体悟教学和体悟学习。与体悟教育的理解相对应，体悟教学既是一种教学思想，也是一种教学方式。作为一种教学思想，它首先意味着教学不仅仅是实现既定的明确目标，不仅仅是内化成人世界赋予的定论，教学过程也是主体建构认识对象个体意义的过程，是生成、提高学生持续发展素质的过程；其次，体悟教学意味着学生的发展是主体生命意义的不断扩充。它充盈着自主、探索、建构、生成、创新等词汇所蕴涵的生命活力与发展态势。作为一种教学方式，体悟教学着眼于促发学生的体悟学习，并以学生体悟学习的状况衡量教师教学手段的合理性。

体悟学习是个体以主动、自觉的态度，通过领会、感受、参悟等形式形成稳定的、个性化的、对个体行为具有指导性的情意态度与价值观念系统的学习方式。体验是体悟学习的外在形式。它通过个体亲身经历，在参与社会实践过程中，感受外部环境的影响，从而形成个性化的情意观念。体悟的内在形式是内部认知结构的重建，即领悟。学校课程中无论是客观的还是主观的知识，表述形式都是理性、清晰明了的。不仅要求有严密的结构体系，而且也要有明确的价值、情感的内在指向。但是，如果把社会人事中"可以意会不可言传"的微妙情形表达得太清澈，反而会脱离了活生生的实际，失去了原本的微妙感。课程内容在承载人类精神世界的同时，无意间已把精神世界分析化、理性化了。学习主体揭示、体认知识背后蕴涵的主观价值是领会的过程，但若仅停留在这个水平，个体在获得知识过程中形成的价值情感体系与知识结构体系相适应往往是理性、结构性的体系。主体精神世界形成的关键在于如何实现个体结构性知识、价值、情感体系向一体化"境界"的转变。这种借助非理性思维，通过感悟、直觉把握等方式实现理性与非理性文化生命整合统一的过程，是一个质的变化过程，这一过程表现出以下一些特点。第一，非理性思维。精神世界是主客观的合一，是一种境界。对于这种境界的理解，任何殚精竭虑的理性分析都不可能收到最佳的效果。只有通过非理性思维才能获得自我意会性的观念。第二，过程的模糊性和不可重复性。由客观知识或理性的情感体系向境界的过渡不是简单的量的积累过程，它超越了逻辑思维的框架，往往是在某种特定情境、特定因素的触发之下出现的跳跃式的升华过程。因此，它的过程恰恰与科学认知相反，不具有可重复性。第三，整体性。体悟的条件是客观知识、理性情意认知等在量上积累到相当的程度。其过程是在个体意会知识的基础上对个体积累的主客观内容进行全面的直觉整合从而形成具有主体生命意义的自我意会性的一体化观念体系。第四，开放性。体悟学习不一定在有计划的教育教学过程中进行。当量上的积累达到成熟之后，引发质变的情境或因素随时随地都可能出现，甚至日常生活或社会中习以为常的事件也可能成为触发体悟的原型。

在这里，我们强调体悟教育过程非理性思维的同时，必须看到，体悟的基础是客观知识、理性情意认知在量上的积累；同时，体悟的过程实质上是建立在演绎、归纳、比较、同一等逻辑思维基础上的直觉认识过程，其中的逻辑思维虽然是隐含的、个体可能没有意识到，但却是客观存在的。忽视了这两点，就有可能使我们不自觉地溺没于唯心主义、不可知论的视野之中。

第三节　体悟教育的支持理论

近代以来，以科技理性的胜利为主要标志的社会进步规范了教育的理性路线，从教育科学到教育实践，以理性认识论为基础的逻辑理论论证与技术操作化作为传统教育①的优势所在，极大地推动了教育科学化的进程。与此同时，我们也看到，由于科学方法论面对主观精神世界的苍白无力，教育的理性路线造就了传统教育艺术智慧领域的荒芜。在当前社会转型的背景下，全球范围的教育改革正如火如荼地展开。这是一次人类历史上前所未有的变革，力度之大昭示着开拓传统教育荒漠地带的信心，时间之长反映了建构全人发展教育模式的艰难。这场教育改革渗透着生命、意义、精神、个性、生成、整体的人、全人发展、终身发展等词汇所寓含的新理念，教育过程的悟性认识属性已是尽显无疑。然而，当我们关注教育的体悟性质、试图探寻体悟教育的理论基础时，却找不到符合理论基础条件的一个完整理论。尽管如此，支持体悟教育的理论还是非常丰富的，涉及哲学、人学、脑科学、心理学、知识论等众多领域，它们为体悟教育理论提供了充足的养分，奠定了深厚的根基。从这里，体悟教育理论才可能生发出来并得以茁壮成长。

一、相关的哲学理论

（一）中国传统哲学

关于中国传统哲学中涉及体悟的文献非常丰富，第一手资料包含在古代的各类文献之中，主要有道家、儒家的经典著作《老子》《庄子》"四书五经"《荀子》，以及南朝刘义庆的《世说新语》、谢灵运的《辨宗论》、慧观的《渐悟论》、昙无成的《明渐论》、唐朝慧能的《坛经》、北宋的《二程遗书》、南宋的《朱子语类》、明代王阳明的《传习录》、清代的《佩文韵府》，等等。第二手资料包括中国哲学史、中国伦理学说史、中国文化史、中国教育哲学史等方面的著作及相关的学术论文。

作为体悟教育支持理论的中国传统哲学主要涉及以下内容。

1.　"天人合一"的本体论模式

"天人合一"作为一个明确的思想命题是由北宋哲学家张载提出来的。然而这一思想根源却可以上溯到中国文化的远古时代。汉语中的"天"依其深度分别有天空、自然形成的事物的总体、承载着人类各种最普遍属性的抽象存在、人生对世上万物体悟的总体等多种含义。天的不同层次的含义反映着"天人合一"观念的演变历程：从远古时期的巫术、夏商周的"天命论"、春秋战国时期的"天道论"、秦汉的"天人感应"到宋明的"天理论"，经历

---

① 与"现代教育"一样，"传统教育"也是一个多义的词。本研究站在 20 世纪 80 年代以来全球教育变革的立场运用"传统教育"这个概念，特指社会转型期的这场教育改革所要变革的对象，即"知识授受型"的教育模式及其相关的理念。

漫长而艰辛的天人共性的探寻过程，最终实现"天"与"人"的相互贯通，确立起了"天人合一"的共性存在——"道"或"理"，即世界的本体。

"道"是老庄哲学的核心范畴，贯穿于其思想体系的各个部分。老庄认为，"道"是客观存在的实体，而且是化生天地万物的本原和基础，具有"惟恍惟惚"（《老子》21章）、"视之不见""听之不闻""搏之不得"（《老子》14章）和"昏昏默默""窈窈冥冥"（《庄子·知北游》）、"不知其然"（《庄子·齐物论》）、"渊渊乎其不可测也"（《庄子·天道》）的特点。

2. 悟性认识论

天人间的共性与贯通是通过用心来逐渐体悟的。"天人合一"作为一种本体模式自然联系着直觉体悟的悟性认识论模式。

"道"的特点决定了主体不能用通常"闻见言说"的方式去把握，而是需要有一种新的认知途径。在老庄看来，这条途径就是直觉体悟，即"体认"，并为此"提出'为道日损''涤除玄览''致虚极'等重视体悟与意会的直觉主义原则，要求人们把已经形成的各种语言文字概念尽可能地排除净尽，以便达到与'道'直接同一的境地"。①

"中国哲学不是纯粹理性主义的哲学。它更注重对认识对象的意会、领悟、直观把握，更强调非理性的体悟和直觉。它唯恐用理性肢解事物，失去对事物的整体把握，唯恐用死板僵硬的语言文字形式束缚主体、使主体脱离了活生生的、富有微妙性的生活实际。""中国哲学（主要是儒、道、法三大主潮）轻视纯粹理性、轻视形式逻辑，认为形式逻辑不能紧贴客体和主体的实际，所以，中国哲学中有一股清醒的、理智的、自觉的、执著的、系统的清算形式逻辑的思潮。"②

在清算形式逻辑的同时，中国哲学中产生了一个悟性认识范畴的概念——"象"。"象"是中国传统哲学认识论中特有的一个范畴，是我国古代文化传承长期潜移默化的产物。按照韩非子的说法，"人希见生象也，而得死象之骨，案其图以想其生也，故诸人之所以意想者皆谓之'象'也"（《韩非子·解老》）。可见，"象"是越过语言的连贯语义、基于文字的原始象形表意功能表达出来的关于认识对象的范畴，有物象、属象、意象、道象等层次。物象是一切可直接感知的、有形的实物形象；属象是从各种物态之象中抽象出来的事物某一方面属性的体现；意象反映各种属性之象的内在联系，揭示事物的本质属性；道象反映事物的各种本质属性之间的种种必然联系，可以作为推断事物发展趋势的根据。"象"具有这样一些基本的思想特征：其一，"象"都是靠直觉体悟把握的；其二，"象"是整体认知的结果；其

---

① 马中. 中国哲人的大思路 [M]. 西安：陕西人民出版社，1993：263.
② 马中. 中国哲人的大思路 [M]. 西安：陕西人民出版社，1993：271，278.

三，"象"是心与外在世界联系的中介。

传统的"象"思维方法有"取象比类""立象尽意""得意忘象"三个层次，分别与"体会""得意""得道"相对应。其中"取象比类"是"立象尽意"和"得意忘象"的基础，后两者是"开悟"的过程，而一旦"得意"和"得道"后，共象与本源之象就可以派生出具体之象了。①

上述关于"象"的内涵与道家思想是直接契合的，而在儒学体系中，物象与属象表现为"礼"的规范，即"四书五经"中表述的内容，意象为人事关系之理，道象为"仁"，表现为一种精神境界。

（二）非理性主义

"对理性的信仰在广泛意义上说是希腊时代以来，西方文化的一个重要组成部分，这一点决定了西方哲学的主要传统。"② 从柏拉图的"理念"，到亚里士多德的"实体"、笛卡尔的"我思"、莱布尼茨的"单子"、费希特的"自我"以及黑格尔的"绝对精神"，理性一路高唱凯歌，构建起了一座完备的理性主义的哲学大厦。正当理性主义登临巅峰之际，针对理性的霸权，休谟和康德从不同的角度给理性主义哲学予以重创，为非理性主义占领哲学舞台铺设了基础的台阶。之后，尼采的权力意志主义、狄尔泰和柏格森等人为代表的生命哲学、弗洛伊德开创的精神分析说、鲍恩（Bowne，B. P.）为代表的人格主义、海德格尔和雅斯贝尔斯等人为代表的存在主义以及后现代主义围绕着人的问题掀起的非理性主义浪潮，成为现代西方的主流哲学。

非理性主义作为传统理性主义哲学的反动，自身有着截然不同于理性主义的思维方式。从思维目标和任务上看，它强调寻求与确立人、人生的价值和意义。在思维秩序上，理性主义沿着"世界是什么"——"世界是怎么样的"——"如何认识世界"的逻辑进程展开，非理性主义哲学则沿着"人是什么"——"世界是什么及怎样"——"人的存在、意义及价值"的思路伸展。在思维模式上，反对理性主义的主客二元对立，主张主客体、人与世界的一体化。在思维方法上，力主采用非理性的直觉、体验、灵感、顿悟等方法。从思维的重心看，关注多样性、差异性、随机性、偶然性、不可还原性、非重复性和非确定性。从思维的文化归属看，强调个体的不可替代、生命的不可还原，关注情感、意志、欲望、本能、人格等生命之本的地位，追求人的自由，倾情人的关怀，体现着现代人文主义精神。非理性主义思潮中，生命哲学和存在主义分别从认识论和本体论层面触及了体悟问题，是我

---

① 王前. 中西文化比较概论［M］. 北京：中国人民大学出版社，2005：64—76.
② 当代美国资产阶级哲学资料［M］. 北京：商务印书馆，1978：111.

们研究体悟教育重要的思想来源之一。

1. 生命哲学

在非理性主义思潮中，生命哲学对意义世界的关照奠定了认识论和方法论的基础。生命哲学是 19 世纪末反对实证主义和理性主义思潮的产物，是西方关于人的生命价值和意义的学说。生命哲学在近代的发展有两个时期①。18 世纪和 19 世纪之际，施莱格尔（Schlegel，F.）于 1827 年发表《生命哲学讲座》，莫里斯（Morris，K. F.）于 1781 年出版《生命哲学论文》。这时期的生命哲学带有浪漫主义的色彩，是对理性主义的补充。进入 19 世纪末，生命哲学在反对理性主义的过程中汇入非理性主义的洪流，真正开始了非理性生命哲学的拓展历程。其中，德国的狄尔泰从历史研究中把握生命，认为人文科学研究对象是人类的生命现象，提出了体验、表达和理解等与自然科学不同的人文科学标准。法国柏格森则把生命理解为与人的机体和生物进化有关，认为生命的创造过程是一个无止境的过程，作为创造源动力的生命冲动一开始就分化成各种不同的进化之路，并产生不同种类的生命。人具有理智与本能两种生命形式，其中，理智具有抽象性和固定性，不适合把握纯粹绵延的生命，只有超越理智、清除理智的遮蔽，与生命同一的直觉才能认识事物的本质，因为直觉是当下的内心体验，它使我们能直接地置身于绵延之中，从事物核心去直接把握事物。此外，生命哲学的代表人物还有德国的齐美尔（Simmell，G.）和奥伊肯（Eucken，R.）等人。

2. 存在本体论

继生命哲学之后，存在主义对人的意义和精神世界实现了认识方法论到存在本体论的转变。至此，人类认识世界经过主客一体到主客二元后再次上升到主客的统一。在存在主义哲学家们看来，传统哲学关注世界万物的存在，把存在物作为认识的对象，从而形成了"从理性的本质规定出发去论证人的本质及其存在，从抽象的普遍人性论出发去探究人的问题"② 的人学思维逻辑定式。与此相反，存在主义认为存在先于本质——"我们说存在先于本质的意思指什么呢？意思就是说首先有人，人碰上自己，在世界上涌现出来——然后才给自己下定义"。③ 如此，与其他非人的存在者相比，人这个存在者就获得了优先地位。存在主义代表人物海德格尔在澄明人这个存在者时，为了区别其他的存在者，把人称为"此在"，因为"此在总是以它的生命来领会自己本身：总是从它本身的可能性——是它自身或不是它自身——

---

① 费迪南·费尔曼. 生命哲学 [M]. 李键鸣，译. 北京：华夏出版社，2000：17—18.

② 欧阳谦. 20 世纪西方人学思想导论 [M]. 北京：中国人民大学出版社，2000：107.

③ 萨特. 存在主义是一种人道主义 [M]. 周煦良，汤永宽，译. 上海：上海译文出版社，1988：8.

来领会自己本身"①。"此在"能够理解自我存在的意义，并进而揭示其他存在的意义。这样，表现为询问、探索、领悟的理解就成了"此在"的基本方式，人的意义与精神世界成为"此在"的基本范畴，两者合于"此在"，获得本体论的地位。

（三）现象学方法

在生命哲学与存在主义之间的现象学也与体悟问题相关，是存在主义的思想渊源之一。两者基本路线的区别在于："存在主义反对实证主义，是用非理性主义来反对理性主义。而胡塞尔的现象学反对实证主义是用一种完全的理性主义来反对残缺不全的理性主义"②。它以哲学态度审视传统认识论的合理、有效性，从布伦塔诺（Brentano, F.）的意向性理论出发，否定经验主义，重视意识分析和生活世界的研究，提出与此相应的、影响深远的现象学方法。

1. 先验现象学方法

在现象学大师胡塞尔看来，现象学的研究问题域主要有本体论问题和形而上学问题两大类，本质还原和先验还原是与它们分别相对应的现象学方法。

（1）本质还原

本体论在胡塞尔的学说中特指先天观念的整个系统，包括形式的本体论和实质的本体论。前者研究形式的范畴和规律，后者研究存有的分类及其范畴。与本体论的理解相一致，本质是先天的本质，是事物向我们显现出来的有关它是什么的方面，也就是现象。

关于本质的先天属性，胡塞尔是从剖析认识的工具——逻辑的性质开始的。他批判以穆勒（Mill, J. S.）、冯特等人为代表的心理主义混淆了逻辑规律和自然规律，认为前者反映观念之间的联系，不可能通过经验概括的方式获得，也不可能通过逻辑的推论得出来，因此，它只能是非经验的、先天的规律。鉴于此，如何用非经验的、先天的方法认识这种规律就成为现象学首先面对的问题。本质还原又称本质直觉，是"以获得非经验的、无预先假定的本质和本质的规律为目标的一种认识方法"③，包括中止判断和共相呈现两个步骤。中止判断意指抛开一切间接知识，对给予的东西暂不做出回答的认

---

① 海德格尔. 存在与时间 [M]. 陈嘉映，王庆节，译. 北京：生活·读书·新知三联书店，2000：16.

② 胡塞尔. 欧洲科学危机和超验现象学 [M]. 张庆熊，译. 上海：上海译文出版社，2005：（前言）12.

③ 刘放桐. 新编现代西方哲学 [M]. 北京：人民出版社，2000：316.

识行为，是确保获得"自身呈现"东西（纯粹现象）的必要条件，也是达到必真真理的前提。第二步是从个别中获得"原初地给予的直观"，而后把与之相关的现实或想象的个别对象作为变项，整体考察各变项的一致性，使该对象的共相逐步呈现出来。

（2）先验还原

本质还原是在认识的对象领域内探寻本质的方法，意识的存在和自明性是其成立的前提。中止判断也仅局限于悬置个体东西存在的信念。当纯粹现象的范畴扩及意识本身时，就出现了现象学研究的第二个问题域及其方法：形而上学和先验还原。

胡塞尔的先验源于康德的理解：在研究存有者之前必须先解决认识如何可能的问题。先验还原首先经由笛卡尔的普遍怀疑建立"我在思想"及"在思想的我"存在的自明性，作为研究认识论的出发点，而后通过执行彻底的中止判断①（不仅悬置认识对象的存在问题，也要进一步悬置认识主体存在的信念）凸显意识活动及其执行者自我的自明性，最终阐明意识活动是如何成为意识活动对象的。可以说，先验还原方法是通向胡塞尔先验唯心主义思想体系的一条基本的渠道。

2. 解释现象学方法

胡塞尔的先验现象学方法越过本体论和认识论的先决假设，力图超越以往的各种哲学方法，回到事物本身的纯粹世界。然而，胡塞尔以"完全的理性主义"态度建构其先验唯心主义的思想体系却注定了现象学方法的局限性：本质还原后的纯粹本质与经验科学的相关概念不能统一却又难以区分，使人对现象直观与理性直观无法做出明晰的分辨。如此，其在力图越过认识论这一先决条件时不知觉地又带上了认识论的痕迹。

海德格尔在研究"存在"问题的过程中看到先验现象学方法的缺陷，采取批判继承的态度抛弃了其先验意识理论，以存在取代先验主体和先验意识，现象成为真实的存在本身，即存在者存在的显现。现象学方法也由此从"还原"转化为直接显示、阐释、澄明存在者存在意义，揭示存在者存在的方法，也即解释现象学的方法。

（四）体验哲学

20 世纪后期，美国的雷可夫（Lakoff，G.）和约翰逊（Johnson，M.）于 1980 年出版了一本被称为认知科学的经典著作《我们赖以生存的隐喻》，

---

① 刘放桐在其编著的《新编现代西方哲学》一书中对此描述为："彻底的中止判断把一种对认识的可能不作反省的态度假定为是不言而喻的事实的自然态度还原为一种对认识的可能性进行反省的、不作任何预先假定的、审慎的哲学的态度"。

认为人类的思维主要是隐喻性的。1999 年出版了《体验哲学——基于体验的心智及对西方思想的挑战》，明确提出了"体验哲学"（embodied philosophy，也称为 philosophy in the flesh）理论。

雷可夫和约翰逊认为，经验主义和理性主义的基本观点表现为客观主义，在本质上是错误的。针对客观主义理论的基本观点，他们提出与之针锋相对的一些基本论断①：世界范畴的主客观性和依存性；人类思维的体验性和互动性；心智结构的隐喻性和完形性；概念结构的非符号性和建构性；意义系统的模糊性和整合性。以此为基础，二人概括出如下三条体验哲学的基本原则②。

（1）心智的体验性。人类的祖先是从了解空间和自己开始认识世界的，他们具有"体认"的思维特征，常把自我的身体和经验作为衡量周围世界的标准。从发生学角度看，人们在经验和行为中逐步形成了范畴和概念，并同时形成语义，因此，方位空间和身体部位是形成抽象概念的两个主要基础。可见，概念、范畴、推理和心智并不是外部现实客观的、镜像的反映，而是借助于我们的身体经验形成的。认知、心智、知识、科学只能通过我们的体验才能成为可能与现实。

（2）认知的无意识性。我们理解事物或文本需要涉及许多认知运作程序和神经加工过程。视觉、听觉、嗅觉、感觉等神经加工过程是不可能被意识到的，认知程序也是不为人所觉察的自动化运作过程。它们是有意识思维赖以产生的基础。因此，我们心智中的所思所想大部分是没有直接的知觉的。

（3）思维的隐喻性。隐喻是基于经验和行为把始源域的部分属性映射到目标域，从而理解经验或抽象概念域的一种认知世界的方式，是身体、感知、体验、大脑和心智的产物，普遍存在于人类的各种不同文化之中。隐喻是自动的、无意识的思维模式，使得大部分抽象思维成为可能。

简而言之，体验哲学在强调客观实际对认识的第一性地位的同时，摒弃客观主义的错误观点，坚持身体经验的基础作用，以认识的无意识性和思维的隐喻性支撑起心智体验性这一最重要的原则，形成了一个崭新的哲学理论，对西方思想形成了一个巨大的挑战，并对许多学科产生了深远的影响。体验哲学成为第一代和第二代认知科学的分水岭。

（五）哲学理论与体悟教育

如果说 20 世纪科技成就带来的负面效应敲响了人类生存境遇的警钟，迫使我们正视危机并采取了积极的应对措施，那么，非理性主义则标志着思

---

① 王寅. 体验哲学：一种新的哲学理论 [J]. 哲学动态，2003（7）：24-30.
② 同上。

想界对科技理性的反动和觉醒。它与现象学、体验哲学等携手营建着人类曾经失落的精神家园，酝酿了西方教育改革的诸多先进理念。我国从 20 世纪 80 年代中期开始的教育改革，尤其是进入 21 世纪之后全面推进的课程改革，是在吸收世界教育先进理念的基础上进行的，而在这众多先进教育理念之中，非理性主义的脉络清晰可辨。它从理论上培育了生命灵性的教育，从认识方法论上赋予了这种教育体验、理解的一面，激活了中国传统文化的优势所在——悟性思维，为体悟教育的提出及其理念的普及奠定了思想基础。

　　另一方面，正如胡塞尔认为的，实证主义导致欧洲人性的危机，存在主义完全拒绝理性的方法从另一极端加深了这种危机。非理性主义与理性主义一样走向了不同的极端，而胡塞尔的现象学自身在追求完全的理性主义道路上也迷失在先验唯心主义的沼泽中；最近的体验哲学作为一种崭新的哲学理论不仅还留有许多需要进一步解决的理论问题，其在哲学领域的地位也有待进一步确立；中国传统哲学虽有悟性认识论却未在学理上进行有意识的建构。体悟教育主要探讨教育领域悟性认识论范畴内意义建构、精神陶铸问题，但并不排斥理性认识的基础作用。以此返观各种哲学理论，虽然与体悟及体悟教育相关的不少，却找不到一个可以真正作为理论基础的完整的体系，只能作为体悟及体悟教育理念的思想渊源，为体悟教育理论与实践提供不同维度、不同层次的理论支持。

　　非理性主义关注人的生命、意志、情感及存在的价值或意义，回荡着现代人谋求生存境遇、回归精神世界的呼声。它对体悟教育的理论支持更多地诉之于理念，表现在以下几个方面：（1）呼唤教育关注生命及其意义、关注教育主体精神世界的拓展与升华，并由此要求进一步开拓通达意义与精神世界的有效路径；（2）狄尔泰提倡的精神科学方法论——"体验、表达和理解"在西方文化语境下肯定了悟性认识在精神领域的重要地位，强化了体悟及其体悟教育在认识论上的合法地位，其中的体验和理解对我们辨析、厘定体悟教育的范畴提供了思想的基础；（3）生物学倾向的生命哲学关注生命机体结构、性能及其进化的一面，提醒我们在探讨体悟和体悟教育时，不仅要研究个体文化生命的成长过程，而且也有必要探明体悟教育成为可能的自然生命基础——体悟所需要的生命底蕴；（4）存在本体论把理解作为"此在"的基本方式，赋予其本体论的地位，意味着体悟也是人这一存在的基本方式，从存在论角度研究体悟将有可能开拓出一片崭新的天地，尽管这里选择了悟性认识论的研究视角，体悟的存在论地位所揭示的主客统一对我们研究体悟教育依然具有原则性的指导意义。

　　与非理性主义相比较，体验哲学在反对经验主义和理性主义的同时也清醒地意识到主观主义的危险所在，针对客观主义提出的基本观点吸收了理性、非理性主义的合理内核，在认识论层面完成了体悟教育需要解决的一些基本问题：雷可夫和约翰逊概括得出的三原则中，心智的体验性和认识的无意识性构成了体悟教育理念的一部分，思维的隐喻性则为体悟教育方法论的建立提供了认知科学的基础。

胡塞尔的现象学是一个先验唯心主义理论体系，作为体悟教育的一个理论支持点，需要清醒地意识到其唯心主义倾向有可能把体悟教育引入神秘主义的方向。因此，现象学虽然对体悟教育理论具有一定的启示，但从中直接吸取的营养应该停留于方法论的层面——本质还原及其之后的解释学。其中，本质还原的中止判断与体悟机理的潜伏虽然有所不同，但存在性质与功能上相通的一面；通过现象的显现与澄明走近存在的解释学方法喻示我们，体悟教育是一种存在而非存在者，研究体悟教育不能单纯诉之于逻辑分析，更重要的是要通过现象的描述使体悟教育这一存在显现在人们面前，在读者不同的阐释下使体悟教育逐渐在人们的视野中变得清晰起来。事实上，现象学方法运用于教育研究目前已成为一个热点。例如，马克斯·范梅南（Max van Manen）教授开创的"教育现象学就是想让我们摆脱理论和预设的概念，将我们的成见和已有看法、观点先搁置起来。按胡塞尔的说法就是将它们先括弧起来（bracked）、悬置（suspension）起来。让我们首先直接关注学生的生活世界和生活体验，并对它们做有益的反思，从而形成一种对教育的具体情况的敏感性和果断性"①。其间的"有益的反思"就显然包含着"悟思"的意蕴，只不过没有对此深入展开而已。

反思中国传统哲学对 21 世纪教育变革的价值与意义，西方非理性主义、现象学、体验哲学等所不能企及的优势渐渐地浮出了水面。非理性主义给予了教育变革理念与认识方法论的观照，中国传统哲学则超越了理念，明晰了认识方法论。具体来说，它对体悟教育理论与实践的支持可以概括为以下三个方面。（1）在中国传统哲学作为传统文化核心的影响下，经过几千年的历史积淀，悟性认识路线内化到每个中国人的心理层面，沉降为中华民族的思维方式，为体悟教育的理论与实践提供了生发的土壤。由此看来，有着根深蒂固理性思维方式的西方在反动理性的过程中只能到达体验教育的层面就不足为奇了。可以说，体悟教育是在非理性主义的激励下，从中国传统哲学的土壤中萌生的一种教育思想，是中国教育的优势所在。（2）非理性主义倡导的体验、理解方法论不仅在中国传统哲学中具有合法性的地位（悟性认识方法论），而且有着认识论的基本范畴——"道"和"象"，使我们能够深入到

①　李树英. 教育现象学：一门新型的教育学——访教育现象学国际大师马克斯·范梅南教授[J]. 开放教育研究，2005（3）：4－7.

象思维的深处，形成"立象尽意""取象比类"等可操作化的具体方法，为我们揭示体悟教育的机理、自觉进行体悟教育的实践指明了方向。（3）中国传统哲学的灵魂进入文学、艺术等各个文化领域，不仅决定了民族文化浓厚的悟性品味，以此为背景洞察异域文化也必然为之打上民族的烙印。这样，我们的教育不仅有着世界普遍性的悟性目标，在教育内容上更呼唤着体悟与教育结缘，呼唤着体悟教育的理念与实践。

二、知识论

传统知识观确信知识是人对客观世界及其规律的认识，具有普遍性、中立性、客观性和确定性，独立于人的价值观念和社会意识形态。20 世纪以来，知识领域出现了一系列变化：首先是自然科学的革命从内部消解了科学知识观的基础，如相对论、量子力学等对绝对、确定、封闭的科学观提出了挑战；在哲学社会科学领域，胡塞尔的现象学、海德格尔的现象解释学、狄尔泰等人的生命哲学、伽达默尔（Gadamer，H. G.）、利科（Ricoeur，P.）的哲学解释学、利奥塔（Lyotard，J. F.）的知识合法性理论、布鲁尔（Bloor，D.）的强纲领理论、波普尔（Popper，K.）的"世界 3"理论、波兰尼（Polanyi，M.）的缄默知识理论等颠覆了传统知识观诸多不言自明的概念，逐步确立起了理解、生成和对话的信念，引发了知识观的深刻革命。

（一）意会知识理论

近代以来，以客观性为特征的理性主义与经验主义的知识观在科学成就与工业文明的映照下成为近现代知识的基本范型，闪耀着"真理"的光芒，表征着科学的精神，支配着人们的知识生活。然而也正是客观主义的知识观，造就了科学与人性的分离，把人类的生存境遇推向万丈悬崖的边缘。1958 年，英国著名物理化学家、哲学家波兰尼出版了《个体知识：走向后批判哲学》，寄托着人类命运的情怀，针对客观主义知识观的历史局限性，提出了一种崭新的知识理论——个人知识观，对学术领域的研究产生了广泛的影响。在 20 世纪 60 年代被引入教育理论研究之后，波兰尼知识理论的教育意义日益为人看重，对当代教育诸多新理念的形成具有直接的影响。

1. 知识的结构

波兰尼首先对人类的知识进行了区分："人类的知识有两种。通常所指的用书面的文字、图表或数学公式表达出的知识，仅仅是知识的一种形式；而非系统阐述的知识，像我们行为中的某些东西，是知识的另一种形式，如果我们称前一种知识为言传的（explicit）知识，后一种则为意会的（tacit）知识。可以说，我们总是意会地了解那些被我们确实看成言传的知识的。"①其中，"意会知识比言传知识更基本。我们能够知道的比我们能说出来的东西多，而不依靠不能言传的了解我们就什么也说不出来。"②

为了说明这两种知识结构，波兰尼提出意识连续统一体和活动连续统一体两个概念。

（1）意识连续统一体

波兰尼认为，人对某个事物的认识过程中存在着两种相互区别又相互联系的意识类型：焦点意识（focal awareness）和附属意识（subsidiary awareness）。前者是认识或实践者对认识或实践对象直接注意到的可辨认的意识；后者是指没有被主体直接注意到的那些可辨认或不可辨认的意识。例如，当我们注目五星红旗冉冉升起的时候，焦点意识就是正在上升的五星红旗，心中涌动的神圣感、历史感、荣誉感及其周围的景象则是附属意识，它们被统合到庄严的五星红旗之中；认识事物过程中，不可能只有焦点意识而没有附属意识，意识就是由焦点意识为一极和附属意识为另一极所组成的意识连续统一体。

（2）活动连续统一体

与意识相对的是人的行为——言语和身体活动的混合体。波兰尼据此把人的活动划分为言语行为的概念化（conceptual）活动和非言语的身体化（embodiment）活动。外显的言语活动总是伴随着表现语言意义或情绪的身体支持行为，即使以沉思方式体现的内部言语也会有"思想者"的整体行为状态；反之，最原始和最简单的身体活动也会有相应概念化的判断赋予行为以目的、意义，或借助语言统合身体活动相关的情境。两者在人的活动中总是相伴相随，分别作为活动的两极构成活动连续统一体。

（3）知识连续统一体

意识和行为总是相关联的。意识连续统一体和活动连续统一体融合于人的认识活动之中，就产生了结果性的统一体：知识连续统一体。焦点意识通过概念化活动表现出来，形成外显的言传知识，显示出这样一些特征：精确分析，言语评价，阐述性的识辨，客观性的观察，知识者和被知者（主观和客观）之间有清楚的区别；附属意识与身体化活动相交合出现意会知识，显示出如下特征：直觉的发现，体验表达，微妙的识辨，主观性的体悟，知者

---

① 刘仲林. 波兰尼及其个体知识 [C] //中国现代外国哲学学会. 现代外国哲学（第5辑）. 北京：生活·读书·新知三联书店，1984：263.

② Michael Polanyi. Personal Knowledge：Towards a Post-Critical Philosophy. Chicago：University of Chicago Press，1962. preform.

和被知者要从联系的整体中作区别。① 两者作为知识的两极共生，所有的知识状态都包含着这两极因素的混合。如图 4-2 所示②。

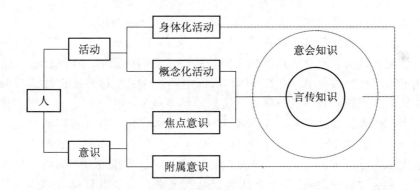

图 4-2 连续统一体与知识结构之间的关系图

上述关系图说明，任何知识都是意会知识和言传知识的统一，都具有主观的因素。即使在严密的科学实验过程中，也"有充足的证据显示，纵令使用高度自动的记录仪，我们也无法排除可能影响一连串读数的个人偏见"，可见，"知识的取得，甚至于'科学的知识'的取得，一步步都需要个人的意会的估计和评价"③。无论是人文社会科学领域还是自然科学领域，言传知识都只是飘浮在海面上可见的那部分冰山，支持它显露的是隐匿在水下的庞大部分——意会知识。不同科学领域知识结构的特性如图 4-3 所示。

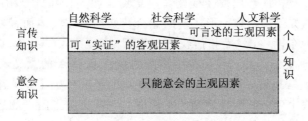

图 4-3 各科学领域的知识结构特性图

---

① 刘仲林. 认识论的新课题——意会知识——波兰尼学说评介 [J]. 天津师范大学学报（社会科学版），1983（5）：18－22.

② 这个图是以刘仲林图式为基础修改重构而成的。参见：刘仲林. 波兰尼及其个体知识 [C] // 中国现代外国哲学学会. 现代外国哲学（第 5 辑）北京：生活·读书·新知三联书店，1984：266.

③ 波兰尼. 意义 [M]. 彭淮栋，译. 台北：台湾联经出版公司，1981：34.

2. 意会认知（tacit knowing）

传统的理性认识论解决了可以用逻辑明确表述的言传知识的获得问题。对于只可意会不可言传的意会知识是传统认识论所无能为力的。对此，波兰尼提出了与传统逻辑认知截然不同的认知方式——意会认知。

（1）意会认知的基本结构

波兰尼认为，与意识连续统一体相对应，意会认知的基本结构由三个部分组成：支援性成分[①]、焦点目标和认识主体。认识主体对支援性成分的觉察构成附属意识，对焦点目标直接注意的结果就是言传知识。当认识主体把注意力的焦点放在某事物（焦点目标）时，必然存在一些与该事物相关（支持性成分）的"隐形"的意识，它们经由主体的整合而指归注意的焦点，从而获得作为支持者的意义——焦点目标。波兰尼把支援成分与焦点目标的这种关系称为"转悟关系"，意会认知就是支援成分与焦点目标之间的一种转悟，即转悟认知，如图4-4所示。

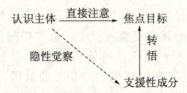

图4-4　意会认知的基本结构图

在意会认知的基本结构中，认识主体指向焦点目标与支援性成分的性质是不同的，一旦指向性质发生变化，注意焦点和支援性成分相应发生变化，原有的意会认知结构解体而形成新的意会认知结构。具体而言，"当我们注意某种另外的东西（B）而相信我们意知了某种东西（A）时，我们不过是对A的附带理会。因此，我们集中注意的东西B有A的意义，我们集中注意的对象B通常是可以辨认的。这两种类型的意识相互排斥：当我们转移我们的注意力集中到一直附带意知的东西时，它就失去了附带的意义"[②] 而成为另一认知结构体中的焦点目标。

（2）意会认知的运行方式

认知结构体何以能实现转悟？波兰尼提出了"内居"（dwell in）的运行方式。所谓内居，是指认知主体在意会相关支援成分的基础上与认识对象相

---

① 支援性成分是指与认识对象相关的各种辅助性内容，包括来自外部世界的各种线索或细节、自我身体的诸项机能，以及作为背景知识的各种以往的经验和理论。

② 波兰尼. 意义［M］. 彭淮栋，译. 台北：台湾联经出版公司，1981：2.

互融合的一种认知意境。在内居的意境中，认知主体融入认知对象、赋予认知对象主体属性的同时，认知对象也向主体归化，使主体获得对象的某些属性。"主体内居于对象体现为主体遵循支援意识的引导，投身于对象之中，与之'欢合神契'。反过来，对象内居于主体即表现为认识对象亦同化于主体，'成为'主体本身或'存在于'主体之中。"① 因此，内居实质上是认识主体客体化和认知对象主体化的过程，也是认识主体和对象关系从"我—它"到"我—你"，最后达到"我—我"状态的过程。

（二）后现代知识观

对现代知识观的批判贯穿着 20 世纪的西方文化思潮，在一定意义上，它是一场为当前的社会转型作理论准备的启蒙运动。波兰尼批判传统科学观还原主义、客观主义剥夺了事物的意义、否定了人的自身存在。沿着朴素唯物主义的认识路线提出的意会知识理论，确立了人的价值及其背景因素在知识形成中至关重要的地位。波兰尼的意会知识理论在西方历史上是独树一帜的，也是"令人吃惊和具有争议的"②。如果把波兰尼的知识理论比喻成一朵绚丽的浪花的话，那么，在知识社会学、科学哲学及之后一般哲学层面对传统科学观批判基础上，汇聚非理性主义等诸多源流、以福柯和利奥塔为代表的后现代知识观就好像是涌动的浪潮，以其恢宏的气势正在淹没着传统的知识观。

"随着进入被称为后工业化的年代以及进入被称为后现代的年代，知识改变了地位"，表现出许多新的特征："知识只有被转译为信息量才能进入新的渠道，成为可操作的。因此我们可以预料，一切构成知识的东西，如果不能这样转译，就会遭到遗弃"；"知识的供应者和使用者与知识的关系，越来越具有商品的生产者和消费者与商品的关系所具有的形式即价值形式"；③"每一个人都处于知识网络的一个环节上，都可以像以往专家那样行使自己的知识权力，接受知识、消费知识、转述知识、生产知识"④；"与人文社会科学的理论狂欢现象并列，前沿科研领域纷纷呈现中心消散、规律不齐、验证有限等非稳定随意态势"⑤，等等。

知识地位的改变引发了知识性质的转变，后现代的知识性质主要表现在

① 黄瑞雄. 波兰尼的科学人性化途径 [J]. 自然辩证法通讯，2000（2）：30—37，13.

② Brownhill R. J. *Education and the Nature of knowledge*. London & Canberra：Croom Helm，1983，P. 45.

③ 利奥塔. 后现代状态：关于知识的报告 [M]. 车槿山，译. 北京：生活·读书·新知三联书店，1997：1—3.

④ 石中英. 知识转型与教育改革 [M]. 北京：教育科学出版社，2001：45.

⑤ 傅永军. 后现代知识观与社会批判方法的知识学意义 [J]. 文史哲，2002（2）：17—18.

如下几个方面。

1. 文化性

文化性是相对于现代知识观的客观性而言的，意指知识与一定文化体系中的思维方式、语言符号、价值观念、生活方式、行为习惯以及信仰追求等直接相关。知识的文化性强调作为认识对象的事物或问题是认识主体选择的结果，也就是说，是认识主体的认识兴趣及其与认识行为相关的条件使认识对象从寂静的世界中显露出来。当进一步探询认识主体的兴趣及其相关条件的来源问题时，我们就会发现认识主体所处的社会背景及其文化的力量。个体是社会中的个体，体现着自身所处的文化境遇所决定的社会属性。从发生学角度看，认识对象是通过认识主体这一中介由社会的价值需要建构起来的，不可避免地涉入了人类文化的因素。由此可见，认识对象是基于认识主体对人类文化的内在理解而产生的，认识的过程就是认识主体内在的文化与认识对象的相互作用，作为其结果的知识在本性上是文化的，不是纯粹客观的。

2. 境遇性

境遇性相对于现代知识的普遍性而言，意指知识存在于一定时空内的价值体系、语言符号和理论范式等文化因素之中，知识的意义不仅取决于本身的陈述，同时也决定于知识所处的整个意义系统。知识的境遇性是文化性的逻辑衍生：既然认识对象是由社会的价值需要建构起来的，用于检验知识客观性的认识产品——证据就必然打上"历史—心理性格"——"不仅仅描述事件的客观状态，而且也表达了这种事件状态相关的某种主观的、神话的及被长期遗忘的观点"①，建立在可证实性基础上的普遍性是不成立的。

知识的境遇性表明，西方中心主义的知识态度和信念是客观主义知识观的产物。事实上，由于历史文化的差异，不同国家和民族都存在着合法性的知识及其意义体系，知识境遇性的不同标准造就了异彩纷呈的各种本土知识，这些知识是各文化区域的民族得以存在和发展的血缘系统，相互间具有互补性。因此，知识应该是多样的，文化也应该是多元的。

3. 价值性

价值性相对于现代知识的中立性而言，是知识的文化性在一个侧面上的反映，意指任何知识都是基于并满足于认识主体或社会的价值需要的，体现出一定的价值取向。具体而言，知识的价值性主要表现在三个方面：其一，进入知识经济时代，知识进入商品流通领域，价值的要求已经成为作为商品的知识生产的原动力；其二，知识本身蕴涵有一定的价值取向，社会人文领

---

① Feyerabend, P. K. Against Method: Outline of an Anarchistic Theory of Knowledge. Redwood Burn, 1997, P. 67.

域的知识是由历史文化性的概念和范畴陈述的由价值建构的事实；自然科学的知识也总是以方法性知识为前提寓示着一定的行为要求，也包含着一定的价值意义；其三，知识总是和权力有着千丝万缕的联系：知识标准的确定、知识传播的过程、知识价值的厘定都与学术权力、政治权力、经济管理权力密切相关。概而言之，知识是满足主体或社会的需要产生的，是为主体或社会服务的，没有了价值性，"知识"就只能是游离于主体与社会之外的自在的东西，也就失去了知识之成为知识的基本属性。

（三）知识观与体悟教育

后现代知识观与意会知识理论表征着当代西方知识观的主流图景：内在、开放、动态的知识本质观；多维、互补的知识价值观；积极内化、主动生成、合作建构的知识获得观。① 换而言之，当代知识观实现了以下一些方面的转变：一是知识的本质由绝对真理走向生成建构；二是知识的存在状态由公众知识走向个体知识；三是知识的属性从价值无涉转变为价值关涉；四是知识的种类由知识的分层趋向知识的分类；五是知识的范围由普适性知识扩及到情境化知识。②

知识与教育存在着内在的血缘关系，有什么样的知识观就会有什么样的教育观与之相契合。当代知识观对教育理念及其实践的转型是革命性的，从根底上颠覆了现代教育的理想。

如果现代科学知识不是"客观的""普遍的"和"价值中立的"，那么这些知识能否成为纯粹满足个体和社会发展需要的工具？在教育过程中要求学生毫无疑问地掌握、记忆、理解和应用这些知识是否导致了"偏见"的产生并依靠教育的力量使这种"偏见"合法化？以这种知识的掌握、记忆、理解和应用为标志的学生"个体发展"过程是否是一个"迫使"青少年学生不断地"遗忘"自己的本土知识体系和整个本土文化的过程？以这种知识的广泛传播为基础的"国家发展"的过程是否还同时隐含着使国家隶属于一个不断扩张的现代资本主义世界的过程？……人们不得不问：现代教育所要求的个体发展和国家发展究竟是什么意义上的"发展"？又要以牺牲哪些有价值的东西为"代价"？这种教育所追求的发展目标对于"个体的生命"和"文化的生命"究竟意味着什么？对于整个"人类的生命"又意味着什么？③

---

① 潘洪建. 当代知识观及其对基础教育改革的启示 [J]. 教育研究，2004（2）：56—61.

② 姜勇，阎水金. 西方知识观的转变及其对当前课程改革的启示 [J]. 比较教育研究，2004（1）：17—21，43.

③ 石中英. 知识转型与教育改革 [M]. 北京：教育科学出版社，2001：161—162.

　　这是知识客观化思维模式下线性教育秩序在社会转型过程中所出现的诸多问题，正是在人们的不断拷问下，"今日主导教育领域的线性的、序列性的、易于量化的秩序系统——侧重于清晰的起点和明确的终点——将让位于更为复杂的、多元的、不可预测的系统或网络"①——一种理性与悟性对立统一、逻辑与非逻辑交叠互补的混沌教育秩序。

　　一旦我们认识了教育秩序的混沌性质，逻辑与理性、非逻辑与悟性在教育秩序中的地位就有了合理化的基础。以此考察线性教育秩序所暴露出来的诸多问题，其实质就在于逻辑与理性的力量超越了自身合理的界域，无限制地左右或疏离价值世界，甚至肢解生命、禁锢生命的灵性。由此产生对"发展"的机械的、片面的理解也就不足为奇了。然而，看到问题的症结与解决问题之间却存在着无数需要跨越的鸿沟。其中，逻辑与理性、非逻辑与悟性两者界域的关系就是我们首先需要面对的。对此，波兰尼的意会知识理论和后现代强调的知识的文化性奠定了诠释的基础。

　　波兰尼的知识结构中，由焦点意识和概念化活动交互作用形成的言传知识与传统理性认识论相对应，遵循逻辑思维并依靠逻辑语言得到明确的表述，是言犹未尽的、简约化的。由附属意识和身体化语言交互作用形成的意会知识与意会（悟性）认识相对应，是非逻辑思维的产物，具有只可意会而无法言传的特点。虽然意会知识主要通过与言传知识建立相互的意义关系才得到外在的显现，但却先于语言和逻辑解释，蕴涵更为具体、深刻和本真的意境。以此观照教育，经由文本表达的课程内容是一种言传知识，其间的结构与关系具有逻辑性。课程的设置、标准的制定也是理性的。但是，课程的实施如果仅停留在"掌握、记忆、理解和应用这些知识"，理性认识就会在没有设防的情况下逾越"客观"的界域。波兰尼认为，人类的认知活动是建基于个体技巧上的意会整合，其中，意会认知是一切知识的基础和内在本质。文本课程知识只是以概念化形式表现出来的人类焦点意识，是我们看到的露在海平面之上的课程一角。课程还应包括潜隐在水面下大量的意会知识。当我们把意会知识纳入到课程实施的范畴，意会认知不仅成为同化科学知识的基本方式，更是顺应价值观、意义世界主要的认知方式。

　　后现代知识观关于知识性质的论述中，文化性是最根本的，境域性和价值性是文化性的派生。知识的文化性与意会知识不约而同地强调了知识主观性的一面，但两者也有区别：文化性偏重于知识的社会历史文化属性，意会知识则着眼于个体技巧与背景。知识的文化性阐明，课程除了文本知识、教育主体的意会知识（与教育主体所处的社会文化体系相适应）之外，还有第

---

　　① 小威廉姆 E. 多尔. 后现代课程观［M］. 王红宇，译. 北京：教育科学出版社，2000：5.

三个维度的知识，即与文本知识直接相关的历史源文化。三者呈现如下的关系。

图 4-5　后现代视域下的课程知识结构图

从性质上看，文本知识是逻辑的、客观化的言传知识；意会知识是非逻辑的、主观化的个体隐形知识；相关的历史源文化是指与特定言传知识的产生相关联的生产者及其当时社会的文化背景，由于涉及个体与社会两个方面，性质也就相应地介于文本知识与意会知识之间。课程实施意味着三个维度知识的意会整合，在整体上是一个悟性认知的过程，其结果是生成学生生命意义化的内在的知识体系——文化生命基质。当然，在悟性认知的观照下，文本知识间的逻辑关系作为知识整体化的链条是必不可少的，建立在这种关系上的理性认识是课程乃至教育范畴得以明晰、教育过程得以有组织、有秩序开展的必要条件，也是悟性认识能够不断深化所不可缺少的一个环节。

当代知识观不仅通过变革课程赋予教育实践以体悟的色彩，也在更高的层面转变着教育的思维方式，变革着教育科学的研究范式。20 世纪 70 年代以来西方的教育科学就已经开始由探究普适性教育规律转向理解情境化的教育意义：理论视野表现为从发现规律转向阐释意义，研究从科学实证论转向人文理解论。这是西方文化境遇下理性思维向悟性思维转向的表现。我国教育理论界的这一转变要晚得多，直到 20 世纪 90 年代才真正拉开帷幕。在理论准备上，当前我国与世界教育理念同步的教育改革步伐事实上已经超越了教育的意识形态，需要补偿“启蒙”的课程。但从历史文化角度看，西方科学文化进入我国是从近代社会开始的，成为现代社会的主流文化还不到一个世纪的时间，主客二分的西方思维方式在与中华民族的悟性思维方式的碰撞下，虽然极大地改变了学术领域的思维路线，却无法从根本上撼动几千年沉积下来的民族思维方式。因此，在我国的文化境遇中，教育思维及其范式的转向所遇到的阻力要小得多。在顺应世界教育变革的过程中，重要的是立足于自身的文化境遇，从中寻求教育意义。如此，以中国传统智慧的优势——悟性思维洞察教育就有可能达到西方“阐释”“理解”所不能达到的境界。虽然这项工作是如此艰难，但却是如此有魅力——它可能为世界呈现一种全新的中国化的教育理论。

三、相关的心理学理论

（一）人本主义心理学

人本主义心理学产生于 20 世纪下半叶的美国，它注重个人的主观经验、人类的独特性、人的意义、人的价值与尊严等人本身问题的研究。在方法论上，反对科学实证主义，主张运用整体分析和个案研究方法揭示人的内在世界。人本主义心理学的主要代表人物有马斯洛、罗杰斯、弗罗姆（Fromm，E.）、奥尔波特（Allport，G. W.）、罗洛·梅（May，R.）和布根塔尔（Bugental，J.）等。美国人本主义心理学会（AAHP）的第一届主席詹姆斯·布根塔尔指出："人本主义心理学的最终目标是准备全面地描述：作为一个人活着究竟是什么意思……这一种全面的描述将必然包括人类先天才能的一系列内容：他的潜在的思想、情感和行动；他的成长、演变和衰老；他与各种环境条件的相互影响……他可能有的经验的范围和种类；以及人在世界上的有意义的地位"[①]。从中我们可以检索出潜在、思想、情感、成长、演变、意义等与体悟相关的词汇，表明人本主义心理学已在一定程度上对悟性认知问题做出了理论的回答。其中，马斯洛描述的高峰体验就是展现在我们面前、体悟所能达到的顶峰意境。

"高峰体验"是马斯洛自我实现理论的延伸，是自我实现心理学的有机组成部分。马斯洛本人对这一概念也没有进行明确定义和界说，他只是对高峰体验作过一些断断续续的描述。从这些描述之中，学者们概括出一些共同特征，认为高峰体验是指处于最佳状态的时刻，感到强烈的幸福、狂喜、完美或欣慰的时刻；在高峰体验中，人能彻底消除与世界、与自然的二歧分离，从而更好地认识世界、自然与自己[②]；高峰体验时的人一般都觉得他处在自己能力的顶峰，觉得能最好地和最完善地运用自己的全部智能，并处在和谐一致的最佳状态；高峰体验来临前，他的认识和行动是较少准备、较少规则、较少预想的，表现为一种突然、新鲜和非习惯的状态；高峰体验时，他更多地是由内在精神的法规决定，而不被非精神的现实法则决定。精神内的我与精神外的其他不再是对立的，两者能够融合在一起；高峰体验时刻，表达和交流通常倾向于成为诗一般的、神秘的和狂喜的；高峰体验是自然而然地到来的，其中直觉产生作用，分类、判断、逻辑推理等理性特征被搁置

---

① 杜·舒尔茨. 现代心理学史 [M]. 杨立能，等，译，北京：人民教育出版社，1981：405.
② 田学红，刘徽，郑碧波. 马斯洛高峰体验学说及其对教学的启示 [J]. 浙江师范大学学报（社会科学版），2004（3）：86—88.

或被推迟。①

（二）建构主义认知理论

建构主义认知理论是人本主义心理学与科学主义心理学冲突与融合的产物，是理性与非理性的统一，对内部认知以及意义的理解、生成问题从理论上做出了比较系统的回答。它是当前心理学认知理论的主流，对我国的教育理论和实践有很大的影响。建构主义认知理论强调以下一些基本观点②：第一，在认知发展上强调社会文化历史的作用，特别是强调活动和社会交往在人的认知发展中的作用；第二，认知是进入某一实践共同体的文化过程，个人的认知加工过程受到社会和文化加工过程的影响，同时，个人的、内在的因素在认知过程中同样起着极其关键的和互补的作用；第三，世界是客观存在的，但是对于世界的理解和赋予意义是由每个人自己决定的；第四，认知是认知者主动建构内部心理表征的过程，它不仅包括结构性的知识，而且包括大量的非结构性的经验背景，强调在具体情景中形成的非正式的经验背景的作用；第五，认知的过程是主动生成对所知觉事物意义的过程；第六，认知是主体依据不断修正的有关世界的经验进行适应的过程，一切知识都是个体在认知过程中与经验世界对话中建构起来的。

（三）心理学与体悟教育

心理学能否为体悟教育提供支持？答案虽然是确定的，但支持的性质却比较特殊。在心理学界存在两大阵营，一是建立在实证基础上的传统心理学，二是非实证的心理学，如人本主义心理学、精神分析理论等。后者长期受到传统心理学的排斥，被拒之于"正统"心理学学术殿堂之外。然而，正是后者超越实证的范畴，心理学得以窥见更深邃的精神世界，其中的高峰体验更是为我们展现了悟性认识所能达到的无可言述的意境，为体悟教育提供了心理学领域的理论支持。就传统心理学而言，桑代克（Thorndike，E.L.）的格式塔心理学提出了学习顿悟说，瑞伯（Reber，A.S.）创设人工语法之后，内隐学习研究方兴未艾，西蒙等人则对直觉、顿悟、灵感进行实验研究，也是硕果累累。这些研究是在理性与悟性的交叠面上展开的，虽然为我们进入体悟教育理论的天地铺设了进阶的基础，但由于方法论的限制，它们却很难成为体悟教育的基础理论。

理性与非理性统一的建构主义之所以能够成为认知理论的主流，与它对科学主义心理学和人本主义心理学界线的融合与超越密切相关。它的认知建

---

① 马斯洛. 科学心理学 [M]. 林方，译，昆明：云南人民出版社，1988：44—45.

② 陈琦，刘儒德. 当代教育心理学 [M]. 北京：北京师范大学出版社，1997：98.

构观、意义生成观以其西方语境下特有的方式触及了悟性认识的过程和范畴，更重要的是它的理论路线警示我们：在研究悟性认识活动、看到主观意会、非逻辑思维的同时，也要看到客观对象的存在和逻辑思维在认识过程中的地位，认识是理性与悟性的辩证统一。忽视了这一点，体悟教育的研究就容易走向唯此为大的极端，或者走向神秘主义，陷入唯心主义的泥坑。

四、脑科学

20 世纪中叶以来，脑科学获得了许多研究成果，其中比较重要的有脑功能定位学说、脑部三分模型、全脑模型、脑机能系统学说、脑认知功能模块论、脑系统自组织说，等等。其中，脑功能定位学说和脑系统自组织说对体悟教育理论与实践的影响最大。

（一）脑功能定位说

1961 年开始，斯佩里和葛萨纳嘉（Gazzanaga，M.）合作进行了著名的"裂脑研究"，在获得大量实验成果的基础上提出了"脑功能定位说"。他们认为：大脑两半球是高度专门化的双重器官，每一部分控制不同的功能，并以不同的方式处理信息。大脑两部分由胼胝体联结起来，对大脑两半球信息进行协同处理。

"裂脑研究"的实验证实，"大脑左半球同抽象思维、象征性关系和对细节的逻辑分析相关，具有语言的、理念的、分析的、计算的能力，对大脑神经系统的控制积极主动，显思维功能强。大脑右半球与空间和知觉相关，具有形象的、绘画的、音乐的、综合的、几何——空间鉴别能力，当显意识停止，潜意识便活跃起来，潜思维功能强。后来，斯佩里的研究进一步发展了，认为大脑两半球虽有明显分工，但在功能上既各司其职，又彼此互补。人脑两半球相互配合，是一个相辅相成的、协调统一的对不同信息加工控制的复杂系统。"① 在斯佩利工作基础上，许多学者又经过深入的研究后形成如下看法，对于大多数人来说，左脑是处理言语信息、进行抽象思维或逻辑思维的神经中枢。它主管人们的语言、计算和逻辑推论，具有连续性、有序性、分析性、理论性和时间依赖性等特点；右脑则是处理表象信息、进行非逻辑的或形象化、直觉式思维的神经中枢，它主管人们的视觉及空间知觉、形象记忆、模式识别、身体感受、情绪反应（觉醒或梦境），具有不连续性、弥散性、整体性、操作性和空间依赖性等特点。如果将右脑的这些功能和特

---

① 罗杰·斯佩里. 分离大脑半球的一些结果［J］. 世界科学，1982（9）：1-4，64.

点进一步加以概括，则无外乎三个方面，即非言语、形象化和直觉性。"斯佩利于 20 世纪 60 年代初开始的裂脑患者实验所取得的结果，充分说明右脑半球虽在言语功能上不如左脑，但在一些非言语意识能力方面却远胜于左脑。故而左右脑的差异并非是一个绝对优势，而只是机能分工的不同或各有各的功能专门化（或待化）。斯佩利的实验结果之后为其他许多实验室重复并得到验证。"①

在 20 世纪下半叶，一些科学家开始对人的右脑产生了兴趣，并进行了大量的研究。他们依据研究结果，认为人的右脑与"创造""创新"有关，他们认为，人的右脑侧重于"视觉—空间"全方位、直觉式和情绪性思维。这些特征对于构成一个人的"无意识心理"及其富于创造性的思维能力，具有重大的意义，并由此提出要进行"右脑革命"。他们指出，人类几千年的文明史，实际上已经在思维方式上经历过"左脑革命""计算机革命"，现在正进入第三次革命即"右脑革命"。②

（二）脑系统自组织说

在脑功能定位说的基础上，近年来，脑神经学家们对神经元、突融机制和神经回路等方面的研究收效显著。经过大量的实验研究得出以下一些结论：第一，突融机制与人的复杂心理、意识、思维、各种行为都有直接关系。第二，脑神经突融的作用方式是复杂多样的；第三，神经回路不是单一的模式，神经回路的不同组合方式造成了各种不同的思维模式。"有的回路是收敛型的，它能不断摒弃一些次要的信息，把加工活动集中在主要的信息上。这类回路可能同人的抽象思维活动有关。有的回路是发散型的，这可能同人的联想思维或创造思维有关。有的回路会突然接通，这可能同人的灵感思维或直觉思维有关。"③ 神经元间突融接通方式是多样化的，其中，突跃式接通可能与人的灵感和直觉思维形式有关。一般地说，"灵感、直觉等思维发生的过程，都是大脑系统从无序走向有序的过程，这种从无序走向有序的机制就是自组织"④。

（三）脑科学与体悟教育

脑科学领域的这些研究成果是悟性认识、体悟教育坚实的生物学基础。

---

① 付世侠. 脑科学与创造性思维 [C]. //北京大学教务处编. 自然科学专题选讲. 北京：北京大学出版社，1997：237—238.

② 赵卿敏. 创新能力培养 [M]. 武汉：华中科技大学出版社，2002：4—7.

③ 车文博. 意识与无意识 [M]. 沈阳：辽宁人民出版社，1987：76.

④ 刘奎林. 灵感：创新的非逻辑思维艺术 [M]. 哈尔滨：黑龙江人民出版社，2003：210.

它们以科学实证方法发现了左右脑的不同性能与关系，一定程度上揭示了不同思维方式的脑神经机制，间接反映了悟性认识的一些基本的机理，论证了理性与悟性相辅相成、协调统一的认识系统结构关系。教育无疑是一种认识活动，必然呈现这一认识系统的结构关系。理性教育和悟性教育是教育认识中存在的两个极，理想的教育应该是两极的平衡。从人类三次思维方式革命的序列来看，最早的左脑革命浪潮早已平缓，目前正进入的右脑革命回荡着时代的强音，呼唤着基于右脑、开发右脑的教育意识及其实践。它与社会转型背景下的主流哲学观、知识论等聚合成为一股强大的力量，冲击着左脑革命的产物——单极的理性教育，使得悟性教育浮出水面，成为教育变革引人注目的一大生长点。

脑科学的研究成果不仅为体悟教育存在的合理性提供了理论基础，同时也在中观层面为我们理解体悟教育的机制、寻求体悟教育的路径指明了方向。例如，自组织理论涉及的脑系统有序化、神经回路的多样化等已经寓示着体悟教育理论与实践的一些有效思路：多样化信息的有序与整合、教育的非连续性，等等。总之，无论是以脑科学成果为基点解读体悟教育，还是以其他的视角阐释体悟教育，最终的观点或结论只有与脑科学研究成果相契合，所建构的体悟教育理论才可能具备成立的基础。

第 五 章

体悟教育的性质、功能及其地位

体悟教育是一种教育思想还是一类教育实践模式，抑或是一种教育方式？它是否归属于教育学原理的范畴？如果是，它与现有教育学原理的其他内容有什么样的关系？如果不是，它归属哪一门学科？这些基本理论问题取决于我们对体悟教育的性质、功能及其地位做怎样的理解。

第一节　体悟教育的性质

任何事物都不是孤立存在的，它们始终处于一定的关系之中。性质类似、关系密切的事物往往显示出共同的类属关系。因此，当考察某些具体事物的性质时，我们能够从其所属的类属关系中明确它们所具有的一些基本特性。根据其类属关系的不同，一个具体事物的特性可以划分为三个层次：其一是事物所属类的共同特性，属类中的下级在拥有上级特性的同时又具有自身独特的特性，如杨树归属于植物界、被子植物门、双子叶植物纲、杨柳目、杨柳科、杨属，具有相应界、门、纲、目、科、属的共同特性，当然，这些特性往往集中体现在直属类的杨属层次之中；其二是事物直属类某方面的特性，如教育的科学性质和理性特征、教育的人文性质和非理性特征等；其三是直接关系该事物的存在与否的、事物自身独具的特性，它可能是独立的、明确的，也可能是与该事物相关的某些特征的集合体，如传说中的龙、麒麟就是集相关动物特征于一身的事物。从与事物自身关系密切程度讲，第一层次是普通的特性，第二层次是主要的特性，第三层次是根本的特性，三者有如树木的枝叶、主干、根基，共同构成一棵性质之树。体悟教育同样具有上述三个层次的特性，本节重点论述其主要特性和本质特性。

一、体悟教育的主要特性

体悟教育的主要特性是从悟性认识维度考察教育从而表现出来的，这一特性主要包括以下一些方面。

（一）内在性

体悟教育的内在性主要表现为目标指向的主体精神和教育认识过程的内隐性。我们所能直接觉察的教育现象往往是言传性的文化传承，这也是教育自其产生以来人类最基本的自觉行为之一。另一方面，无论是在哪个历史时期，人类总是寄于教育以崇高的目标：培养理想的人。在古代社会是具有统治者所需要的德性的人，在近现代社会是偏重具有个性和科学智慧的人，在当代是兼具科学与人文素养的人。外显的文化传承与教育的理想目标之间存在着巨大的鸿沟——客体文化与主体精神之间的落差。但事实上，就教育的成果而言，我们总能在不同程度上跨越这道鸿沟。这说明教育现象除了能直接觉察的外显文化传承行为之外，还存在外显文化向主体精神的文化转悟活动，即体悟教育活动。从教育认识过程讲，转悟活动是在外部条件促发之下教育主体内部意识的整合融通。言传性的文化传承能够丰富主体的内部意识，良好的教育情境、丰富的实践活动和生活经验等却能给予主体深切的体验，引发主体的转悟活动。前者的认识过程是逻辑的、外显的，后者则是非逻辑的、内隐的。在这个意义上，体悟教育活动的形式是外显的、明确的，但内容可能是笼统的，过程是内隐或不明确的。也正因如此，体悟教育才可能通达不可言说的精神境界。

（二）意会性

意会性与内在性是相一致的，转悟的非逻辑性是体悟教育意会性的基础。从教育的转悟活动出发，教育活动之中的意会性表现为以下几个方面，(1) 教育者对言传知识的理解必然融入了自身的意会知识。文化传承不仅仅是客观文化的传递，也是教师对客观文化主观意会性理解的展现。尽管对意会性理解的表述是言不尽意的，但却能改变文化的客观性质，为文化的转悟创造条件。(2) 教育者对教育教学过程的理解有很大一部分是以经验的、心得体会的方式存在的，这种心得是意会认知的结果。(3) 受教育者对客观文化的理解是逻辑性的，对教育者意会性文化理解的理解则需要借助非逻辑的"心领神会"。两者的统一才能使文化成为主体的内部意识之后既具有丰实的内容，又具有生命的灵性。(4) 教育所追求的最高层次的理想——精神境界是难以分析和量化的，虽然可以通过行为得以间接反映出来，但即使对主体自身而言也是难以言表的。(5) 教育是一个从客在文化极走向主体精神极的过程。过程的前部分主要与客在文化的性质相协和，是一个逻辑理性认知过程，教育由此表现出科学的性质；后一部分与主体精神的性质相协和，是一个意会悟性认识过程，教育由此表现出人文、艺术的性质。事实上，教育领域具有意会特性的这些地方也就是体悟教育存在的现象学依据，也是体悟教育所涉及的基本范畴。

（三）创生性

体悟教育有别于科学认知教育的一个基本特征就是新质的产生。科学认知教育主要实现主体对客在文化的占有，更多地表现为量的增加。主体精神是一个质化的世界，不是文化量的累积和叠加。从客在文化量的积累到主体精神的形成是一个质的飞跃过程，其结果就是新质的产生。具体而言，教育者对客观文化的意会性理解、对意会性理解的展现是一种创生；受教育者对客观文化、对教育者意会性理解的理解是一种创生；教育者创设引发受教育者转悟活动的教育情境、选择引发受教育者转悟活动的教育形式是一种创生；主体（教育者和受教育者）的转悟活动及其认识结果更是一个创生的过程和产物。创新教育是时代发展的主题，本质在于文化的创生。体悟教育基于客观文化又超越客观文化，通过文化的创生形成具有创造能力的主体精神世界，使文化的创造成为可能。因此，体悟教育集中体现了教育的文化创新品质，科学认知教育则集中体现了文化传递这一基本的教育功能。如图 5-1所示。

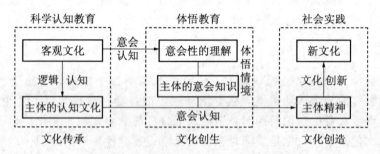

图 5-1　体悟教育的文化创生机理图

（四）个体性

自从教育进入以学校教育为表征的自为阶段以后，在群体性与个体性的张力作用下，教育呈现出钟摆的现象：统一化与个性化的迭变。教育过程中存在的两极——客观文化和主观精神是统一化与个性化教育的依据，说明在任何时候这两种教育取向必然是同时存在的。在科技进步成为社会发展标志的近现代社会，在普及教育的历史阶段，在主客分立的思维方式主导下，可操作化的量化指标反映着社会对教育的要求，并超越其合理的评价领域而成为衡量人的发展的基本尺度。这是建立在科学知识观基础上的唯理性教育所表现出来的主要特性之一。然而，进入 20 世纪 50 年代之后，适应社会转型的需要，波兰尼的个体知识理论、后现代知识观在颠覆唯理性教育基石的同时，也推进着教育的重心更趋近主观精神的一极。当前，统一化、普遍性的逻辑理性教育正逐步成为个性化发展的基础，在主客统一的思维方式下，通过文化的个体生命意义化、营建主体丰盈的精神世界，促进每个学生的全人发展成为教育追求的目标指向。这正是建立在当代知识观基础上的体悟教育所表现出来的主要特性之一——个体性。

具体而言，体悟教育必然涉及主体的意会性文化理解、意会知识及体悟情境等方面的因素。体悟教育是在体悟情境的激发下，意会知识与客在文化相互作用而产生的悟性认识过程。其中，教育者创设的体悟情境可能是面对群体的，但并不对每个群体成员作统一的情境性要求。事实上，对于置身于其中的个体而言，教育者所创设的情境中起作用的因素是不确定的。个体对体悟情境具有无意识的选择性。其次，意会知识与客在文化的契合决定了与客在文化相关的意识内容的个体性。再次，悟性认识过程所涉及的悟感、融通及其认识结果更是因人而异、各具特征。从不同角度看，它们反映了前面述及的内在性、意会性和创生性，体悟教育的个体性正是这些特性的概括在教育指向上的表现。

二、体悟教育的本质特性

本质特性也称根本特性，"由于它直接表征事物，人们时常干脆把它叫做事物的本质"①。在事物的诸多特性中，普通和主要特性还能通过事物存在的现象不同程度地显现在人们的面前，本质特性则深藏在事物的最底层，有些本质特性甚至不能通过语言得到明确的概括和言表。

（一）把握体悟教育本质特性的思路

本质特性是性质之树的根基，是主要特性得以同时并存于该事物的基础，或者说，是普通特性和主要特性这一集合体的高度概括。基于这一认识，融合体悟教育的普通和主要特性可以作为把握体悟教育本质的一个基本思路——综合概括。

沿着这一基本思路考察体悟教育的主要特性，我们就会联想到这些特性的获得是从悟性认识维度审视教育的结果。在认识论领域，与悟性认识相互对立又相互统一的范畴是理性认识。前者的机制目前还是一个"灰箱"，后者是西方传统哲学以及近现代科学合法的工具，在教育领域长期以来一直处于不可动摇的霸主地位。因此，从理性认识维度审视教育的结果——科学认知教育的主要或本质特性要容易得多，甚至可以获得不言自明的"公理"。从类属关系看，科学认知教育与体悟教育相并列，是教育认识论的两个相辅相成的基本范畴，两者的性质也存在互补、对应的关系。因此，依据类属事物间的性质关系，通过比较法从科学认知教育的本质反观体悟教育将有助于我们更准确地概括体悟教育的本质。由此形成第二条思路，即比较反正。体悟教育的本质将在两条思路的交汇处展现在我们的面前。

（二）体悟教育的本质特性

体悟教育分享教育所具有的共性（普通特性），也拥有悟性认识所具有

---

① 胡德海. 教育学原理［M］. 兰州：甘肃教育出版社，2006：9.

的性质（主要特性）。体悟教育的本质特性应该是对这两方面的高度概括。

体悟教育的普通特性源于教育的本质。古今中外诸多的教育思想家对教育本质的论述观点纷繁。例如，捷克教育家夸美纽斯认为教育在于发展健全的个人；瑞士教育家裴斯泰洛齐认为教育是人类一切知能和才性的自然的、秩序的、和谐的发展；美国教育家杜威认为教育是经验不断的改组或改造；我国教育理论界从教育本身质的规定性出发，提出如下几种主要的观点："教育是培养人的一种社会实践活动""教育的本质是传授知识或传递社会经验的工具""教育的本质是促使个体社会化"①，等等。这些论述都没有逃脱客体文化（人类种族文化生命）到主体精神（人类个体文化生命）的两极走向，只不过是走向过程中的选点或表述方式不同而已。夸美纽斯及其培养人的教育本质观关注个体的文化生命一极，文化传递、个体社会化本质观倾向于关注客体文化一极，裴斯泰洛齐、杜威等人则关注走向的整个过程。依据认识机制的不同，我们把接近客体文化一极的教育存在称为科学认知教育（或称逻辑理性教育），把趋近主体精神一极的教育存在界说为体悟教育（或称意会悟性教育）。那么，个体社会化或文化传递就反映了科学认知教育的根本特性。文化传递作为科学认知教育的本质特性是师生关系的双重主体性、教育内容的文化性等普通特性，以及外在性、客观性、逻辑性、继承性、普遍性等主要特性的概括。体悟教育除了与科学认知教育有着共同的普通特性外，增加了内容的精神性，主要特性与之呈互补状态，表现为内在性、主观性、非逻辑性、创生性、个体性。考虑到科学认知教育与体悟教育类属的并列关系以及前者根本特性的表述方式，对体悟教育诸多特性进行概括，体悟教育的本质特性已是呼之欲出——文化转悟。

文化转悟传达了这样一些意蕴：（1）"转"表征着客体文化、主体结构性文化向主体精神的转化过程，蕴涵着教育活动中双重主体的存在；（2）"悟"概括了悟性认识在教育存在中表现出来的各种特性；（3）文化传递与文化转悟构成教育两极走向的一个完整过程。

第二节　体悟教育的功能

功能是"有特定结构的事物或系统在内部和外部的联系和关系中表现出来的特性和能力"②。一方面，任何事物的存在都必须具备维持自身特定结构的能力，即事物的内部功能，如光合作用通过叶绿体利用光能把二氧化碳和

① 胡德海. 教育学原理 [M]. 兰州：甘肃教育出版社，2006：219—220.
② 辞海编辑委员会. 辞海 [Z]. 上海：上海辞书出版社，1999：1464.

水合成有机物，贮存能量，释放氧气，呼吸摄入氧气，分解有机物，呼出二氧化碳。它们是绿色植物的内部功能；另一方面，任何事物的存在也必然对相关事物产生一定的作用，即事物的外部功能，如绿色植物对气候的影响等。教育并非实体的物，是一种表现为活动形式的关系体。教育的本质就是这一关系体的根本特性，它在关系体存在中所体现的作用称为教育的本体功能（内部功能）。教育这一关系体中也涉及某些自身具备独立存在条件的事物，如文化、人等，通过关系体的内部运作必然对这些事物的独立存在发生影响，我们把这种影响作用称为教育的基本功能。此外，教育是社会的子系统之一，与政治、经济等子系统必然存在着某种关系并对它们产生作用，这是经由教育本体功能、基本功能的实现而发生的，因此是一种派生功能（外部功能）。

同理，体悟教育也具备维持自身存在的本体功能、影响内含事物独立存在状态的基本功能。问题是体悟教育存在派生功能吗？当我们沿着教育功能的思路考虑这个问题时，首先想到的是体悟教育的外在价值和外部功能，即对其并行的子系统——科学认知教育，或上位系统——教育的作用。就教育系统中的应然地位而言，体悟教育引发了科学认知教育与主体生命间的张力，确保科学认知教育系统的生命活力；就当前教育系统状态而言，在科学认知教育回归其合理存在范畴的过程中，体悟教育凸显教育改革的理念，优化教育系统结构，有助于端正教育思想，推进教育改革的不断深化。这些是我们能够认识到的体悟教育的一些派生功能，但基于以下理由，它不是我们研究的重心：体悟指向主体的内部世界，体悟教育立足于教育的内在价值。因此，体悟教育的思维方向是向内的，这里重点介绍其本体功能与基本功能。

一、体悟教育的本体功能

文化转悟是体悟教育的本质特性，它通过文化的生命意义化表征着体悟教育的存在。

把体悟教育看成是一个关系体，内含的主要因素有教育者的文化生命、受教育者的结构性认知文化及其已有的主体精神（德性与智慧等）、教育情境等。其中，受教育者的结构性认知文化是科学认知教育的结果，能够通过"是什么""怎么样"和"为什么"等语言陈述方式反映大众普遍认同的文化（主要见之于文本、电子媒体等载体之中的客观性外显文化）。例如，从进幼儿园或小学开始，教师就教育我们要热爱党、热爱祖国、热爱人民，随着涉猎更多的文化知识，我们也懂得了为什么以及该怎么样去做。但是，一个不争的事实是内心所想以及现实的行为与上述认识往往会有不同程度的差异。

导致这一现象的根本原因在于我们只是"懂得",只是占有了知识或观点。这就是结构性认知文化。一个人的文化生命如果仅仅停留于结构性认知文化,那就意味着他还没有成为独立的个体,或者说,他还没有"成人"。教育者的文化生命力作为一种外部力量,通过期望、关心以及创设教育情境等途径能够在一定程度上促进结构性认知文化的主体生命意义化,但这一转化的过程是体悟性质的,指向可能是不确定的,归根到底取决于主体文化生命成长的内在需要。文化的生命意义化作为体悟教育的本体功能不仅潜含着教育者的文化生命力,更彰显着主体文化生命的永无止境的不懈追求,同时也把其他的因素纳入主体生命活力的提升过程之中,使之成为一个有效的关系体,也就是我们所探讨的体悟教育。

二、体悟教育的基本功能

与教育关系体一样,文化与生命是体悟教育内含的两个具有相对独立性的事物。对文化系统和生命系统所具有的作用就是体悟教育的基本功能——创生文化和润泽生命。

(一)生成意义、创生文化

预设与生成是教育活动中一对永恒的范畴。在宏观层面,教育肩负着履行人类种族文化延续的使命,是一种预设,需要预先明确规定教育的最终结果——教育目的(或目标),需要筛选进入学校教育视野的文化——教育内容,并以课程的形式体现出来,在课程实施的过程中更需要进一步通过教学设计确保文化个体化的有效性。教育是一种理性的预设,不仅体现了教育活动的组织性、计划性、系统性和普遍,同时也意味着辩证地看待教育的个性化问题,在思想观念上认识到教育中非理性的一面,并通过质性的预设体现出来。例如,2001 年的《基础教育课程改革纲要(试行)》提出知识与技能、过程与方法、情感态度价值观三维课程目标,理性地看到并规定了个体生命非理性成长的重要地位。事实上,当我们说教育是一种预设时,往往会有两种言之成理的理解:一是与教育目的、教育取向和途径相关的宏观质性预设,如全面发展的人、素质教育、教育生活化或情境教育等。质性预设关注全局的结果及过程的状态;二是与教育内容、教学过程、认知目标相关的中、微观的操作性预设,如课程内容、教学设计等。操作性预设追求预设内容的明确性、可执行性,可以通过量化指标衡量预设的达成度。显然,宏观质性预设是操作性预设的上位概念。在逻辑关系上,宏观质性预设的下位概念还应该包括非操作化预设(中、微观的质性预设,比如,确立情感态度价值观维度的课程目标、设置综合实践活动和综合性学习等课程、提倡反思性教学，等等），如图 5-2 所示。

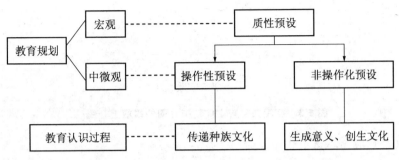

图 5-2 教育的预设与教育认识的关系图

预设是对教育活动的规划。教育活动的展开是一个认识的过程。与中微观两种性质的预设相对应，教育认识过程分别倾向于种族文化的传递和意义、主体精神的生成。前者诉诸于科学认知教育，后者诉诸于体悟教育。

生成意义是文化个体生命化的关键，是体悟教育文化功能的第一个层次。文化连接着物质世界和精神世界，但只有关涉主体，文化才成为现实的意义世界。主要以语言、文字或图画等符号表征的文化作为一个意义系统进入主体世界，意谓扮演着分界的角色。在一定的历史、民族和地域的背景下，文化系统中必然存在着共性的意谓，有些甚至是在不知不觉的过程中约定俗成的。它与符号、意指组成群体的文化意义系统。科学认知教育的功能是使个体了解、掌握这一套群体意义系统。体悟教育借助意会知识的参与，生成个性意谓，从而在科学认知的基础上进一步把它转化成为个体意义系统，完成文化的个性重建——个体意义化。

人类进步的主要标志是文化的进步，文化又是人类精神世界的外化。因此，人类进步的实质是精神世界永无止境的演进。精神世界的存在是以个体生命为载体的，人类精神世界的演进通过代际个体文化生命的不断完善表现出来。这样，文化与精神世界之间就不能仅仅是等量的内化与外化的平衡关系，更需要一种超越的机制，即生成与创新。生成意义实现文化的个体意义化，融合意义实现个体主观精神世界的提升，这就是基于文化又超越文化的体悟教育过程。

文化的进步源于人类精神世界的不断提升。文化与人类精神世界内蕴质量的落差需要由体悟教育给予消弭，这是一个创生潜在新文化的过程，是体悟教育肩负的历史使命。从反向路径看，在社会实践过程中，人类精神世界的外化实质上是潜在新文化的外显与群体认同。体悟教育与社会实践构成了文化与精神世界之间的正反回路，在人类追求完满生命的过程中，循环往复、螺旋上升。如图 5-3 所示。

图 5-3　客观文化与主体精神之间的螺旋上升图

（二）放飞心灵、润泽生命

体悟教育润泽生命的基本功能源于悟性认识的性能。人类在长期进化过程中形成了在性能上理性与悟性司职明确但又互相谐和的左右脑生理结构，并通过生物遗传的形式赋予个体自然生命同化种族经验、形成主体精神的物质基础。悟感是右脑生理结构的性能，是生命的底蕴。正是悟性认识使右脑性能得以现实化，完成文化知识结构向主体精神境界的转化。没有了客观文化，个体潜在的文化生命将无法现实化，脆弱的自然生命将失去生存的能力；但是，有了丰硕的文化成果，如果没有了悟性认识，个体的生命也只能是涟漪不起的一潭死水。随着信息技术的进步，计算机智能程度越来越高，虽然它能够替代大量人脑显思维的工作，但也只能局限在逻辑的范畴。悟性思维（潜思维）是机器永远不可取代的，也是人之为人的灵性所在。

理性与悟性是人类个体自然生命所具有的潜能。历史上出现过的诸多"兽孩"的事例说明，本能之发展和成熟只局限于自然生命，其中蕴涵的人的潜能不可能自我现实化。从人的复合性质看，自然生命所具有的理性与悟性潜能的现实化过程是个体生命的"第二次出生"——生成文化生命。与自然生命一样，文化生命也需要通过遗传方式（基于理性能力）获得，所不同的是前者通过生物遗传，后者通过"社会遗传"。其中，逻辑认知教育是"社会遗传"的最有效途径。然而，从时间的维度审视人的自然生命和文化生命，两者进化速度的差异却是非常显著的。"在人类进化中，人类的基因已经放弃了它们的首席地位而让位于一种全新的或曰超机体的力量，这就是文化"[①]。我们在百世千秋的时域内很难察觉到人类自然生命的些微变化，却能在上下代沟中看到文化生命的巨大差异。是什么原因导致代际文化生命间如许的落差？仅用"社会遗传"显然是难以圆满解释的。人类种族的文化基因在几十年内会有变化，但不至于造成代际文化生命间的显著落差。另外，

---

① 杜布赞斯奇. 进化中的人类［M］//胡德海. 教育学原理. 兰州：甘肃教育出版社，2006：157.

文化生命如果仅通过"社会遗传"获得，同一文化背景下的同辈个体间就会得到相同的文化基因，就会出现文化生命的同一性。事实上，可以遗传的文化基因只是经过历史检验，已为人类群体普遍认同并认为有价值的历史文化，那些与个体现实生活休戚相关的、正在经受检验的时代文化因为没有进入文化基因的序列，不能通过纵向的遗传方式获得，只能通过个体与时代文化的横向互动，在切身体验、自由选择的过程中获得相关的经验。至此，个体通过历史文化的纵向遗传和时代文化的横向互动，把自然生命中的理性潜能现实化了，似乎已形成了文化生命。但悟性潜能呢？雅斯贝尔斯说，"教育的原则，是通过现存世界的全部文化导向人的灵魂觉醒之本源和根基，而不是导向由原初派生出来的东西和平庸的知识（当然，作为教育基础的能力、语言、记忆内容除外）。"① 在此，雅斯贝尔斯"把文化看做生命发展的有价值的资源，滋生智慧，孕育精神、人格，提升生命的意义和价值"②。这个过程涉及并完成了悟性潜能的现实化，也只有经历这一过程，文化生命才真正形成，生命体才真正成为人。

体悟教育是引发主体悟性潜能展现的活动，也是放飞心灵、润泽生命的艺术。首先，理性潜能赋予了生命认识外部世界的能力，并为生命的发展提供了逻辑、有序的轨道；悟性潜能（悟感）指向主体的内部世界，赋予心灵自由的空间，使生命得以摆脱逻辑秩序的束缚。其次，悟感的激发、体悟的发生来自于主体意识的水到渠成，外部的任何强制和规范都可能堵塞汇流的通道。体悟与思维定式、逻辑思辨无缘，往往与闲适状态下的"不经意间"达成默契。再次，体悟通达的意象或境界具有生发功能，能够自由驾驭主体的自我生命。如果我们把体悟教育看成是一种理念，那么，"教育活动关注的是，人的潜力如何最大限度地调动起来并加以实现，以及人的内部灵性与可能性如何充分生成，质言之，教育是人的灵魂的教育，而非理智知识和认识的堆集"③，如果把它视为一种教育实践，那么，我们就会发现，它关注意会知识及其存在的场域，重视主体的反思及其不同的见解，倡导亲身实践及其感性的经验。简而言之，体悟教育释放、张扬主体的灵性，赋予文化生命成长的自由空间和选择权，使主体精神回归本真的状态而呈现真实的、斑斓多彩的生命。它与科学认知教育相谐和，既有不竭的文化"水源"，也开辟了径流汇融的通道，最后抵达水天接合的生命之海。

---

① 雅斯贝尔斯. 什么是教育［M］. 邹进，译. 上海：上海三联书店，1991：3.
② 冯建军. 生命与教育［M］. 北京：教育科学出版社，2004：162.
③ 雅斯贝尔斯. 什么是教育［M］. 邹进，译. 上海：上海三联书店，1991：4.

第三节　体悟教育在教育学原理中的地位

　　体悟教育在教育理论中的地位是一个关乎体悟教育理论研究必要性的问题，或者说是一个理论存在状态问题。体悟教育是基于教育作为一种认识现象和心理现象的性质观而提出来的，虽然在现有的教育学学科结构体系中还没有其存在的空间，但不同的教育学科只要涉及认识现象就必然涉及体悟教育。在高等、中等、初等、学前教育学等部门教育学，语文、数学教育学等专业教育学①，以及教育哲学等理论教育学诸领域表现得尤其突出。从归属层次上看，上述诸多学科的关联说明体悟教育理论范畴归属于部门、专业教育学的上位更综合的理论教育学科——教育学原理。

　　体悟教育在教育学原理中的地位意指体悟教育在教育学原理中所处的位置及其相应的作用，这种地位在以下几个方面有所表现。

一、体悟教育与教育学的学科性质

　　教育学通常也被称为教育科学。其中"科学"一词是在自然科学、社会科学、人文科学等概念同时成立的层面上而言的，是一种广义的理解。虽然如此，学术界对科学概念广义层面的理解依然存在分歧。德国学术界对科学的理解是最宽泛的，1786 年康德给科学下了这样的定义："每一种学问，只要其任务是按照一定的原则建立一个完整的知识系统的话，皆可被称为科学"②。在词源学上，科学一词的德语是"Wissenschaft"，本义是指在特定领域的研究性、创造性的认识活动。英、法、美等国对科学的理解与经验主义、实证主义哲学理路相关，"science"一词具有一种经验和分析的内涵。《美国科学双解词典》将"science"一词界定为：对现象进行观察、认知、描述、实验性的研究及理论上的解释。在我国，对科学的理解在不同场合会有不同，如"倡导科学"和"科学态度"中所指的科学范畴就分别与德语和英语中的理解相对应。学术界还有一种介于两者之间的理解，即把科学看成是追求真理的学问。无论是哪一种理解，教育与科学之间的归属关系长期以来一直是仁者见仁、智者见智的问题。马卡连柯、皮亚杰等人对此持谨慎的

---

　　①　"部门教育学""专业教育学"的提法来源于胡德海先生的《教育学原理》，参见：胡德海. 教育学原理［M］. 兰州：甘肃教育出版社，2006：34.

　　②　康德. 自然科学的形而上学起源［M］//汉斯·波塞尔. 科学：什么是科学. 上海：上海三联书店，2002：11.

态度，认为"教育学是最复杂、最灵活的一种科学，也是最复杂、最多样化的一种科学"①，是一门"大致十分困难的科学"②。历史上也有不少的教育家对教育的科学性质持否定的态度。夸美纽斯宣称《大教学论》阐明"把一切事物教给一切人类的全部艺术"③；康德认为，"教育是一种艺术，这种艺术的实践必须经过许多世代才趋于完善"④，马卡连柯和乌申斯基（Ushinsky, K. D.）进一步解释道，教育是"一切人类艺术中最困难和最重要的一种艺术"⑤，教育学则是"一切艺术中最广泛、最复杂、最崇高和最必要的一种艺术"⑥。之所以对教育学性质的认识会有这么多的分歧，根本原因在于教育学是一个跨界性的学科群，站在社会的界域从外部看待教育，教育学表现出社会科学的性质，同时，其中的教学法、教学手段等分支还具有自然科学性质，教育规律自然成为认识主体探寻的目标；站在教育领域内部领会教育，人们首先觉察到的是认识现象或心理现象，觉察到教育不仅仅是认识外部世界，更重要的是，教育必须深入人的内部世界。理性是照亮外部世界的指路明灯，但却不能透入人的内部世界，通达人的内部精神世界必须通过体悟。

"教育学原理实际上有如教育现象、教育理论领域的'哲学'"，"是对人类有关教育的一切理论成果进行抽象、概括而形成的"，"具有哲学所具有的那种宏观的特性和统观全局的性格"。⑦ 这种性格源于教育学原理高度的立位，俯视的眼光摆脱了平面看待教育时视野的局限性。可是，教育学原理虽然肯定健全的教育过程是科学过程与人文过程的统一，肯定科学与人文构成教育的双重本质，但目前的教育学原理大多是科学逻辑的知识体系，偶然涉及的内部世界最多也只能停留在心理学的层面，人文的本质、悟性认识的现象几乎难觅踪影。究其原因，一方面源于现代科学知识观的泛化，科学的教育学成为近现代教育学学科建设不懈追求的理想；另一方面，相对于教育的客观规律，教育过程中认识主体对内部世界的洞察与感悟往往是如此的微妙，以至于难以用语言清晰地表达出来，更不用说提炼出大家普遍认同的观

① 马卡连柯. 论共产主义教育 [M]. 刘长松，杨慕之，译. 北京：人民教育出版社，1955：238.

② 皮亚杰. 教育科学与儿童心理学 [M] //：胡德海. 教育学原理. 兰州：甘肃教育出版社，2006：15.

③ 夸美纽斯. 大教学论 [M]. 傅任敢，译. 北京：人民教育出版社，1984：1.

④ E. F. 巴克纳，编译. 康德教育学说 [M] //：胡德海. 教育学原理. 兰州：甘肃教育出版社，2006：15.

⑤ 杜威. 杜威教育论著选 [M] 赵祥麟，王承绪，译. 上海：华东师范大学出版社，1981：12.

⑥ 张焕庭. 西方资产阶级教育论著选 [M]. 北京：人民教育出版社，1979：506.

⑦ 胡德海. 教育学原理 [M]. 兰州：甘肃教育出版社，2006：33.

念或知识了。认识主体对内部世界的把握带有主观意会的特点，现代科学知识观则要求教育学原理所呈现的观念或知识体系是清晰的，具有可传达性，面对两者的冲突，教育学原理选择科学的取向也就不足为奇了。

教育学原理真的无法触及主体的内部世界吗？事实上，近些年来的一些学术研究及其成果对此已经做出了回答。叶澜的新基础教育实验、李吉林的情境教育理论与实践以及教育生活化、教育生命化、教育教学生成研究等为教育学原理深入主体的内部世界奠定了基础；加拿大马克斯·范梅南的《生活体验研究——人文科学视野中的教育学》、朱小蔓的《情感教育论纲》、熊川武与江玲的《理解教育论》等一系列著作虽然没有形成完整、抽象的教育学原理体系，却以不同方式告诉我们，研究内部世界的形成并在一定程度上通过语言文字的形式呈现出来是可能的。不仅如此，在我国已有的教育学原理方面的著作中，教育部学位管理与研究生教育司推荐的研究生教学用书、胡德海教授著作的《教育学原理》，凝结着作者半个世纪对教育学的沉思和领悟，从字里行间透射出作者内心深处涌动的教育哲理，完全摆脱了以条目呈现"规律"并加以论证或解释的学术取向。或许读者仔细研读之后已忘了其中的具体内容，但其间的感悟与思索却能融入读者的生命情怀之中。

简而言之，体悟教育宏观理论研究以认识主体自身对教育的体验和感悟为起点，指向教育活动中的体悟过程，试图辨认教育悟性认识中存在的共性，探明体悟教育的理论问题，体现了教育学原理人文性质和非理性一面的要求，也是教育学原理统观全局的性格的展现。

二、体悟教育的定位

教育学原理科学与人文的双重本质及其统观全局的性格决定了教育学原理的多重性质，也由此决定了体悟教育在教育学原理中的地位。

在人类历史的不同发展阶段，教育理论的性质存在着很大的差异。人类社会的发展史就是一部人类文化的进化史。教育作为人类文化遗传和创生的基本方式，既是人类文化延续和发展的基础，也是文化进化客观要求的结果，二者呈现互动建构的关系。从存在方式上讲，文化可以依次划分为物质文化、制度文化和精神文化。精神文化的发展从低到高又可区分为宗教文化、科学文化和艺术文化三个阶段。三种文化在不同的历史阶段以各自不同的成熟态势凝聚成相应的文化模式，分别对应自在教育、人文教育、科学教育和生命教育，教育理论研究也相应地经历了从无到有、从经验描述与反思到揭示教育规律、探寻教育意义的过程。如图 5-4 所示。

20 世纪 50 年代之后，西方开始进入后工业社会，预示着信息社会的来临。在此背景下，科学主义受到人本主义、后现代主义的强烈质疑和尖锐批

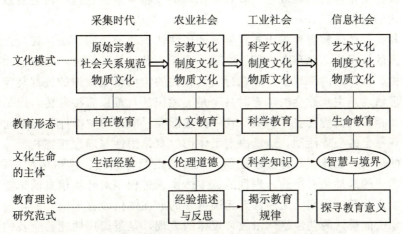

图5-4 文化进化与教育形态、教育理论之间的对应关系图

判，面对科学的进步与生存境遇的恶化，人类开始意识到普遍性的伦理道德、科学知识作为文化生命的主体所具有的局限性，智慧与境界成为个体文化生命的更高追求。与此同时，教育的逻辑起点也渐由外部世界的社会文化转向内部世界的个体文化生命；教育的研究范式逐渐冲破探究教育规律的单一指向，聚焦于寻求情境化的教育意义；教育理论不再仅仅陈述客观、单调的教育规律，生命的律动呼唤着"意义"的气息。

　　教育学原理既要揭示并陈述教育规律，也要展现教育意义，这是当代教育学原理的历史使命。前者是沿袭科学的轨迹，是逻辑理性的产物，后者则潜隐主观的意会和无言的感悟，离不开悟性的思维。两者的关系问题直接决定着体悟教育在教育学原理中的定位。为此，首先需要明确以下两点。

　　首先，教育学原理有如"教育现象、教育理论领域的'哲学'"①，是对人类教育的一切理论成果最基本的概括和总结。西方哲学，无论是主客二分的传统哲学还是20世纪盛行的非理性主义都是逻辑理性的结晶。中国古代哲学则是悟性建构的产物，是对"混沌"世界直觉的洞察。近现代科学的进步不仅揭开了物质世界无数的奥秘，也洞悉了人自身的许多问题，展现在人类面前的世界变得越来越清晰和明确了，现代中国哲学也走上了理性建构的道路。事实上，古代先人的生活大都是自在、经验化的，不需要哲学的慰藉；现代人在追求生活质量的过程中则离不开哲学理性的关怀，它要求哲学走向大众化。作为教育理论领域的哲学，在理性光芒的照耀下，教育学原理不仅对其他分支教育学科具有普遍的指导意义，也需要以教育观的形态走向

---

①　胡德海．教育学原理［M］．兰州：甘肃教育出版社，2006：33．

每个教育工作者。这就规定了教育学原理必须符合理性建构、普遍有效、言传通达的基本要求。

其次，体悟教育聚焦于教育领域的悟性认识现象，同时也存在理性的诉求。人的认识活动总存在内部思维和外在行为及相关的情境，心理活动如果可以称为认识的内部现象，外在行为及相关的情境就是认识的外部现象。悟性心理活动是主观意会的，有时甚至是无意识的，难以直接言传，但是外在行为及相关的情境存在"事实"这一描述标准，描述的"事件"能够间接传达主观意会的心理活动。这就决定了体悟教育是悟性与理性相辅相成、对立统一的活动。在体悟教育实践层面，教育者的目标指向、体悟情境的创设、教育形式的选择是有序的、理性的；主体认识过程中对环境信息的选择、体悟的发生及其过程则是无序甚至无迹可寻的。在体悟教育理论层面，透过外部现象所能辨认的共性是体悟教育规律的表现，是逻辑理性能够企及的，成为体悟教育理论研究的主要内容；无法辨认的内部现象是教育意义所在，只有借助经验或事件描述的方法才能间接传达教育意象，或者直接给予读者自我理解的教育意象。通常情况下，经验描述或总结处于教育理论研究最浅层的方法，但在体悟教育理论中，它既是最浅层的，也是最深层的方法。

以教育学原理的理性品质审视体悟教育，两者呈现包容与交叠的逻辑层次关系。

（一）教育学原理包容体悟教育

首先，理性的教育学原理肯定教育活动过程中认识主体体悟心理现象的存在，是教育学原理关涉的领域之一。

其次，体悟教育理论是对体悟教育内外部现象描述与理解基础上共性存在的辨认与提炼，具有一定情境条件下的普遍性，是教育学原理的基本内容之一。换句话说，体悟教育理论是认识主体对体悟教育悟性认识基础上的理性梳理，是一种情境意义化的"教育规律"。两者的包容关系可用图 5-5 表示。

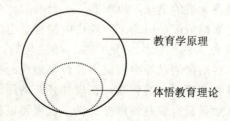

教育学原理

体悟教育理论

图 5-5　体悟教育理论与教育学原理的关系图

最后，体悟教育理论契合了探寻教育意义的研究范式，促发教育学原理的理性遇合悟性，有可能推动教育学原理开创出全新的局面。

（二）体悟教育是架通教育学原理与教育实践的桥梁之一

教育学原理来源于教育实践，是对教育现象的抽象。但是，以探究教育规律为己任的教育学原理一旦形成，经过逻辑演绎与体系建构的理论形态就有了独立的自我建构能力。在追求普遍性的抽象过程中，反向的情境还原显得如此贫乏无力，理论与实践的脱节也就在所难免了。难怪许多人都会出现这样的纳闷：

"每年学校里都要来一批新老师，套用一位前辈的话，良莠不齐。其实在自己上大学时就很纳闷，受过师范教育的人不会教育学生，甚至于和学生谈话都说不明白。有些名校毕业的学生不会和学生打交道，反倒不如一些专科生工作起来得心应手。

"今天在办公室里和同事们讨论说，教育学、心理学其实是白学的，不如把各位名师的教育日记好好研读研读，再结合自己的性格特点、自己的成长历程来理清自己的工作思路。教育学、心理学能起到这样的作用吗？"①

教育学原理（或教育学）对教师的作用真不如名师的教育日记吗？尽管多数的师范毕业生会有这样的体验，却没有一个教育理论家会同意这样的观点。导致两者分歧的原因在于，一方面教育理论家与师范生认识教育学原理的立位与视角不同。教育理论家的思维与视角立足于宏观性的全局，追求教育领域中的普遍性规律，师范生立足于中微观的局部，追求教育实践的有效性；另一方面，传统教育学原理以知识形态呈现教育规律，与具体的教育实践缺乏中介性的意义关联。教育日记作为具体教育现象的描述和反思，介于理论与实践之间，充当了意义关联的角色，因而对于师范生来说，认为它比教育学原理更有用也就不足为奇了。教育理论家与师范生不同的立位与视角是两者不同身份的体现，他们间的分歧虽然存在的合理性，但并不意味着不可协调，其中的关键在于规律能否情境意义化，这正是体悟教育存在的优势。

体悟教育立足于情境意义化，即关涉教育实践，也触及教育理论。体悟教育的存在形态就向我们展现了它所具有的如下桥梁作用。

其一，外显的体悟教育现象，即体悟教育的行为表现、情境状态等可以被人们直接观察到并能通过语言客观描述。这是体悟教育研究依凭的最原始、最基本的客观性材料。

① 王晓春. 教育智慧从哪里来 [M]. 上海：华东师范大学出版社，2005：13.

其二，内隐的体悟教育经验，即从事教育实践的个体在关涉体悟认识的教育活动中的经历、体验和感悟。内隐的体悟教育经验是主观的，只能在一定的限度内通过语言加以表达，而且，一经语言化之后，主体总会有言不达意或言犹未尽之感，但却能留给读者丰富的寓意，成为读者感悟体悟教育最切近的文本材料。

其三，系统化的体悟教育理论。体悟教育理论有三个源头：一是内在诸多联系的体悟教育现象；二是相关学科的成果，如哲学、脑科学、思维科学等，这是确立、定位体悟教育的依据；三是体悟教育经验，这是人们洞察、辨认体悟教育内在机制的基点，也是教育实践通达教育理论的一条基本途径。

如图 5-6 所示。

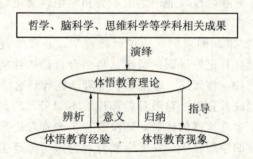

图 5-6　体悟教育理论的建构路线图

体悟教育理论是教育学原理的基本内容之一，它与教育实践之间不仅仅只是现象与理论的"来去"关系，更有与主观经验的契合。没有这种契合关系，理论与实践是相互独立的。正是这种契合关系建立起了理论与实践的意义关联，从而架通教育学原理与教育实践之间畅通的桥梁。

第 六 章

体悟教育的形态与机理

　　教育活动中的悟性认识现象说明了体悟教育的客观存在，也说明了体悟教育过程存在主观、非逻辑的一面。或许，在目前的脑科学、思维科学等理论基础下，作为教育学原理范畴的体悟教育理论研究还不能深入、明晰地阐示更多个性化认识过程中普遍存在的共性，但在现有的认识水平上，走向教育实践的体悟教育理论不仅需要教育哲学层面的思辨与体悟，更需要对体悟教育活动现象展开辨析，领悟体悟教育活动中存在的要素、形式及其运行的机理。如果说体悟教育的理论支持、体悟教育的性质、功能及地位的探讨立足于宏观层面俯视其全貌的话，那么，体悟教育形式、机理及之后的情境研究则试图走进中观层面，身入其间，撩开其神秘的面纱。

第一节　体悟教育的基本要素

体悟教育理论是教育学原理的一个组成部分，是局部与整体的关系。基于这一思路，剖析体悟教育的要素可以从考察教育活动的要素开始。

二十世纪八九十年代，教育学或教育学原理关于教育基本要素的阐释出现了各种不同的观点。其中，代表性的观点主要有"三要素说"（教育者、受教育者和教育资料①；教育者、受教育者和教育影响②；教育者、受教育者和教育措施③）、"四要素说"（教育者、受教育者、教育内容、教育手段；教育者、受教育者、教育内容、教育物资④）、"六要素说"（教育者、受教育者、教育内容、教育方法、教育环境和教育目标⑤；教育者、受教育者、教育内容、教育手段、教育途径和教育环境⑥），等等。教育要素说有如此之多，出于立论角度的不同，甚至还存在其他许多变化的提法。因此，我们首先需要对教育要素说进行必要的分析。

要素是指"构成事物的必要因素"⑦。如果以"必要"为标准，教育者、受教育者、教育目的、教育内容、教育手段、教育物资、教育环境、教育途径无疑都是教育的构成因素，而且还可以举出更多，如教育理念、教育智慧、教育政策、教育制度、教育场所，等等。进一步说，上述各因素又包含更多下一层的子因素，如教育手段包括教育媒介、教育方法、教育工具，教育智慧包括教育思维、教育机智、教育应变力等。要枚举穷尽教育的所有因素几乎是不可能的。事实上，在我们论及某一事物的因素时，通常仅涉及能标志该事物存在的主要的、特质的成分，这就是基本因素。

然而，"主要的""特质的"限定仍然是模糊的。为了廓清基本因素，对各因素的性质与关系的分析是必要的。

就性质来看，事物的构成成分有有形与无形之分，前者是硬要素，后者

---

① 陈桂生. 教育原理 [M]. 上海：华东师范大学出版社，1993：4，10，11.

② 南京师范大学教育系. 教育学 [M]. 北京：人民教育出版社，1984：19—24.

③ 王道俊，王汉澜. 教育学 [M]. 北京：人民教育出版社，1989：29.

④ 叶澜. 教育概论 [M]. 北京：人民教育出版社，1991：11.

⑤ 郭祖仪. 从教育诸要素看社会对教育本体应有的关照 [J]. 陕西师范大学继续教育学报，2001 (1)：80—82.

⑥ 柳海明. 现代教育学原理 [M]. 长春：东北师范大学出版社，2002：53.

⑦ 辞海编辑委员会. 辞海 [Z]. 上海：上海辞书出版社，1999：5217.

是软要素。一般来说，纯客观物质世界由硬要素构成，纯精神世界由软要素构成，跨越物质世界与精神世界的事物则是硬要素与软要素的合成体。显然，教育就是横跨物质与精神世界的存在。其中，教育者、受教育者既是有形的硬要素，也蕴涵着主体精神这一软要素；教育内容的表现形式（课程、教材、媒体等）是有形的，是硬要素，同时也承载着种族生命的意义，是无形的，也是软要素；属于这一类混和型要素的还有教育情境（教育的物质环境与教育的观念环境的混合体）和教育手段（教育工具、教育媒介与教育方法的混合体）。其他要素如教育物资、教育场所和教育理念、教育智慧等分别属于硬要素和软要素。教育是依凭物质世界、生成个体文化生命的活动，混和型要素无疑比单边的硬要素或软要素更能体现教育的特质，符合基本要素的特质性要求。

是否所有的混合型要素都能划入基本要素之列？这个问题也可以用以下语句表述：是否所有的混合型要素在要素的结构关系体中都处于主要的地位？与此相关进一步产生一个新问题：主要地位的衡量标准是什么？

从要素的结构关系上看，要素之间存在三种关系：并列、衍生与融合。并列是处于相对独立的因素在同一层次上呈现的并行关系，如教育者、受教育者、教育内容、教育场所等；衍生特指因素之间的派生关系，如教育者派生出了教育理念、教育政策、教育方法等因素；融合是某些要素相互作用而形成一些新的要素，如教育者、受教育者、教育场所相结合形成教育情境，教育工具、教育方法、教育媒介相结合形成教育手段等。三种关系及其不同层次构成了教育要素的结构体系。从要素在结构体系中所处的地位看，基本因素应该满足独立存在这一要求。也就是说，基本因素应该是教育活动中能够不依赖于其他因素存在的，是派生因素和结合体的源基或母体。符合这一要求的教育要素有教育者、受教育者、教育内容、教育场所、教育工具等。

根据以上分析，在所有的教育因素中，同时满足教育基本要素在性质与结构地位上要求的只有教育者、受教育者和教育内容。三者因此成为教育的基本要素。

当我们关注体悟教育时，我们已从社会外在的立场走进教育内部。这里是情感的体验、意义的建构、心灵的唤醒；这里我们暂时远离社会的尘嚣，直面鲜活的个体，聆听到生命成长的律动。在这里，教育者与受教育者之间是文化生命间的交往及其相互的影响；宏观层面教育内容中的文化意义得以凸显，教育者的生命意义成为点燃受教育者生命之光的烛火。立足于个体生命成长的立场感受教育活动，体悟现象弥漫其间，宏观教育视野下的三要素在内部视角、精神世界中软要素的一面充分地体现出来。教育者的文化生命、成长者的文化生命和意义作为三要素中的软性存在，成为体悟教育的三个基本要素，三者的互动促发体悟教育活动的产生。

在体悟教育的三要素中，与教育者文化生命相并列的主体因素称为成长者的文化生命，原因在于受教育者是对象体的称呼，内含被动的、逻辑对象的意蕴，是社会视野下的存在。进入教育内部之后，我们所看到的已不再是"受教育者"，而是充满生命活力的成长者。基于这一考虑，成长者的文化生命顺理成章地成为体悟教育的三要素之一。

一、教育者的文化生命

（一）教育者文化生命的内涵

每一个人都是自然生命与文化生命的复合体。一般社会成员的文化生命立足于自身的生存与发展，指向世界的改造；教育者的文化生命却是立足于人类的生存与发展，指向新生个体文化生命的生成。因此，教育者群体的文化生命也就意味着人类种族的文化生命，教育者个体的文化生命除了拥有人类种族生命的基本内容之外，还需要拥有生命间的沟通能力和灵性。

从生存与发展的维度看，教育者的文化生命包含现实内容与发展态势两大方面。现实内容即教育者已经拥有的文化生命。其中，个体经验（尤其是其中的意会知识）是个体文化生命的根基，是文化生命变迁的支持平台；文化知识经过主体的理解和识记以累积的形式成为个体文化生命的客观基础，体现着种族生命的基本内容；个体的智慧、情操、意境在应变境遇、寻求意义、体现价值的过程中逐步养成，是对种族生命的变通，是教育者文化生命的核心与灵性所在。它所达到的高度我们称之为精神境界。文化生命的发展态势意指个体对生命完美性不懈追求的力量及其实践取向。新生个体的生命需要首先指向自然生命的成熟和文化生命的生成，当个体真正成人之后，生命的需要过渡到对完美性的追求，文化生命的历程由承继转悟过渡到创新生发。文化生命的发展态势意味着生命的不竭的力量和澎湃的活力，意味着生命新质的产生，与文化生命的转悟历程是相通的。

（二）教育者文化生命在体悟教育活动中的地位与作用

教育者的文化生命在体悟教育活动中处于引悟者的地位，使得教育者能够成为一名"灵魂生命的教师，鼓舞者和引路人"[1]。

顾名思义，引悟者的作用在于引领成长者感悟并生成文化生命。具体表现在以下几个方面。

---

[1] John Dewey（1902）. The relation of theory to practice in the education of teachers. ［M］// 马克斯·范梅南. 教学机智——教育智慧的意蕴. 李树英，译. 北京：教育科学出版社，2001：15.

首先，引悟者的直接经验比较丰富，能够赋予文化知识深层的关联意义。确定性的文化知识内容可以通过传递的方式在生命体之间转移，直接经验和关联意义却只能够通过个体的亲身实践和切身感悟才能获得。引悟者获得直接经验的途径、方式，以及意义关联的价值取向等，通过生命的展现为成长者提供了可资借鉴、选择的文化生命成长之路，同时作为激发悟感的原型，诱导成长者在悟性认识的心理氛围中通过体验与悟思形成自我独特的意会知识，获得主观个性化的文化意义。

其次，教育者的智慧是打开成长者文化生命之门的钥匙，成长者的生命灵性借此得以放飞、获得自由。情操是生命品质的标志。教育者的情操对成长者的文化生命起到潜移默化的人格影响；意境含蓄而内敛，是主体悟性认识的产物，能向下兼容。教育者的文化生命兼容成长者的意境，存在向下的通道，既为成长者提供追寻的目标，也为成长者提供意象融合的动力。

最后，虽然教育者文化生命的发展态势超越了文化生命的生成阶段①，但两者都需要经过主体的体验与感悟。具有积极发展态势的文化生命本身就向成长者诉说着文化生命的价值与意义，激发着成长者文化生命积极向上的发展，成为成长者文化生命不断进取的丰沛资源和强大动力。

（三）教育者文化生命在体悟教育活动中的显现

有这样一个广为人知的案例：

一个师范生，学教育学的时候，老师举了一个例子。说一个教育专家，有一次发现一个孩子在摇晃一株小树苗，便走上前去说："小朋友，小树苗可不能摇呀，你一摇，它头就晕了，要叫疼的，就要流泪了。"孩子于是很懂事地不摇了。这个师范生很佩服这位专家，于是一直记着。后来他毕业了，好长时间后，他竟也遇到了这样的事情。有一个小朋友在路边摇晃着小树苗。他也学着那位教育专家的口气说："小朋友，小树苗可不能摇呀，你一摇，它头就晕了，要叫疼的，就要流泪了。"可小朋友却说："老师，你骗人，小树怎么会头晕，怎么会想事情，怎么会说话呢？"他晕了！心里想，现在的孩子怎么啦？②

案例中的教育专家是故事爷爷孙敬修。可以想象，他对孩子讲的话就像他用心讲故事一样，显得那么诚恳、真切、自然。那么平实的几句话，却能让我们感受到超越技巧的大智慧，感受到平静祥和的意境。师范毕业生也对

---

① 文化生命的生成阶段是指个体文化生命发展到人类种族生命现有水平程度的历程。文化生命的发展态势则是基于人类生命对完满性的不懈追求的层面而言的。

② 王晓春. 教育智慧从哪里来［M］. 上海：华东师范大学出版社，2005：11.

小朋友说了同样的话，但已是无"心"之言，又怎么能走进小朋友幼小的心灵呢？

由此可见，教育活动中有教育者却不一定必然彰显相关的文化生命。过分拘泥于程序化，一味信赖他人的教育教学技巧，教育者外显的文化生命只不过是种族的生命。种族生命以物态形式（物质载体中的文字、符号或电子媒体等）存在，是明晰的、客观的，但在相对时间段内却固定化了。正如中国先哲所领悟到的，一旦思想被语言文字表达出来，不仅书不尽言，言不尽意，而且就有了僵化的倾向。因此，超越种族生命、赋予种族生命个体意蕴既是教育者文化生命的内在要求，也是其对象性存在的基本价值。体悟教育活动中，教育者文化生命的显现也就是内含这种意蕴的行为化，即情感、智慧、意境的外化过程。

情感预示着生命的和谐状态，是个体生命间积极互动的催化剂。教育活动中积极的情感表现为和谐的师生关系和良好的体悟心理氛围，促发主体产生悟性认识。智慧在哲学中是一种觉悟和探寻的过程，在教育学中"是个体在一定的社会文化心理背景下，在知识、经验习得的基础上，在知性、理性、情感、实践等多个层面上生发，在教育过程和人生历练中形成的应对社会、自然和人生的一种综合能力系统"[1]，依托于多姿多彩、丰富独特的主体生命，突出体现为别具一格的创造[2]。意境是中国古典美学中的一个重要范畴，又称境界，是"心与物、情与景、意与境的交融结合"[3]，是"超越具体的、有限的物象、事件、场景，进入无限的时间和空间，即所谓'胸罗宇宙，思接千古'，从而对整个人生、历史、宇宙获得一种哲理性的感受和领悟"[4]。在教育学意义上，意境可以分为两个层面：一是主体文化生命所达到的精神境界；二是教育者与受教育者文化生命间的交融及其场景状态。前者接近于美学范畴，是主体精神从具体、有限走向无限的"象外之象"；后者是教育活动的意境，是无限的生命意境走向外在化的场域意境过程。

我们能观察到教育者的行为动作，感受到师生关系和心理氛围，却不能据此直接推断出教育者的智慧和意境。智慧和意境具有悟性的特点，以隐性方式存在于显性的行为动作之中，只有"以道观之"、用心体会，才能感悟到其中只可意会、不可言传的微妙而丰富的内涵——教育的艺术或风格。

---

① 田慧生. 时代呼唤教育智慧及智慧型教师（丛书序）[M]//刁培萼，吴也显. 智慧型教师素质探新. 北京：教育科学出版社，2005：（序）3.

② 王枬. 智慧型教师的诞生 [M]. 北京：教育科学出版社，2005：4.

③ 冯契. 哲学大辞典 [Z]. 上海：上海辞书出版社，1992：1676.

④ 叶朗. 现代美学体系 [M]. 北京：北京大学出版社，1988：142.

二、成长者的文化生命

（一）成长者文化生命的内涵

成长者是我们置身于教育内部时对"受教育者"的一种称谓，折射出一种主体自觉、积极向上的趋势。成长者的文化生命是具有特定性能的个人生命体与外部环境相互作用而形成的一种灵性、自觉、动态的文化存在。灵性意味着文化生命一旦生成就具有对外部客在文化或周围环境具有自我选择能力并采取有效的交互方式，具有个体生命间、个体生命与种族生命间心灵沟通的倾向和能力；自觉意指成长者文化生命具有主动趋近人类历史文化空间的倾向，具有自我反观、自我整合、自我更新的能力和要求。动态是指成长者文化生命处于不间断地生成和发展的过程之中，表现为主体对客在文化的吸纳和改造，主体在与环境的互动中直接经验的生成，以及主体文化生命内部结构的变化和品质的提升。

与教育者的文化生命一样，在生存与发展的维度上，成长者的文化生命同样包含现实内容和发展态势两个方面。所不同的是，在现实内容上，成长者文化生命的水平相对要低一些，还没有达到种族文化生命的程度；在发展态势上，成长者的文化生命表现为个体对生命"成熟"的渴望及其实践取向。这里的生命"成熟"是相对于人类种族文化生命而言的，即个体的文化生命达到种族文化生命的现实水平。值得特别指出的是，生命"成熟"不是客在文化的复制或移植，也不是教育者文化生命的传送或仿造。生命"成熟"的历程是一种生成，一种转悟，否则，个体的文化生命只会徒有种族文化的形，而没有自主的灵魂。

（二）成长者文化生命在体悟教育活动中的地位与作用

成长者的文化生命在体悟教育活动中处于体悟主体的地位。

首先，悟性认识贯穿着文化生命生成与发展的整个过程。文化生命是理性认识与悟性认识交互活动的产物。没有悟性认识的参与，理性认识无力通达生命之境，人与机器人的根本区别就在于此；没有理性认识的参与，悟性认识则是无源之水、无基之路，生命只能维持在本能的层面。文化生命的构成内容中，文化知识主要通过逻辑理性认识获得，个体经验是理性与悟性认识的结果，作为核心与灵性所在的智慧、情操和意境则是通过悟性认识融合知识与经验的产物。因此，从根本上说，文化生命的质量取决于悟性认识的程度。

其次，文化生命具有自觉性。个体文化生命是自然生命进入后天环境，在发挥生命机体认识性能的基础上生成的。文化生命一旦生成就表现出意识性、目的性等这些人之为人的基本特征，不再仅是认识的结果，同时也成为认识的主体。当文化生命作为认识主体把客在文化和周围环境作为认识对象时，出现理性认识并获得文化知识和相关的个体经验；把自我文化生命作为认识对象时，认识主体本身就是认识对象，主客体统一，出现悟性认识并形成或提升自我的智慧、情操和意境。

如前所述，体悟教育是在引悟者的指导下促发成长者产生悟性认识、提升精神境界的活动。在体悟教育活动中，成长者表现为对自我内部世界更多的关注。这时，成长者文化生命处于认识主客体合一的状态，也即表现为体悟主体的地位。

（三）成长者文化生命在体悟教育活动中的显现

体悟教育活动中，成长者文化生命的使命在于认识对象的主体化——实现客体文化的生命意义化，提升主体自我文化生命的品质。成长者的文化生命在履行这一使命的活动中彰显力量，并以某些可觉察的行为特征表现出来。它们是一些困惑、一种渴望、一缕灵光、几许豁然开朗的喜悦。

困惑是文化生命与认识对象之间矛盾冲突在主体行为上的表现。两者的矛盾冲突可源于认识对象超越文化生命的理解力，或是两者性质不同难以融合，或是文化生命作为认识对象本身存在着意识内容上的不和谐，等等。困惑可能是暂时的，也可能是长时间的，它总会萦绕在主体的心间，在行为上往往表现为执著地追问或不经意间的若有所思。

困惑不一定能引发体悟的认识活动，但澄明困惑的渴望却能为之提供不懈的动力。这种渴望源于文化生命走向"成熟"的趋势力，源于文化生命澎湃向上的活力。这种渴望引导着主体在各种场合都会自觉或不自觉地"心向往之"。此时，主体就会进入孔子所言"不愤不启，不悱不发"中"愤"的状态。

带着困惑，怀着渴望，一缕灵光可能不期而至。正如辛弃疾词云："众里寻他千百度，蓦然回首，那人却在灯火阑珊处"，灵光是不经意间某一时空下刹那间的思维跳跃式的贯通。东晋南北朝时期的竺道生说它是"悟机"，明清之际的钱谦益说它是灵心、世运、学问三者的相值，当代散文家秦牧说它是"苗头"。无论是什么，灵光滑过脑海的情景我们每个人都有过经历，期间的行为能够为人意会地察觉，此际想描述它却依然是力不从心的。

虽然我们很难清楚地刻画偶遇灵光的行为状态，但之后"柳暗花明又一村"的喜悦、豁然开朗之际的快感却是那样的灿烂。古希腊哲学家对之进行了比较深刻的描述：一种"沉醉""迷狂"的"激情状态"。

需要说明的一点，困惑、渴望、灵光与"沉醉"是体悟教育活动中文化生命显现得比较典型的行为状态。事实上，体悟认识活动的行为表现大部分只能用心体会才能感受得到。它不可能被精确地诉诸文字，这里只是取其可述者以窥其一斑而已。

三、意义

（一）意义的内涵

意义是体悟教育的基本内容。在哲学层面，"意义"这一概念至今尚没有一个大家都能接受的定义。鉴于意义的文化境遇性，或许永远也不会出现一个明晰、公认的界说。但是，在各种生活场合中，我们却能意会到"意义"的意义。但是，"意义"作为体悟教育的基本内容，在教育理论的界域内是不能停留在意会层面的，需要尽可能地做出阐释。

在第三章关于体悟相关学理的辨析部分，从发生学角度，意义被划分为物化意义、文化意义和生命意义三种类型。物化意义是物质对象之中所蕴涵并折射出来的人化意蕴；文化意义是符号系统昭示于人的意蕴；生命意义是对象生命体所承载和蕴藏的精神世界。在教育领域，具有人化意蕴的物质对象是很多的，有教育环境中的物质设施，如校园布局、各种建筑物以及校史馆中的陈列物等，还有实践活动中所看到或接触到的各种物质实体，如在环保宣传过程中拍摄到的各种图片、参观历史博物馆时所见到的烈士遗物，等等。从宽泛的意义上说，个体生活所涉及的周围物质环境都蕴涵着人化的意义，都是体悟教育的资源。符号系统是教育（尤其是学校教育）最基本的内容，它所昭示于人的意蕴则是体悟教育内容的核心。从方式上看，教育活动是人与人的交往活动，站在某一特定认识者的立场，交往活动中其他个体的生命存在即为对象生命体。他或她（尤其是教育者）的精神世界作为生命意义对自身的影响是不言而喻的。简而言之，体悟教育的内容涉及物化意义、文化意义和生命意义。它们的共性是对象昭示于认识主体的意谓。

对象的昭示既是一种给予，更是一个主体体悟的过程。其中，对象所给予的首先是那些大众所认同的意蕴。在儿童版《唐诗三百首》中选录了陈子昂的诗作《登幽州台歌》："前不见古人，后不见来者。念天地之悠悠，独怆然而涕下"。诗的下面作如是解说："古代的贤明君主已不可见，后来的贤君也来不及见到，宇宙茫茫，大地苍苍，我是生不逢时，真叫人悲从中生，泪如雨下。诗人独登高台凭吊古遗址，抒发了寂寞悲愤的情绪和怀才不遇的痛苦。"① 笔者询问读过这首诗的几个孩子："它有什么含意？"他们几乎都不约而同地复述了解说词所给予的"原意"。在教育教学活动中，教师会在很多场合阐释对象的这种"原意"——理解型的意蕴。同样面对这首诗，两个大

---

① 王值西，赵永芳，选编. 唐诗三百首 [M]. 杭州：浙江少年儿童出版社，1997：14.

学生给我的回答分别是："觉得很凄惨，好像天下之大只有我一个人"；"置身无垠的时空，人是如此渺小，人生是如此短暂，让我有种超然物外的思绪"。显然，这不是诗的"原意"，而是他们各自不同的感悟，表征了对象昭示于主体的第二层意蕴：可言述的个性化感悟——见解。如果再细细品味这两个大学生回答的话，或许你还能意会到他们言犹未尽的心绪：大千世界只我一人时的情景、超然物外的意境等。这就是对象昭示于主体的最深层的意蕴：只能自我意会的意境。原意、见解和意境是意义由表及里、由浅入深的三个层次。

（二）意义与文化生命

意义是对象昭示于主体的意蕴，出现于主体生命与客在世界遭遇的时刻。意义世界是精神世界的外化，以物质实体、符号体系的形式存在。相对于群体而言，由于人类的种族生命是一定历史时期无数个体生命的集合体，是抽象的概念，意义世界事实上就成为种族文化生命的基本存在形态。然而，相对于个体而言，意义世界首先是一个独立存在的世界，其中的意义是潜在的。例如，一本德文的哲学原著毫无疑问具有丰富的意义，但对于一个不会德语的人来说，它的意义只能停留于潜在的状态，不可能显现，也不可能借此生成新的意义。当主体生命遭遇客在世界，两者的交互关系及其结果不可避免地出现以下两种情形：第一，理解意义，即对象存在的潜隐的物化意义、文化意义或生命意义显露在主体生命面前，这是个体生命对种族文化生命的解读和理解；第二，生成意义，即对象对主体生命产生了个性化的意谓。纯自然原始状态的物质对象可能对置身于交互关系中的个体具有特殊的意谓，如某人到了海边，面对辽阔无垠的大海，海风不经意间带走了几多的烦恼，心胸也会舒展起来，或许自己也说不清大海到底意味着什么，但大海的意谓却毫无疑问已经产生了。此外，本身具有物化意义、文化意义或生命意义的对象不仅昭示于交互关系中的主体以潜在意义（种族文化生命），同时也可能生成新的意谓——体验、想象、感悟的产物。值得注意的是，当主体生命与认识对象分别置身于各自不同的文化系统时，潜在意义不能显露出来，对象可能不具有意谓，也可能产生一种特殊形态的意谓——一种茫然或困惑，并由此产生洞悉的渴望。

借助理解，主体解读认识对象中的原意；借助体验、想象和感悟，基于原意，主体从认识对象中衍生出新的意义。种族生命、意义系统、个体生命之间是一个不断往复循环上升的过程，如图6-1所示。

人类把种族的文化生命外化并遗存在意义世界之中，又通过意义系统内化为个体的文化生命实现人类生命的不断延续；与此同时，基于人类自然生命的性能（悟性），意义系统生发个体化的新意义，赋予个体生命超越种族生命的机制，实现了人类生命的日趋完满。也正是意义的存在，使物质世界与精神世

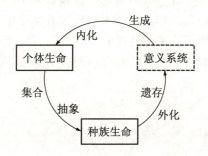

图 6-1　种族生命、意义系统、个体生命三者的关系图

界置身于意义为中介的认识系统之中，实现了认识论上主客体的统一，体现了体悟教育内容的独特性，也为我们洞察体悟教育的机理打开了一个窗口。

第二节　体悟教育的形态

　　教育是由诸多要素构成的，要素之间不同的组合系统体现着教育的不同形态。教育的基本要素是硬性与软性的统一体，当教育的诸多硬要素与基本要素相结合，教育具备硬性系统的特性，呈现为科学认知教育形态；当教育的诸多软要素与基本要素相结合，教育具备软性系统的特性，呈现为体悟教育形态。就两者的关系看，软性系统需要以硬性系统为依托，体悟教育必须以科学认知教育为基础。另一方面，教育如果没有了体悟教育形态，单形态的科学认知教育只能是"过分注重知识授受""学生成为塑造对象"的非人性教育。当然，绝对单形态的教育是不存在的，教育总不可避免地关涉着意义和个体的主观精神。单形态的教育只是说明人们过多地强调了科学认知教育，有意或无意地遮蔽了意义和精神世界。在这种情况下，体悟教育只是一种自在的形态而已。近代以来，人类建构了相当完善的科学认知教育形态。其间虽然有自由教育、生命教育、人本教育的抗争，但在工业化背景下，人的工具化、教育的工具化成为不可阻挡的潮流，科学认知教育形态成为唯一自觉的历史宠儿。当前我国的教育改革关注教育的内在形式，在《基础教育课程改革纲要（试行）》以及随后出台的课程标准中提出知识技能、过程与方法、情感态度价值观三维目标，以经历、过程、体验、领悟等词汇表征课程的新理念，强化体悟教育形态的趋势一览无余。

　　内在的体悟教育既古老又新颖，它没有"知识教育"的技术操作流程可以遵循，在实践中甚至很容易使教育主体无所适从。这就要求我们对体悟教育的存在形态进行考察，使内在的体悟教育有迹可寻。

教育者的文化生命、成长者的文化生命和意义是体悟教育的三个基本要素。三要素发生关联，相互作用的结果是成长者文化生命的提升。在认识论意义上，这个过程经历了意义的获得和精神境界的形成两个阶段，与之相对应，体验教育和心悟教育成为体悟教育的两种基本形态。

一、体验教育

（一）体验的理解

无论是在西方还是中国的文化语境里，体验都是一个很微妙的词汇。在日常生活领域，人们常说"我有深刻的体验"，在这里体验显然是一种结果。也有作为动词的，如"这个艺术家正在体验生活"。这些语言大家都能心领神会地理解，但却很难说清楚体验丰富的内涵。学术理论界试图澄清它的界域：哲学家们从认识论和本体论上把它看成是一种与学术认知方式相对的一种认知方式，是人把握世界与人生的方式；心理学家把它解读为一种特殊的心理活动与经历；美学家把它理解为超越一般经验和认识之上的深层感性素质；教育学涉及哲学、心理学、美学各个领域，对体验的理解更是仁者见仁、智者见智。

站在体悟教育的立场，教育可被视为一种认识现象，体验则是其中的一个范畴，是一种与学术认知相对的认知方式。

学术是"较为专门和系统的学问"①，是具有内在逻辑关系的、能够赋之语言或文字的学问，呈现新思想新观点是其一般的要求，是借助理性的逻辑法则自觉建构起来的知识体系，具有相对的确定性。与学术认知方式相对的体验与之相反，是非专门、非系统、非言传、非逻辑、不确定的。学术是人类文明进展到一定历史阶段之后的产物，体验则伴随人类的出现而出现，是原始性的人类个体生命的存在方式。它的认知范畴主要涉及意会知识、意义、情感、态度以及主体精神等。

学术是自觉自为的产物，意味着学术认知方式首先具有明确的对象指向性。它为学术认知过程预先设定了走向。体验作为个体生命的存在方式，首先是一种自在的生命活动——实践和亲历。认知对象和结果是基于实践和亲历活动出现的。从存在方式上看，个体的认知对象有指向外在的，有指向主客一致状态的，也有指向内在精神的。认识外在对象是学术认知的任务。尽管学术涉及人与人、人与世界的关系，也涉及人的内部精神世界，但它们都是作为客体加以认识的，是一种理性的把握；认识主客一致的状态或关系是

---

① 辞海编辑委员会. 辞海 [Z]. 上海：上海辞书出版社，1999：3193.

体验本身所具有的性能，当人们意识到体验的这一性能而自觉地进行悟思时，它也就成为了认知的对象；内在的精神与其说是认知对象，还不如说是觉悟的内容，因为它不是对象性的存在，是主体文化生命的核心与灵魂，是在前两者的基础上不断觉悟的结果。由此，体验的界域可以确定为亲身的经历及其主客相融的状态或关系。

经历是一个生命活动的过程，是个体生命的存在形式。人生就是由时间串联起来的经历的链条。即使主体没有对自己的经历进行反思，经历也具有生命的意义和价值。因为经历不仅是由事件组成的时间流，也是亲历者的心路历程，记载着主体曾经的情感、态度及其精神状态。它们是主体与实践对象交互作用、相互融合的产物。正因为体验天然地融通了主体生命与实践对象，认知的结果也就带有了心灵所具有的意会特征——意会知识和意义。

偶然在网络上看到下面一则游记。

丹东的景色，能动我心的，只有凤凰山和鸭绿江上的那截断桥，山因其高险而美，断桥因其历史的记忆而美，在历史的高度上，山和水都有了感情，他们就是一段故事。当年，还不知道"旅游"为何物，80年代初的自己才十几岁，登凤凰山的乐趣只在攀登的过程中，一处溪流，一截瀑布，一个张牙舞爪的神像，一段惊险动魄的山崖……稍微大些的时候，登凤凰山，有了更深一层的体会，那是"会当凌绝顶，一览众山小"的激情，那是指点江山的豪迈，年轻的心的冲动有如三峡里积蓄的大水，等待着咆哮而下的澎湃壮观……

多年后，停了生意的那年，再登家门前的凤凰山时，我是用心灵在看，婉转地唱着一曲人生三十的老歌。三官庙大殿前的跪垫仍然摆在那里，自己完全是好玩心理的两次求签灵验，让无神论的自己很是惊讶，于是自己一直保留着第三次的机会，竟为那一丝的敬畏，我忘不了跪拜时那涤荡心灵的磬声。山麓其实是在山腰，宽阔平坦的大面积平地，怎么也不让人感觉是在向上登了几个小时山路的地方，凤凰山的险，从这里才刚刚开始。

一路上抚摸历史人物留下的千年文字，手上也感染着古人的清远，浓厚的历史情怀未退，仰头山巅的箭眼峰在亲热地招手。年轻时，我是怀疑箭眼峰的故事的，觉得大唐薛礼征东的箭是射不到这么高这么有力，也不可能射50公里那么远落到鸭绿江的江心的，相信科学的自己在合理地判断。可今天，30年以后的今天，我相信了，传说让人觉得美丽，就因为它是真实的，是在人们内心中对美好向往的真实。我也坚信，凤凰洞中当年一定居住着一个美丽的大鸟，凤凰山的梧桐一年一年的又绿，大概就是为了怀念千年一回的凤凰吧。

山路越来越窄，有一段已经不是登山了，而是攀岩，垂直而上的感觉让自己脖子都发酸，当年的铁环没有了，被更安全的栏杆代替，虽然心里不再有那时的害怕，却莫名地有一种失落，怀念永远是人感情的归宿。

从峰顶下望，城市安静地坐落在那里，像是被凤凰山这个母亲围拢的孩子。行人小的有如蚂蚁，车辆象甲壳虫般在地上移动，……记得孩时，看着那些小（人）是那样的好笑。自己抿嘴笑了，像一个慈父看着自己爱子一样，审视着儿时的自己。人本来就是渺小的，面对茫茫宇宙，这样的渺小是客观存在的；但人的精神多么伟大，可以包容整个宇宙，当人站得越高，离天空就越近，心灵就越辽阔，这可能就是登高的最大魅力吧。①

读到这篇游记，我们也读到这位游山者对凤凰山的深刻体验。从中检索体验的线索，可以提炼出三个依次深化的层次：经历、感受和悟思。文中对"小时候"和"稍微大些的时候"登山的经历只是简略地提及，三十岁再登凤凰山的经历则做了比较详细的叙述，这与三次登山的感受是相对应的。小时候的感受是乐趣，大些时候是激情和冲动，到了三十岁的时候是"用心灵在看"，在浓厚的历史情怀中"山和水都有了感情"，呈现出人与山水交融的画面。最后一段抒发了人、登山与宇宙关系的悟思。

经历和感受都是人类生命存在的自在形式，是体验的两个基本组成部分，悟思是个体自觉、有意识的认知活动，可以理解为体验的扩展部分。如图 6-2 所示。

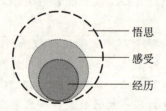

图 6-2　体验的要素结构图

从文化生命的内涵上讲，人类的文化知识是个体文化生命的客观基础，来源于学术认知；直接经验是个体文化生命的根基，来源于体验；智慧、情操、意境等主体精神是文化生命的核心和灵魂，需要在内化客观知识、累积直接经验的基础上进一步融通提高，这一过程也即觉悟。体验是一种经历，一种经历的状态，也是一种实践中的主客关系，处于人类客观文化知识与个体主观精神的中间环节，借助理性态度，客观文化知识得以进入生命体之

---

① ytang. 凤凰山旅游的记忆——辽宁丹东 [EB/OL]. (2004－04－25) [2007－08－27]. http://www. 51766. com/articles/1614. html.

中，通过悟思，架通经历、感受与主观精神之间的桥梁。

（二）体验教育的理解

动物界生命的存在形式局限于维持与延续自然生命的生存活动，人类生命除了最基本的生存活动外，更主要的是文化生命的活动，是精神世界的追求。虽然体验作为生命存在的形式，并不具备构成教育的三个基本要素，本身并不属于自为教育的范畴，但是，体验与教育却存在着天然的联系：文化生命。教育是生成、提升成长者文化生命的活动，体验则是个体自然生命与文化生命的展现。就两者的关系而言，个体文化生命的生成与提升的过程同时也是自身自然生命与文化生命的展现历程，反之亦然。例如，学校教育的各项活动指向学生素质的全面提高，与此同时，学校生活也是学生成长的经历和感受，有快乐也有痛苦或畏惧。传统的教育目的依据社会的要求，考虑到学生身心特点（有没有能力达到社会的要求）和教育规律（教育如何展开才能更好地实现社会要求）而制定的，相对于学生生命发展的内在需要而言是外在的，教育只是为了实现外在教育目的而开展的各项活动。当我们关注学生生命的成长经历及其内在要求时，教育就不再仅仅指向预定的教育目标，同时也成为了学生生命成长的历程，如此，体验从自在的生命活动进入自觉的追求，也就具有了教育的意蕴。

体验存有教育意蕴源于其所具有的独特价值。其一，丰富、拓展意会知识。意会知识比言传的学术知识更为基本，主要来源于体验。按照波兰尼的提法，体验是认知主体在意会相关支援成分的基础上与认识对象相互融合的一种认知意境——内居。在实践过程中，主体与认识对象互为内居关系成为可能，但同时需要有相关支援成分的共同参与。有关这些支援成分的意识就是实践过程中生成的意会知识。主体不同的亲身经历越多，感受越深切，意会知识就越丰富。其二，学术知识的生命化。通过学科认知方式获得的学术知识以特有的结构进入生命体之中，但往往与个体的人生态度、情感世界、价值观体系处于分离的状态。我们获得了很丰富的道德知识，拥有了相当的道德判断能力，但却不一定具备相应水平的道德品质；我们学习了系统的科学知识，能够应对各种考试，但却不一定能在日常生活中应用自如，有时甚至反过来束缚了生命的创造性，遮蔽了生命应有的灵光。这是单形态知识教育存在的不可避免的痼疾。体验正是医治知识教育痼疾的良方：在亲身经历之中，相关学术知识进入生命存在领域，与情感、态度、价值观等水乳交融；在感受与反思之中，意会知识的参与促进学术知识个性化意义的生成，学术知识从客居于生命体之中的异己成分转化成为生命体的一个有机组成部分。其三，养成德性。德性是个体在道德活动中表现出来的思想与行为的优秀特质、品格。体验不可避免地涉及主体与他人、与自然、或与事件之间的关系，因此，体验也是一种道德活动。体验过程中主体处理这些关系的思想、行为准则及其方式是道德德性化的体现。它以和谐、内居的原则超越了规范的硬性要求，实现了外在的道德规范向内在德性品质的转化。其四，领悟生命意义与价值。生命意义是对象生命体对认识主体所具有的意谓，生命价值是生命属性满足认识主体完满性需要的程度。体验的内居运行方式表明，认识主体内居于认识对象之中，认识对象可以拥有主体的生命属性。这样，认识主体就能够通过体会内居于认识对象中的生命获得自我生命体的意谓，洞察其中的生命属性与自我生命完满性的关系。体验就是这样一个主客对象化与主客内居共存的过程：主体的生命属性内居于认识对象，对象性的生命存在又成为主体生命价值的确证者和意义承载者。

历史上很多哲学家也正是在不同程度上看到了体验的生命价值，充分肯定了体验的认识论或本体论的地位。狄尔泰把体验作为通达精神世界的基本途径，提出理解、体验、表达的精神科学方法论；柏格森视体验为把握生命之流的钥匙；胡塞尔用体验把握生活的世界，反抗科学世界的霸权；海德格尔认为，"体验乃是一种在场方式，也即一种存在方式。通过体验，显现着的意识本身入于其本己的在场寓于自身而在场。体验把意识聚集于它的本质的聚集之中。"① 但是，回眸教育领域，长期以来，体验哲学观并没有对教育产生实质性的影响。受经验主义影响的卢梭自然主义教育理论、杜威实用主义教育哲学也只是走到体验教育的门槛前就止步了。

（三）体验教育的形式及其运行

体验是认识主体的亲身经历及其主客相融的状态或关系。经历和感受构成了体验的两个基本组成部分。感受基于经历，不同的主客关系则决定着经历的不同，因此，人们往往从主客关系的角度划分体验的类型。它为我们考察体验教育的形式提供了依据。

1. 体验客在自然

自然世界孕育了丰富多彩的生命。人与自然之间存在着不可分割的"血缘"关系。然而，人类走出自然世界之后，却成了客观自然界的征服、改造者。伴随着人类社会文明的进步，城市化步伐的加快，在人们逐渐远离自然世界、享受丰裕物质生活的同时，被掠夺的自然世界失去了过去的生机盎然。全球变暖、沙漠化、水体污染等环境危机甚至已经威胁到人类的生存。

走进自然、体验自然的教育正是在这样的背景下兴起的，旨在通过主体有目的的亲近自然世界的实践活动，了解自然、感受自然，从而建立起人与

---

① 马丁·海德格尔. 林中路 [M]. 孙兴周，译. 上海：上海译文出版社，1997：191.

自然和谐的内居关系。

体验自然的教育有很多不同的途径。从主体与自然关系的性质上看，可以划分为三种类型：其一，野外生存训练。生存是生命进化的动力，也是人类与自然界最基本的关系。野外生存训练中主体置身于最原始的环境，要求利用自然环境资源以满足维持生命活动最基本的需要，感受生命存在的原始历程，不仅能够获得生存的知识与技能，更重要的是切身体会了人与自然的"血缘"关系，促发主体从最底层的生命维度思考生命界的基本问题，感悟自我生命的存在意义。其二，亲近自然活动。学校是一个人文环境，亲近自然并在自然环境中开展活动立足于人与自然的和谐关系，是每一个学生心中的向往。有组织的亲近自然的活动有远足野营、爬山、攀岩、郊游、动植物观察等，都是了解自然、认识自然，释放心灵自由的有效途径。其三，环境保护活动。在环境问题日益严重的今天，保护环境成为人类对自然的一种弥补性的责任，是人与自然之间建立起来的改善性关系。环境保护活动往往以主题形式展开，如保护母亲河、生态环境评估等，涉及调查访问、拟定解决方案、实施方案等基本过程。

2. 体验社会生活

生活是生命的时态流。社会生活的状态是人类生命质量的直接反映，对个体生命的成长具有重大的提携作用。然而，对于成长者来说，社会生活似乎是成人的世界，离他们是那么遥远。在自在的状态下，社会生活原有的生命成长价值是有限的，只是在生命成长过程中随着主体渐渐地介入而慢慢显现出来。作为培养人的教育有必要引导成长者主动、自觉地走近社会生活，在体验的过程中提升主体生命的质量水平。

社会是以一定的物质生产活动为基础而相互联系的人类生活共同体，从事生产活动的社会人逻辑地构成了社会生活的主体。成长者处于"成人"的过程之中，还不是真正意义上的社会人，也就不可能真正融入社会生活。尽管成长者不是生产活动过程中的社会成员，但却可以有意识地走近社会，体验社会生活。

参与社区的文化宣传、环境保护、秩序整治、社情调研、邻里关照、健康看护、器具维修等一些力所能及的活动，突破了成长者原有的生活范围，扩及到了社会领域，我们可以把它称为成长者生活的拓展体验。在拓展生活体验的内居关系中，社会生活属性进入主体并引发主体的感受和悟思。这是生活体验教育的个体成长价值所在。主体属性进入实践对象进而改进了对象的品质（通过活动的结果表现出来，如有所改进的社区文化氛围、环境、秩序、邻里关系以及维修好的器具等）则是生活体验教育的社会价值所在。尽管后者决定着生活体验教育的外部支持力度，但前者却是生活体验教育存在的基本理由。

拓展体验之外，生活体验教育的另一种形式是角色体验。如果说拓展体验还定位于主体自己的生活的话，那么，角色体验则聚焦于他人的生活。社会生活是无数个体生活的集合。每个人都有自己独一无二的生活，展现着人类生命体的多姿多彩。当社会生活作为一种教育资源或手段时，其中很大一部分是成长者自己的生活所无法扩及到的，例如，军人、经理、父母乃至教师的生活。由于生命体性质的差异，成长者不可能真正拥有这些社会角色的真实生活经历。我们不能把生活从其生命体中剥离出来，但凭借理性却能够提炼不同生活的形式。角色体验就是成长者的生命体与社会成员的生活形式相结合，亲历相关角色的生活内容并体会其中的意蕴。许多学校开展了"当一天班主任老师"的活动，学生积极维持教学秩序，组织班队活动，处理同学之间纠纷，开展卫生大扫除，组织纪律卫生检查评比，撰写学生评语，接待家长来访，履行班主任老师的日常事务性工作；江苏省南京市的北京东路小学成立"CEO行动中队"，开展"校园CEO"活动，更是让学生的体验扩及到了整个学校的管理。这一类体验活动的主题因地制宜、机动灵活，在中小学中开展得比较普遍。

3. 体验生命存在

人、自然、社会是三个基本的维度。与此相对应，人与自然的关系、人与社会的关系、人与人的关系成为体验教育的基本内容。尽管体验是主体生命的体验，在人与自然、人与社会关系方面必然关涉生命存在的问题，但在这两个方面，生命是以认识主体的角色存在的，认识对象指向客在自然与社会生活。在内居关系中，认识主体的生命属性进入认识对象，从而主体生命在一定程度上也就具有了对象性存在的一面，并反过来确证主体生命的认识能力。但同时我们也应该看到，进入认识对象之中的只是生命属性中的一小部分，它不可能代表完整的对象性的生命存在。

人与人的关系实质上是生命体与生命体之间的关系。生命既是认识主体，也是认识对象。也只有在这一维度上，认识主体才能比较全面地体验生命的存在。

在人与人的关系中，前者是认识主体，后者是认识对象。两者分别是独立的生命体时，构成异质关系；两者如果是同一个生命体，则构成同质关系，也即人与自身的关系。在异质关系中，从生命体的性质上看，体验教育中的认识主体是成长中的生命体，认识对象既可能是同性质的（即使是同性质的，每个生命体也都是独特的），也可能是成熟的（已经社会化的）生命体。成长者之间关系的体验价值在于通过不同生命体横向的相互影响，提高生命发展的全面性和完整性；成长者与社会人之间关系的体验价值在于通过成熟生命体对成长生命体的纵向影响，提升主体生命发展的水平。

下面是体验教育中分别涉及成长者与自我、成长者之间、成长者与社会人之间关系的三个案例：

案例一：……福州市瀛滨小学也用"我自己能上学"系列活动来引导同学们探索人与自身的关系。通过两周的体验，第一小队的队员们每天都能自己上学、自己回家，并知道如何处理好路上的突发事件。第二小队的队员们经过锻炼后，能够在离开高年级队员的情况下自己上学或回家。第三小队的队员们也能在指定的范围内等家长来接，他们的家长也能在指定的范围内接送自己的孩子。①

案例二："手拉手活动"是长葛市二小推进体验教育的一个重要载体。为了引导少年儿童在团结互助、互相学习的体验中感受小伙伴学习和生活的不同环境，感受同龄人之间的真挚感情，在人与人的交流中养成良好的行为品德，二小与大同乡赵明寰小学结成手拉手学校，深入开展"我到农村三日行"活动，让队员们与农村小朋友同吃同住同劳动，并邀请对方到自己家中做客。在"客人"与"主人"的角色互换体验中，队员们体验到了友情带来的喜悦。真情的交流带来了丰厚的收获。二小的少先队员看到农村小朋友学习条件艰苦，便自发开展了"节省一分零钱，帮助一个同龄人"活动，共捐出学习用品两千多件。②

案例三：2001年母亲节，孩子们就决定要给妈妈一份惊喜，大队部提前向少先队员发出"母亲节，我为妈妈露一手"的活动通知。你看，四一班的唐月同学早已和爸爸商量好了：在妈妈下班前，自己要与爸爸合作，给妈妈一顿丰盛的晚餐、一个干净整洁的房间。忙忙碌碌了大半天，唐月看着自己辛苦打扫的漂亮的房间，闻着从餐桌上飘来的饭菜的清香，不无感慨地说："妈妈最辛苦，妈妈最可爱，妈妈最无私，妈妈最了不起。"③

三个案例中，"我自己能上学"系列活动着眼于改善自我的生活能力，并由此体验到自我生命无穷的潜力，高扬生命发展积极向上的态势。类似的活动还有"成功体验""研究性学习"等。"手拉手活动"的体验效应源于不同的生命环境及其质量。正因为有了生命发展之间的个体差异，城区的孩子在与农村孩子交往过程中彼此才会产生清新的感受。"我为妈妈露一手"活动描述了子女对父母生活的深切感受，从中展现了成长者未来生命的样态。三者从不同的维度揭示了同一个主题：通过生命体之间关系的展开，展现生命成长的经历，感受生命存在的意义，进而提高自我生命的质量水平。

---

① 吴珊. 让小学生在实践中养成道德好习惯——全国少工委推进"体验教育"[N]. 中国青年报，2005（8）；2005（9）.（4版）

② 李文秀，孔书霞，李军. 在快乐的天空中张开翅膀 [J]. 河南教育，2002，（3）.

③ 红玲，谭娟，贺金莲. 快乐体验 放飞希望——湖北省宜昌市实验小学体验教育纪实 [J]. 学校党建与思想教育，2002，（Z2）.

二、心悟教育

（一）心悟的理解

我们把体验理解为主体亲身的经历及其主客相融的状态或关系，它意味着主体意会知识的生成，意味着客体知识的生命化，意味着实践对象意义的显现，而这一切都是在身体力行的过程中实现的。换句话说，外显的行为是体验得以产生的前提。行为总是在一定的时间和空间下出现的，也是可以观察的，与行为相关联的因素也能通过分析大体上罗列出来。虽然意会知识的生成、客体知识的生命化、对象意义的显现已经涉入体验者的内部精神世界，弥漫着主观意会的色彩，但它们基于亲历行为而产生，受到时空、对象范围的限制，依然存在"事实"或"事件"描述的标准。而人的主观精神却是无限的，完全可以突破时空的束缚，在自由的王国纵横驰骋。正因为主观精神的无限性，人才有了对完满生命永无止境的追求。有时空局限、可事实描述的体验显然还不能完成精神世界从有限到无限的跨越，它需要通过一种更高形式的悟性认识活动才能完成。这种认识活动就是心悟。

之所以用心悟指称高级的悟性认识活动，主要出于以下几方面考虑。其一，"心"的意境规定着中国传统文化的特质。在中国古代文化中，"心"具有思想的功能，并由此被赋予文化本体的意义。孟子以心通性，在《孟子·尽心上》中说："尽其心者智其性也，知其性则知天矣。存其心，养其性，所以事天也。"荀子以心通神明，在《荀子·解蔽篇》中云："心者，形之君，而神明之主也。"玄学奠基者王弼进一步发挥并确立了"以心为本"的思想。至此，"心"不仅仅是具有思想功能的人体中枢性器官，更是一种文化的本体，贯穿着唐宋以后的思想史。其二，"心"与"悟"组合，比较深刻地说明了主观精神的活动。"心"之语义是"悟"字的文化哲学源头。①"心悟"一词在清代康熙年间编写的类书《佩文韵府》中就已成为一个词条。站在当代文化的立场，摒弃传统文化中唯心主义的成分，心悟可以理解为滋养、丰盈文化生命本体的主观精神活动。它与体验的层次关系在于，体验是体悟的外在形式，通过"身体力行"内涉精神世界，是一个由外而内的过程。体居外，心居内，心悟则是基于内部世界、指向精神境界、生命本体的认识活动，体现了体悟内在形式的基本特征。其三，体悟是意识的融通，相对体验，心悟是更高层次的、最终指向自由意境的融合。体验以特定时空下的行为为基点，是相关意识的一体化；心悟以既有的内部世界为基点，追求精神境界的层次，是意境指引下深层的文

---

① 杨义. 感悟通论（上）[J]. 社会科学战线，2006（1）：101—118.

化生命活动。因此，心悟之下的融通是最高层次的，不仅是对各种体验的融和，也是对理性认知成果的融合。

心悟认识活动是人所特有的。它的生理基础在于人所特有的大脑结构的性能——悟感，终极的动力源于对生命完满的不懈追求。对每一个人类生命体而言，生命的完满是永远到达不了的彼岸，但正是对它的不懈追求，使自我生命能够不断超越现有的状态。在此过程中，人的自我意识起到了非常重要的作用，衡量着现实与理想的差距，其间的张力成为心悟认识活动产生的基本动力。

沿着基本动力的思路考察心悟的过程，我们发现过程的两端分别是个体内在精神的现有状态和理想状态。心悟是一个不断打破现有精神状态并重新建立起一种新平衡状态的过程，或者说是一个变通过程。生活环境的变化、突发事件的出现、人际关系的动荡等各种外在的因素都可能引起内部精神状态的改变，破坏原有的平衡，使主观精神陷入矛盾斗争的形势。它需要重新获得一种更高的平衡状态，从而使精神世界进入一个新的层次。

心悟是存在的，但由于历史文化形成的印象，用"心悟"一词却很容易使人联想到唯心主义。要从唯心主义的阴影中走出来，首先需要指明的是心悟的条件。无论是理性认识还是悟性认识都是建立在反映客观世界基础上的。心悟虽然以认识主体的内部世界为基点，但由于内部世界不是凭空产生的，是逻辑认知、实践与体验的结果，心悟的内容也就有了境遇性和历史文化性。心悟活动不受物理时空界域的限制，只是就心灵的自由性质、精神创造的无限可能性而言。在个体生命成长历程中，体验、逻辑认知、心悟是交叠往复、螺旋上升的过程。就文化生命的生成而言，可以说，没有体验，逻辑认知就失去了基础，没有体验和逻辑认知的成果，心悟只能是一种空想。

（二）心悟教育的理解

主观意会的心悟是体悟的内在形式，反映在教育领域，心悟教育成为体悟教育的内部形态。

体验教育尚可以通过经历的描述反映主客交融的关系或状态，心悟教育却没有清晰外显的事实脉络可以依托。它虽然对我们认识心悟教育造成了很大的困难，但并不意味着心悟教育无迹可寻或无路可通。

1. 心悟教育必须站在生命成长的立场才能获得理性的支持

在不同的视野下审视教育，教育的重心是有差异的。站在社会的立场，教育与社会政治、经济一样是人类基本的社会活动，呈现出社会事业的特征，宏观教育的应有之义——类生命的延续或者说文化传递活动——彰显无遗。在中微观教育领域，社会要求有时就会遇到教育规律的质疑，难以贯彻到教育活动的每个角落。它说明，教育领域存在社会视野所不能及的地方，而这些地方正是生命视野下的教育重心。传统教育的一个主要误区就在于仅仅从社会的视野审视教育的各个层面，从而把宏观教育之义统贯到教育的中微观领域。于是，成长者成了塑造的对象，生命体成了产品，象征着生命智慧和灵性的心悟被排挤到教育之外也就不足为奇了。

把教育看成是社会事业是必要的，但是，"它始终以教育活动为中心，要求更加有效地开展教育活动，并使之与人类社会生活、人类文化需要有机地联系起来，使之组织化、制度化、目的化、有序化，成为社会、国家生存和发展所自觉需要且可控制和管理的一种社会事业"①。简而言之，教育事业下的教育活动是一个完整的系统。当我们走进这个系统的内部，展现在我们眼前的不再是系统的框架，而是一个个鲜活的生命。在具体教育活动中，教育总是指向每个个体生命的健康成长，也只有如此，教育的外部功能或曰间接功能（促进社会的发展）才能通过内部功能或曰直接功能（促进个体生命成长）的发挥得以实现。

可见，从社会的立场来看，教育关注的是类生命的延续和进化；深入教育内部细心感受，教育之义则在于个体生命的成长。类生命可以外化为客在文化，但只有个体生命的存在，才会有真正意义上的类生命——个体生命的集合。无论是人类演化的历程还是教育活动，个体生命在逻辑上先于类生命，因此，教育首先应该关注个体生命的成长。

站在生命成长的立场理解教育，教育既要促进个体自然生命的成长，更要致力于个体文化生命的有效生成与健康发展。个体文化生命的成长不外乎两条途径：一是类生命的历史形态——客在文化的内化；二是主体通过实践活动改造自身。两者分别与逻辑认知教育和体验教育相对应，最终统一于个体具有生发功能的文化生命体。在思维方式上，逻辑认知教育倾向于主客分立，重点是认识世界；体验教育坚持主客一致，重心在于生成世界的意义并反过来认识自己。相对于人类群体而言，个体的实践是有限的，体验的范畴也受到客体对象的限制，只有一小部分逻辑认知的成果经由体验达到主客一致，完成生命化。因此，逻辑认知教育和体验教育虽然是个体文化生命成长的基本途径，但并不能彼此独立地承担起个体生命一体化的任务。无论是主客分立还是主客一致，都是以对象化思维方式为基础的。事实上，我们每一个人都能体验到另一种思维方式——非对象化思维方式，也就是主—主关系的心悟。非对象化思维方式超越了对象范畴的限制，因而是最终完成个体生命一体化的通途。贯穿着非对象化思维方式的教育就是心悟教育。

2. 心悟教育依托逻辑认知教育和体验教育，同时也是对逻辑认知教育

---

① 胡德海. 教育学原理［M］. 兰州：甘肃教育出版社，2006：407.

的深化，是对体验教育的扩展

　　作为体悟教育的内在形式，心悟教育没有独立外显的形态，即使是内在的形态也必须依托于逻辑认知教育或体验教育。其根本原因在于，心悟教育所涉及的意识内容源于客在文化的内化或实践经验的累积，没有逻辑认知教育或体验教育，心悟教育便是没有源头的一潭死水。否认文化内化与体验对心悟教育的基础作用，意味着意识相对于物质具有优先地位，走上了与唯物主义背道而驰的方向。其次，从个体与群体的关系看，个性化的心悟是对类生命的超越，个体的实践经验则使这一超越成为可能；从个体生命层次看，无限范畴的心悟也是对体验有限性的超越。以此推论，没有逻辑认知教育和体验教育，心悟教育就失去了超越的对象，同时也失去了超越的基础。

　　心悟教育对逻辑认知教育的生命化超越，以及对体验教育有限范畴的超越不是一种否定，而是一种深化与扩展。单纯的逻辑认知教育使个体知道什么和为什么，并据此在生活过程中加以应用。个体获得的知识依然带有浓厚的客体色彩。心悟教育的作用在于进一步使客体色彩的知识与意会知识相融合，生成知识的主体意义并赋予生命的灵性，即实现知识的主观精神化。对体验教育来说，基于体验要素的认识（经历与感受是基本的要素，悟思是扩展部分），体验教育注重实践的历程和体验者的感受，心悟教育则是对历程与感受的反思，并以此为切入点统合意识内容，实现主体意识的通融，从而提升主观的精神境界。

　　逻辑认知教育、体验教育和心悟教育的关系如图 6-3 所示。

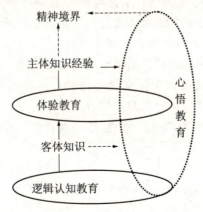

图 6-3　逻辑认知教育、体验教育和心悟教育的关系图

第三节　体悟教育的机理

体悟教育的机理是指通过诸要素关系表现出来的体悟教育运行过程的基本学理。在洞察体悟教育机理之前，首先明确以下几个观点。

其一，体悟是以悟感为基础，经历意识的沉积与潜伏，在原型的引发下融通为意象的过程。这一认识过程同样贯穿在体悟教育活动之中，为我们洞察体悟教育过程提供了一条基本的路线。

其二，体悟教育的基本要素是教育者的文化生命、成长者的文化生命和意义。其中，意义世界是类生命的外化形式。因此，意义是类生命维度的体现。就三者的关系而言，成长者的文化生命是核心，教育者的文化生命和意义服务于成长者文化生命成长的需要。具体而言，教育者文化生命在直接提携成长者文化生命的同时，通过揭示意义或创设意义情境帮助成长者理解、生成意义，从而间接地引领成长者文化生命的成长。

其三，文化生命的成长具有连续性，也有非连续性。连续性表现为文化生命的成长过程是分阶段的，各阶段存在一定的顺序，其间的跃迁是必然的。皮亚杰阐明的认知发展阶段、柯尔伯格揭示的道德发展阶段以及埃尔克森（Erekson, H.）提出的个性发展阶段等从不同的角度说明了文化生命成长的一般过程。但是，"在生命连续发展的过程中，常常出现一些突如其来的事件和不可预测的外在因素，引起生命发展顺序的局部中断、停止或转向，导致生命在局部出现非连续的发展"，"这种非连续性主要表现在精神生命的发展之中"，且"主要体现在非理性领域"。①

连续性表明，生命的成长内蕴不可遏制的势与力，为体悟教育提供了强大的动力；非连续性表明，个体文化生命的提升过程中存在着偶然性的因素，并以原型的姿态成为体悟教育的着力点。

从上述三个方面的认识入手，考察体悟教育的机理拟从基础、动力、过程三个维度展开。

一、体悟教育的基础：经验的累积

"经验"是一个很宽泛的词汇。作为动词可以理解为经历的动态过程，作为名词，凡是进入生命体的各种信息及其由此引发的内部心理变化都可以

---

① 冯建军. 生命与教育［M］. 北京：教育科学出版社，2004：346-348.

理解为经验。在这个宽泛的意义上，成长者的经验来源于现实生活，来源于逻辑认知教育和体验教育。

现实生活是经验主要的、最初的来源。人们在现实生活中不仅自觉运用逻辑理性分析对象具体的形态与属性，而且不自觉地把逻辑分析的结果融入非逻辑化的各种信息之中，并出现相应的感受状态，从而在整体上形成认知情意未加分化的认识结果。如果以"象"的属性来衡量这种认识结果，其中具体的形态与属性正如"死象之骨"，是客观、清晰、有界限、可言表的；非逻辑化的信息正如"意想者"，是主观、意会、无界限、难以用语言准确描述的，如我们常说对某人有"深刻印象"，既包括了这个人的外形等方面的事实特征，更主要的是对这个人的主观感受。从性质上说，它也是一种象——在生活体验中获得的物象、属象、意象与情感态度相融合的象（我们暂且称它为境象，以表达对象与心境统一之意），"是在少有先入之见的情况下对外部世界的充分而深入的反映"①。

在相近或相同的历史文化、生活方式的社会背景下，不同层次、大小各异的境象是大家在不同程度上都会有体验的，由此，境象在生命体之间能够心领神会。正是境象的这一特点，使"取象比类"成为可能，也由此奠定了境象在体悟教育中的基础地位。

逻辑认知教育主要指向间接经验的授受，同时也为生成文化意象提供了平台。间接经验是可言述的类生命的历史形态，类生命中不可言述的部分潜载于间接经验之中，成为文化自身固有的原意。逻辑认知教育关注间接经验，同时为了使成长者的文化生命尽快达到类生命的历史水平，也必然涉及文化固有的原意。体悟教育指向个体文化生命对类生命历史水平的超越，或者说个体要生成文化意象，就需要建立在接受间接经验、理解文化原意的基础上。

与前两者有所不同，成长者通过体验教育活动获得的经验在体验教育的基础中发挥着深化与拓展的作用。深化是相对于间接经验及其原意而言的：一方面，在实践过程检验并发挥间接经验的效用，加深对间接经验的认同。另一方面，通过亲历类似间接经验产生的背景或过程，在体验中深化对文化原意的理解。拓展则相对于现实生活而言：其一，即使在类似或相同的历史文化和生活方式的社会背景下，相对于类生命而言，个体的生活环境和范围具有特殊性，在生活体验中形成的境象范围必然是有限的，存在着"取象比类"在资源上可能的不足，通过开展自觉、有目的、有针对性的体验活动，拓展境象的范围，能够为体悟教育奠定更广阔的基础；其二，丰盈意会知识，意会知识是一种意会性的经验，在体悟认识活动中起着至关重要的作

---

① 王前. 中西文化比较概论［M］. 北京：中国人民大学出版社，2005：73.

用，可以说，没有意会的经验也就不可能生成境象或意象。

总而言之，是因为有了生活体验和逻辑认知教育，体悟教育才能够展开，是因为有了生活经验、间接经验和相关的体验，教育活动中才可能出现体悟认识的现象。

二、体悟教育的动力：类生命的超越与个体生命成熟化的趋势

个体生命的发展先后有两大趋势：生命的成熟化和完满化。生命的完满化是指个体在不懈地追求完满生命的过程中对自我生命的不断超越。人不仅在本质力量对象化过程中确证自己，同时也在改造世界的过程中改造自己。在改造世界——改造自己——再改造世界之间形成循环往复以至无穷的过程。充盈着对完满生命的渴望，人类的生命发展到今天的水平，经历了上百万年的时间。对于人类成长中的个体而言，生命发展的第一目标首先是达到类生命的时代水平，即生命的成熟化，只有达到了生命的成熟才可能走向通过改造世界实现改造自己的生命完满历程。因此，成长中的个体本能地对生命的成熟化怀有强烈的渴望。另一方面，相对于生命完满而言，生命成熟的特殊性在于直接通过类生命的内化与变通实现生命的成长。生命成熟化的趋势必然推动着类生命内化与变通的进程，成为类生命内化与变通的活动——逻辑认知教育和体悟教育的基本动力。

回顾教育发展的历史，个体生命成熟化的趋势并没有与体悟教育始终同在。它说明体悟教育的存在还需要其他力量的共同推进，这就是类生命的超越趋势。

类生命的超越趋势指类生命的现实时代水平超越历史水平的状态及其趋向。在不同的社会发展阶段，类生命的时代水平与历史水平之间的差距有很大的区别。农业文明时代的生产力发展缓慢，物质与制度文化发展平缓，历史文化与现实文化之间几乎没有什么差距，现实中的个体只要承受历史文化就达到了生命的成熟化；工业文明时代科技迅猛发展，物质文明迅速提高。但是，科技是少部分精英创新的产物，只有运用到工业生产过程，创造了更多的物质财富之后才可能带来人们生活方式、社会文化的普遍变革。工业文明时代的社会文化的变革是以科技创新、物质文明为先导的，虽然文化的时代水平超越了历史水平，但这种超越是在历史文化的枝条上生长出新芽，并进而披上新的绿叶。个体承受了历史文化，依循自身的脉络，文化生命自然也能够通达新枝新叶；到了信息化社会，情况发生了根本的变化。社会文化的变迁与物质文明的进步不再有先后之分，代表类生命水平的社会文化成为社会进步的弄潮儿。在人类社会发展日新月异的今天，类生命的现实水平与历史水平的差距已经拉大到了不能由历史文化自然延伸的程度。在未来的社

会发展历程中，两者的差距还会变得越来越大。在这样的社会背景下，个体生命的成熟不仅仅只是历史文化的内化，还要求达到文化的时代水平，这就需要变通，即在逻辑认知教育的基础上，体验现实生活，实现间接经验和直接经验的融通——体悟教育。

"教育这只船有两部发动机，一部在社会，另一部在教育内部"①。作为教育子系统的体悟教育也一样，类生命的超越趋势表征着社会发展的态势及社会对生命成熟化的重新界说，它通过社会的要求反映到教育领域，成为推进体悟教育强大的社会动力；生命的成熟化则是教育内部涌动的原生性的永恒的动力。当两股力量都具备之后，体悟教育必然应势发挥出应有的作用。

三、体悟教育的过程：文化生命间的引领与提携

在探讨体悟教育过程时，需要追溯并获得体悟机理的关照。正因为教育活动中存在体悟认识过程，教育的过程才具有了体悟的色彩。那么，我们是否可以沿着前面辨析体悟玄理时曾经提到的体悟之道阐发体悟教育的过程呢？这是一个很难回答的问题。因为，其中存在着一个需要回答但又很难回答的问题：如同其他教育活动一样，体悟教育也是教育者和成长者共同参与的活动，如果仅仅看到成长者的体悟认识过程，实际上我们只是在思考体悟学习的过程；假设我们同时又兼及了教育者的体悟认识过程，就会发现由于两者文化生命的水平有着质的区别，体悟认识相应地也会存在差异，它们是怎样的关系？又是如何运作的？

破解这个问题的关键在于合理地定位体悟教育基本要素中教育者的文化生命和成长者的文化生命。我们既然"可把教育者与受教育者称为教育过程的'两极'。了解教育过程有赖于考察这'两极'的极性及两极的关系"②，那么，同样也可以把教育者的文化生命与成长者的文化生命看做体悟教育过程的"两极"，从考察"两极"的极性对他们进行定位。

体悟教育过程中，已经成熟化的教育者文化生命首先是一个即有的、现实的存在。它的作用在于通过发挥自身的能动性提携并引领成长者文化生命的提升。在这个意义上，教育者的文化生命在教育的历时过程中是相对稳定的，即使在社会快速发展的背景下需要与时俱进，主要的落脚点依然是稳定态的水平；另一方面，成长者的文化生命则是动态生成的，每一个即时的文化生命都成为自我超越的对象。因此，在体悟教育过程中，体悟认识过程主要是针对成长者而言的，教育者的文化生命的价值在于促发成长者体悟认识

---

① 胡德海. 教育学原理［M］. 兰州：甘肃教育出版社，2006：12.
② 陈桂生. 教育原理［M］. 上海：华东师范大学出版社，1993：13.

活动的产生。

当然，"两极"只是过程的两个极点，要使过程完整化，还需要有连接两极的中间环节——意义。意义是体悟教育另一个基本的要素，也是与生命直接关联的元素。意义世界是人类精神世界的外化，主要以历史文化的形式独立、客观地存在于每个生命体之外。人与意义世界遭遇之后，意义世界在人的面前就显示出相关的意义，成为客在意义世界重新转化为精神世界的桥梁。这是每一个成长中的个体达到类生命的历史水平所必须经历的。

除此之外，在进入信息化社会之后，类生命实现了对历史水平的即时超越。类生命在更高一级的现实水平上直接以精神世界的外在表现形式——发展中的社会文化——即时体现出来。个体的文化生命要达到类生命的现实水平就需要在领悟历史文化意蕴的基础上进入现实世界，在与发展中的现实世界相互作用的过程中吸纳社会文化并感悟其中内在的精神世界，从而实现自我文化生命的成熟化。

概而言之，体悟教育过程所涉及的因素除了教育者的文化生命、成长者的文化生命和意义之外，在进入信息化社会之后，与类生命的现实水平相对应的精神凸显了出来，成为体悟教育过程的第四个基本的因素。四者的结构如图 6-4 所示。

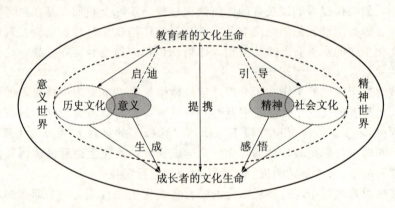

图 6-4　体悟教育过程的结构图

体悟教育过程的结构图说明了在教育者文化生命与成长者文化生命两极间同时存在着三个连接的通道：教育者的文化生命对成长者的文化生命的直接提携；教育者文化生命对历史文化的启迪，引发成长者生成意义；教育者创设实践情境，引导成长者在体验中感悟现实的文化精神。

（一）文化生命间的提携

生命需要生命的引导。

成长者之间存在着相互引导的现象，尤其是榜样的引领作用更加明显。成长者生命间的引导与互动为生命的成长奠定了人际环境的基础。成熟的、具有类生命水平的生命体（包括父母、教育者和进入成长者交往圈的其他社会成员）在成长者的生命成长过程中则起到了方向引领的作用。其中，教育者专职于引领成长者生命的成熟化。

教育者的文化生命代表着类生命的历史和现实水平，为成长者的生命成熟化提供了发展的方向和目标。

教育过程中教育者文化生命对成长者文化生命的提携是在生命间的理解与互动中完成的。从互不关联的生命体到相互间的理解与互动，有一个外化与内化的过程，即文化生命通过外显形态昭示于对方，在相互容纳的基础上逐步走进对方的内部世界。对教育者而言，面对着几十甚至上百个成长中的生命体，文化生命的外显形态就是众人眼中的形象。有一篇名为《教师形象》的散文取象季节对教师的形象作了类比[1]，内容如下。

如果说，春天像是一位童话里面美丽的仙女，给大地带来鲜花和芳草，给万物生灵创造了生机和力量，那么，在老师的身上就能体现春天的美妙。亭亭玉立、含蓄从容的姿态，展示了女教师温柔娴静、漂亮娇美的仪态；稳健的步伐，挺拔的站姿，端正地坐态，一举手、一投足都体现出谦恭大度；端庄稳重，热情有礼，不卑不亢，令人赏心悦目的高雅气质，饱含微笑的目光，带着春风般的温暖把关怀送到孩子们的心上，在播种希望的田野上，哺育一个个小生命以知识的养料，创造着繁荣、美丽和智慧，犹如丝丝春雨，"随风潜入夜，润物细无声"。

夏天，是火热的，充满了欢乐，充满了活力，给大地带来了繁盛和成熟，那么，在老师的身上也能感受到夏日的炽热与充实。热爱生活，热爱学习，热爱大自然，热爱教育事业，热爱每一个学生，热爱体育锻炼，热心参加各项文化艺术活动，以健康的体魄、宽阔的胸襟、美好的心灵、坚毅的性格、乐观向上的良好意志品质来影响学生，以似火的盛夏激情激励学生，以崇高的人格教育学生，以优秀的形象感化学生。

金色的秋天，是丰收的季节。它把丰硕的果实奉献给人间，把甜滋滋的喜悦填入人们的心田。那么，在老师的脸庞上也能感受到收获的满足和喜悦。课堂是老师获取成功的重要阵地，亲切的教态、规范的教学举止、富于感染力的语言，激发着学生的思维；一个小小表情包含着丰富的内涵，一个小小的动作营造出优美的意境，赋予学生知识和技能，赋予学生信心和力量，以自身内在的才华与外在的教学魅力摘取着累累的果实。

---

[1]　王枬. 智慧型教师的诞生 [M]. 北京：教育科学出版社，2006：262—263.

寒冷的冬天，给大地带来了深沉和冷静。但是，它虽然是那么寒冷，却是春天的摇篮。它积存的瑞雪，净化着大地，丰润着来年。那么，在老师的身上也蕴涵着冬天的深沉和严谨。作为教师，为了给学生一杯水，自己必须有长流水；要有渊博的学识，就必须孜孜不倦地吸收新的养料，不断地充实和提高自己，用坚韧不拔的毅力去攀登知识领域里的每一个高峰。教到老，学到老，养成良好的学风和严谨的教风。今天的积累是为了明天的奋进，这也是教师的一种美德。

在这篇散文中，无论是教师身上春天般的美妙，还是炽热与充实、满足与喜悦、深沉和冷静，更多展现出来的是教育者的职业形象。任何一个成熟化生命体的形象事实上都是现实、普遍类生命的形象与类别化的职业形象的统一。正是教育者具备了上述这些形象，不仅敞开了自我内部精神世界的大门，同时也拥有了打开成长者心灵世界的钥匙。

教育者的形象如春风化雨，滋润着成长者的心田，无声地引领着成长中的生命走上健康的轨道。教育者与成长者之间的心灵沟通则意味着双方携手共同跨越生命成长道路上的坎坎坷坷。心灵沟通是一种走进对方生命、感受对方生命的状态，是一种相互拥有对方生命属性的内居关系。当一方遭遇危机、挫折或不幸导致精神状态低落时，另一方与之共同承担的同时还能够传导积极的生命信息，提携着对方跨越低谷；当一方获得成功、有了进步时，另一方与之共同分享的同时还能够给予肯定和鼓励，在互动中推进前行的步伐。

在内居关系中，教育者一方的文化生命在水平上高于成长者的文化生命，但在向上发展的力量与空间上却不及后者，由此决定了教育者的文化生命处于引领与提携者的地位。通过双方的互动，内居属性不断更新，成长者的文化生命最终在教育过程中趋向成熟。

（二）探寻历史文化的意蕴

个体生命的成长离不开历史文化的影响。历史文化是意义世界的主要内容，是类生命的外化形式。个体生命的成长首先要达到历史类生命的水平才可能向更高层次超越。从表现形式看，历史文化分为符号和实物为载体的两类意义系统。例如，一首诗、一篇文章、一部小说、一册漫画都是以符号为载体的意义系统，长城、古运河、苏州园林等历史遗迹以及革命先烈的遗物等都是以实物为载体的意义系统。从内涵方面看，历史文化由浅入深又可分为客在的文化、潜在的意义和生成的意义。客在的文化是直接可以感知、理解的，具有客观标准的历史文化，在意义系统中包括可见的历史遗物、符号及其意指等；潜在的意义是客在文化中所承载的历史类生命中只可意会、不能言传的那部分精神，是客在文化对于主体的普遍性的意谓；生成的意义是客在的文化、潜在的意义在与主体相遇时在主体生命中所形成的独特的意谓。

历史文化的意蕴包括潜在的意义和生成的意义，是历史类生命通过历史文化转化成为个体新生命的关键性的一个环节。

教育者的文化生命是成熟化的，在相当程度上内蕴历史类生命的内容。从教育者的文化生命到成长者的文化生命，在历史类生命的转化方面，一般经历以下三个阶段。

第一阶段为授受历史客在文化的基础阶段，主要通过逻辑认知教育完成。

第二阶段立足于揭示客在文化的潜在意义。如果说教师是历史文化的保存者，那么教师所保存的历史文化应该是潜在的意义。基于职业的需要，教育者区别于其他成人的一个特殊之处也正是在于他的文化生命中包含着更丰富的历史文化的潜在意义。但是，潜在意义与客在的知识不同，知识可以传授，潜在意义却只能揭示，因为潜在意义属于我国传统哲学中"象"的范畴，是一种"象"，最有效的揭示方法是取象比类。

第三个阶段指向成长者个体意义的生成。在教育者的文化生命中，不仅有丰富的历史文化的潜在意义，同时也必然存在相应的个性化的意义。换句话说，教育者文化生命中拥有的历史文化及其潜在意义对于其生命主体而言是有独特意谓的，伴随这种独特意谓的出现，主体生命同时也会生成其他主观的东西，如情感、价值、态度、关系，等等，这就是教育者生命中所生成的意义。教育过程中，生成的意义与潜在的意义也存在着区别：对于成长者而言，教育者文化生命中的潜在的意义需要理解，生成的意义却只能起到启迪的作用，引发成长者生成自身独特的意义。

第一阶段以逻辑思维为主，相应的是逻辑认知教育；第二阶段以象思维为主；第三阶段以创造性思维为主。后两个阶段已经进入体悟教育的过程。

（三）引悟现实文化的精神

社会文化是类生命发展水平的标志，个体的生命需要经历社会熔炉的锤炼。人所面对的现实世界是历史的延续和发展，是人类的实践活动及其产物。站在人类发展的前沿，脚下是历史文化，周遭是创造着新历史的忙碌的人群。每个人一来到这个现实世界就置身于历史与现实的文化环境之中。但是，每个人的生活环境总是有限的，在日常生活中只能接触并体验到极小一部分，不足以使个体的文化生命达到历史的或现实的类生命的水平。尤其在进入信息社会之后，生产方式与社会文化的性能更是发生了重大的变化，现实类生命对历史水平的超越幅度也因此越来越大，这就要求教育不仅要关注历史文化，同时也必须拓宽成长者与现实文化的接触面。

在以知识为主要生产要素的信息化社会，知识成为经济发展的最重要的因素。为了不断更新知识，不仅需要不断更新的态度，同时更应致力于未来知识的创新。1996年，兰恩（Lane，R. E.）在《政治与意识形态在知识社会的衰落》一文中认为，知识社会中的成员具有以下特质：① 积极探索自己对人类社会的基本信念；易于接受有客观标准事实的引导，有较高的教育水平，并依循科学法则进行归纳；运用较多的资源进行研究，因而存有大量的知识；不断地搜集、组织、解析知识，以求得更进一步的意义和应用；运用知识阐明或修正自己的价值观和目标，并取得进一步的扩展。社会成员的这些特质在一定程度上表征着现实类生命对历史水平的超越。它所反映出来的社会文化很多还没有外化进入意义世界，存在于人们的现实生活之中，渗透在人与人、人与自然、人与自身关系的方方面面。

走入社会，走进更广阔的现实生活意味着成长中的个体走上了超越历史类生命的通道。成长者超越历史类生命的关键在于能否走进并拥有人类现有的精神世界。这不只是一个理性认识问题，更多的需要成长者在实践中通过亲身的体验去感受、去领悟。教育者在其中则发挥着引领的作用。教育者引领成长者走进人类现有的精神世界是一个体悟教育的过程，大体上可以划分为以下几个环节。

其一，教育者的规划与组织

体悟教育是有目的、有计划地引发成长者体验或心悟认识，提升成长者生命境界的活动。在走进社会、走进生活开展实践活动之前需要回答并解决以下一些问题：成长者要把握社会文化的脉搏、领悟社会文化背后的生命气息、同步于现实类生命的精神世界需要哪些社会环境的支持？在成长者的日常生活环境中，哪些方面有待于进一步深入地展开？哪些环境是成长者未曾涉猎的？确定了实践活动的领域后如何展开？回答并解决这些问题就是教育者规划和组织体悟教育活动的过程。

在国家课程中设置综合实践活动，共青团中央、全国少工委印发的《关于加强少年儿童思想道德教育深入开展体验教育的意见》中提出以人与人的关系、人与社会的关系、人与自然的关系、人与自我的关系作为体验的内容，共青团中央、全国少工委《关于动员和组织少先队员在实践中体验的实施意见》中关于开展以"新世纪我能行"为主题的体验教育活动的倡议，等等，体现了国家相关教育机构或组织对体验教育的规划，并通过课程标准、四方面体验内容的实施建议等为各地因地制宜组织体验活动提供了参考。当然，国家对体验

① Lane，R. E. The Decline of Politics and Ideology in a Knowledgeable Society. American sociological Review，1996，(31). [M] //厉以贤. 学习化社会的理念与建设. 成都：四川教育出版社，2004：21—22.

教育的规划与组织只是宏观上的、原则性的规定或建议，地方教育部门或组织、学校或社会教育者依据具体的情况需要进一步地进行具体活动的规划和组织。

其二，成长者亲身参与实践活动

社会或教育者对文化生命的把握能力决定了实践活动的有效领域，为成长者走向社会、走向生活指明了道路。之后，体悟教育的过程进入以成长者为主体的体验活动。

体验首先是经历，不仅包括与实践对象交互、建立彼此内居关系的事件流，也可以包括具体实践活动（小主题）本身的选择和组织历程。其次，体验也是一种感受状态，既有实践对象属性内居主体之中所带来的主体内心情感、态度、观念的变化，也存在主体对经历本身自然的心理反映。之所以会有感受，一方面源于人类的本能，即大脑对客观事物的反映必然伴随着认识主体的主观心理变化，另一方面的原因在于实践对象之中浸润着社会文化，或者说，主体与实践对象之间的关系本身就是一种社会文化，实践活动的展开也是社会文化作用于体验者的过程。

体验过程中触及的社会文化可以被看成是一种知识，但绝不只是一种纯粹的知识，它更多地倾向于现实类生命的存在形态。体验的过程实质上是现实类生命与个体文化生命之间间接的互动与交融，是个体文化生命与人类精神世界的相互观照。

其三，反思与交流

反思建立在经历与感受的基础上，是对经历与感受自觉的、有意识的理性思考或悟性返观。理性思考的内容指向经历及其关涉到的作为知识形态的社会文化，是在审阅焦点意识与附属意识的基础上，对自我经历与成人实践过程进行比较，检视经历过程中的得失，剖析相关社会文化的结构（现实文化与历史文化的关系）、价值、地位；悟性返观的内容指向感受及其关联的作为现实类生命存在形态的社会文化，是在感受基础上领悟社会文化的内在精神。

反思需要教育者的引导。作为成长者自在的体验，可能会有反思也可能只是无意识的悟性返观，而且反思的程度因人而异。教育者站在成熟化文化生命的高度能够比较清楚地洞悉成长者文化生命有待提升的方面，并通过直接或间接的方式揭示成长者理性反思的内容，创设成长者悟性返观的情境，引领成长者走进精神世界。

反思的结果是个体性的，相互间的交流不仅是分享，更是反思的深化。通过语言的表述就能分享理性思考的结果，对于悟性思考的心得则需要借助象喻的方式表达。思想的分享也意味着思想的冲突。几种个性化的反思结果相遇时就会撞出火花，点燃主体进一步的反思。可以说，交流就是成长者之间生命与生命的互动、交融与提升。

（四）引发心悟，提升境界

文化生命间的直接提携、教育者文化生命经由历史文化、现实社会文化引领成长者文化生命的提升是贯通体悟教育两极的三条有迹可寻的通道。它仿如三条支流，最终会聚到文化生命之河。引发心悟、提升境界的心悟教育正是体悟教育过程中的会聚点，指向成长者文化生命内在品质的改善——形成人生观、世界观、道德观和价值观。

如同汇流只是一个点一样，心悟教育并没有一个明晰、稳定的时间流。它渗透在体悟教育的整个过程之中，又可能在某一时刻某种契机下突然明朗起来。或许教育者引发成长者心悟的很多努力也不一定产生理想的效果，但期间潜移默化的影响却是肯定存在的。这就需要我们对心悟教育的性质有一个清楚的认识：心悟教育首先是一种思想，那就是，成长者的精神境界的提升有一个心悟的过程，教育者能够为成长者的心悟认识活动创设条件。怀着这一信念，体悟教育就是用生命唤醒另一个生命，用心灵沟通另一个心灵的艺术。其次，心悟教育也是一种教育方略，一种捕捉契机、利用契机引发成长者心悟认识活动的方略。

西方哲学思想中关于生命发展非连续性的观点对于心悟教育如何进行提供了一个有益的思路。赫舍尔（Heschel，A. J.）在生存论视野下赋予生命发展的非连续性以本体论的意义，认为"人不仅应当被理解为一连串的事实，还应当被理解为一系列的机会"①；柏格森也认为生命是不断选择和生成的；德国教育哲学家博尔诺夫（Bollnow，O. F.）在批判地吸收上述观点的基础上进一步提出非连续性教育的概念，认为"在人类生命过程中非连续性成分具有根本性的意义，同时，由此必然产生与此相应的教育之非连续性形式"②，系统地论述了非连续性教育的几个重要范畴，它们包括危机、遭遇、唤醒、告诫和号召等③。从认识论的角度看，非连续性教育在性质上不就是这里所说的心悟教育吗？正是危机、成功或挫折、意外事件等非连续性因素打断了文化生命成长的平稳进程，但也可能成为原型诱发心悟认识活动的出现，使成长者的文化生命跳跃到一个新的高度，成为生命发展过程中的转折点。在这个时候，教育者及时地走进成长者的内心世界，通过建立生命间的内居关系，将增加非连续性因素成为心悟认识活动原型的可能性，从而在不确定性、偶发性中把握到心悟活动的必然性。当然，我们也应该认识到

① 赫舍尔. 人是谁 [M]. 隗仁莲，译. 贵阳：贵州人民出版社，1994：36.
② 博尔诺夫. 教育人类学 [M]. 李其龙，译. 上海：华东师范大学出版社，1994：51.
③ 冯建军. 生命与教育 [M]. 北京：教育科学出版社，2004：350—354.

心悟的诱因更多地存在于广阔的生活世界。教育主体不仅要看到教育过程中的偶然因素，更应注重教育的生活化，通过丰富的活动为心悟的出现创设更多的机遇。

第七章

体悟教育的情境

　　体悟教育作为一种教育思想，如何走向教育实践是实现体悟教育价值的关键，也是体悟教育研究需要重点探索的问题。

　　从理论上考察体悟和体悟教育的机理，有助于我们更好地解释并理解教育活动中的体悟现象，但依然不足以直接指导体悟教育的实践。我们明确了体悟教育的三个要素、三个通道及心悟的存在，但体悟教育的过程却并不一定必然伴随体悟活动的产生。究其原因，以"豁然开朗"为标志的跳跃式体悟的发生需要满足内外两方面的条件，即内在意识的累积、潜伏接近变通的临界点，以及外在情境中出现引发意识变通的原型。然而，这两方面的条件都是不确定的，在时间上不可能进行预设。此外，走向实践的一系列问题还困扰着我们：文化生命间如何提携？教育者如何揭示历史文化的意义、如何引导成长者感悟社会文化所承载的精神？成长者能够有意识地追求心悟吗？如果不可能是否意味着教育无能为力？如果可能的话又当如何去做？

　　这些问题需要我们深入思考，但不要去奢望找到一个固定、明确的答案。体悟的过程是跳跃式的、模糊的，逻辑理性与象思维的结合只能判断体悟发生及其前后时段文化生命的大致状态，它决定了体悟教育不可能、也不应该去追求或设计一个普适性的具体操作流程。那么，我们该如何架通体悟教育理论与体悟教育实践之间的桥梁呢？如同体悟一样，实践的体悟教育更多地依赖主体的非逻辑思维。在宏观的规划下，主体间的意会、行动时的直觉往往更容易形成促发体悟的情境。另一方面，体悟教育理论试图揭示体悟教育现象背后的内在关系，必然更多地依赖理性的逻辑思维，即使借助感悟获得一些认识也只有通过理性的论证或说明才能为人所认可、所共享。可以说，在体悟教育领域，理论与实践是两个极，连通这两极的应该兼具理论与实践的品性，也就是教育的情境。

第一节　情境、教育情境、体悟教育情境

一、情境

"情境"是一个在日常生活中使用得非常广泛、意指却不甚明确的词。任何人都不可能把某一种情境的意指事无巨细地罗列出来，但凭借人们的生活体验却可以获得意会中清楚的意谓。辞海中对情境一词作如下释义："一个人在进行某种行动时所处的社会环境。是人们社会行为产生的具体条件，由威廉·托马斯所创用。包括机体本身和外界环境有关因素。可分三类：真实的情境，指人们周围存在的他人或群体；想象的情境，指在意识中的他人或群体，双方通过各种媒介物载体相互影响；暗含的情境，指他人或群体行为中包含的一种象征性的意义。"①《汉英词典》中与情境相对应的英语单词是"situation"和"circumstances"，《新英汉词典》对这两个单词作如下相关解释："situation"是指"处境，境遇；在一定时间内作用于生物的内外总刺激"②；"circumstances"是指"情况，形势，环境"，"境况、境遇"。③

从情境的词义出发，结合人们日常生活中的理解，在意义系统中，"情境"一词的意蕴包含如下几个层次，首先，情境是与人的特定思想或行为相关的环境。环境是一种泛指，包括客观存在的自然环境和社会环境。情境则是一种特指，首先必须是那些与特定主体存在关联的环境，否则，有境无情就不成为情境；其次，情境总是相对于主体的特定思想或行为而言的，或者说，只有那些具备了主体价值的环境才能成为情境。例如，一个人所处的环境，相对于这个人的生活而言是生活情境；相对于这个人的道德思想或道德行为而言，其中具有道德价值的那部分环境构成道德情境；相对于这个人的学习行为而言，其中与该行为相关联的那部分环境构成学习情境。这个层面的情境可称之为处境或境遇。其次，情境是主体与环境相互作用过程中主体特定思想或行为以及关联环境所处的整体状态。人的思想或行为总是在主体与环境相互作用的过程中产生和发展的。在这个过程中，关联的环境会发生变化，特定的思想或行为与变化的、相关联的环境形成具有一定张力的关

---

① 辞海编辑委员会．辞海［Z］．上海：上海辞书出版社，1999：2814.
② 新英汉词典（增补本）［Z］．上海：上海译文出版社，1985：1283.
③ 新英汉词典（增补本）［Z］．上海：上海译文出版社，1985：204.

系。两者所构成的整体状态成为特定思想或行为发展的一种"势"，也就是我们通常所说的形势、情况或境况。第三，情境也是与特定思想或行为相关的一种主观感受。在主体面对相关的环境时，环境状况与思想或行为目标之间的关系会带来主体情感、态度、意志等方面的心理变化。例如，在遭遇到不利于实现行为目标的环境即逆境时，主体在情感、态度、意志方面的变化将决定着是勇敢面对还是畏难退却。在行为过程中面对变化的环境及其行为与环境之间的关系时，同样会不断地改变着主体的心理状态，主体的感受将决定着是坚持不懈还是半途而废。概而言之，第一层面是情境的意指，第三层面属于情境的意谓范畴（意指对于主体的意谓），第二层面介于两者之间，是动态的，为主体从意指中获得意谓创造了条件。因此，情境是一个融合了客观实体、关系状态和主观感受的思想或行为背景。它既可以实体的物景——"境"为焦点，也可以营造的气氛、产生的情感共鸣等主观色彩——"情"为焦点。

无论是以"情"为主还是以"境"为主，情境都是一个整体。单独的外部环境或主观心理感受不足以构成情境，没有环境与主体的相互作用也就不可能产生特定的思想或行为，情境也就失去了借此限定的范畴。在任何情况下，情境都是特定的思想或行为、关联环境和主观感受的统一。在一般情况下，特定的思想或行为与关联环境、主观感受是同时发生的。例如，某个人一旦决定了去登山，气候状况就成为情境中的一个组成部分，在登山过程中山体环境逐渐展现在眼前，同时也感受着自己的身体状态和登山路径的艰险和山体的美景，及至高峰处，一览众山小，心胸也似乎宽广了许多。然而在教育领域，由于教育过程中存在教育者和成长者两个主体，对于其中的成长者来说，就会首先面对教育者创设或安排的情境，随后才产生主观感受和相应的思想或行为。这也正是教育的优势和功能所在。

作为一个整体的情境贯穿了实体环境与主观感受，在性质上也就集合了双重的属性。一方面，它是实践的，只有在主体的实践活动中才会产生特定的心理情境，也只有在实践中情境才是整体存在的，同时它又能借助理论分析提炼出与行为关系最为密切的主要因素及其因果关系，并据此揭示规律、指导实践；理论与实践的双重品性决定了它既有普遍性的一面，成为可以理论化的基本内容，又有个体性的一面，其中的微妙如人饮水、冷暖自知；它既有静态的内容，关联环境中的很多部分（尤其是物理环境）在相对的时间段内是稳定的客观存在，同时它又有能动的一极——主体的意识，推动着整体的情境不断发生变化。

情境的双重品性并不意味着它始终处于两极的平衡点。有些情境在性质上偏向客观、静态、普适、理论一端，有些情境则偏向主观、动态、个别、实践一端。它们会直接影响到主体的认识倾向和行为表现。

二、教育情境

　　情境无处不在，只要有人的实践活动就有相应的情境。人类社会自从有了教育活动，与教育行为相关的情境——教育情境就已经存在了。但是，在不同的历史时期、不同的国家和地区，由于人们对教育的认识有所不同，教育行为就会有差异，对教育情境的理解相应地也会有很大的区别。

　　把历史文化传承作为终极任务的传统教育中，教育的行为自然表现为知识的授受。它决定了教育情境的唯知识性：与教育行为关联的是内蕴丰富文化知识的环境，自觉的主观感受取决于知识的积淀，主体与环境的作用是一种信息流动的过程。可以看到，传统的教育情境处于客观、静态、普适、理论的一极，另一极处于不自觉的状态。在当前社会变迁、教育改革的背景下，"一切为了学生的发展"昭示着教育理念与教育模式发生了实质性的变化，文化知识成为个体生命发展的基础，文化生命有了不断自我更新与超越的诉求，引领生命的成长成为教育行为的主旋律。与此相一致，教育情境也发生了重大的变化。

　　人们对教育情境的重新审视经历了两个阶段。

　　第一个阶段出现在 20 世纪 90 年代中后期，标榜主观主义认识论路线的建构主义学习理论因为对我国的教育现状特别有针对性被引进国内，并在理论界得到广泛的认同。与后现代知识观相呼应，建构主义的情境模式从知识获得层面赋予了教育情境崭新的意义，因为契合我国教育改革的方向逐渐从理论走向教育实践。

　　建构主义的情境模式认为知识不是可以被动接受的，因为知识不是说明世界的真理，是认识主体依据自己先前已有的知识和有限的经验重新进行意义建构的结果，主体在获得知识的过程中，实质上已经对他人提供的知识进行了转化。因此，知识是主体主动参与建构而来的，是认识主体和学习情境之间在对等的、非因果的互动关系中不断意义建构的产物。建构主义的知识性质观与后现代关于知识的文化性、境遇性和价值性等观点相呼应，从根本上动摇了教育情境的唯知识性，给我们展现了一个意义建构的教育情境的视野。教育情境开始从客观、静态、普适的一极走向主观、动态、个性化的另一极。

　　第二个阶段出现在 21 世纪初期，伴随着新一轮课程改革的展开，教育情境的价值开始从意义建构进一步走向主观精神的提升。北京师范大学肖川教授的一篇教育随笔对此作了比较深刻的描述：

　　当一种情境能够称之为"教育情境"时，它一定应该在相当程度上具有这样一些特质：

在这里，充满着对人的价值与意义的理解和尊崇，能够使置身于其间的每一个人感受到充满内心的庄严感、崇高感和被净化了的自我超越感。在这里所感受到的一切能够把人带回到自我生成的、感性的、具体的、现实的、流动的、创造的、具有鲜明个性特征的生活中，能够唤醒人们对过去美好时光的追忆和缅怀，对于未来幸福生活的向往和憧憬，使人们被崇高的信念所感召，所引领，有准备去承受那些社会共同生活必然带来的沮丧。……

在这里，没有强求一律和苛刻的规训，建设性、创造性的冲突得到认可与欣赏。教师引导学生用自我反思的方法从各种束缚、禁锢、定式和依附中超越出来，让"解放的旨趣"得到最佳的凸现和弘扬。当下的每一个场景都能成为积极的生命流程中的驿站，在这个时间的"流"中，能够清晰地觉知到历史老人由远及近的脚步。师生关怀问辨，亲密无间，相互熏陶，教学相长，师生均处于一种丰富、和谐、光明、温暖、纯洁、宽松、博大的氛围之中。

在这里，充分展开着思与思的碰撞、心与心的彼此接纳与宽容，自由交流成为常态。在晶莹明澈、静谧安详的氛围中，开启幽闭的思绪，放飞囚禁的情愫。

在这里，每一个人都能感受到自主的尊严，感受到独特存在的价值，感受到心灵成长的愉悦，师生都不知不觉地发生着一种变化，而且这种变化会永远地改变一个人与自然、社会、生活、环境、学习以及自我的关系；在这里，创生着一种新的表达方式和新的分享方式，创生着一种朝着未知之境用自我反思的方法开掘迈进的阔大和开放。①

教育情境的这些特质同时也揭示了它所应该具有的精神培育、生命成长的价值。在教育变革的今天，关注并强调教育情境主观、动态、个性化的一面是必要的，但在理论上我们依然需要清楚地意识到各种教育情境在整体教育情境中的定位，否则就可能导致同样走向极端所带来的片面性。

如果我们把传统教育下的教育情境理解为关注知识的教育情境（或称认知教育情境），那么，建构主义视野下的教育情境就可以称为关注意义的教育情境（或称意义教育情境），新课程改革背景下的教育情境则为关注精神的教育情境（或称精神教育情境）。知识、意义都是意义系统中的内容，两者的区别在于知识倾向于符号的意指端，意义倾向于符合的意谓端。在自然科学领域，知识的意指取向性突出，客观性相对比较明显，与之相契合的是认知教育情境；在社会、人文科学领域，知识的意指与意谓取向并重；与之相契合的应该是包含认知教育情境功能的意义教育情境；以人生观、世界

---

① 肖川. 教育情境的特质［J］. 中小学管理，2000（2）：27.

观、价值观、道德观为表现形态的意境、情操、智慧、德性等精神境界基于知识与意义，同时又是对知识与意义的超越，需要精神教育情境的支持；从知识到意义再到精神构成了一个从客观、理性、逻辑到主观、悟性、非逻辑的转化过程。正如教育活动可以划分为逻辑认知教育、体验教育和心悟教育一样，关注知识的教育情境并不排斥意义、精神的教育情境，关注意义或精神的教育情境也是一样，只不过重心各有不同取向而已。与教育活动的类型相适应，三类教育情境都有其存在的价值，只不过长期以来，我们过分关注了知识的教育情境，在教育变革的今天，倡导后两类教育情境就显得尤其必要了。

从认识论视野审视意义教育情境和精神教育情境，就有了如何实现其应有价值的问题，于是这两类教育情境就出现了新的视角：体悟教育情境。

三、体悟教育情境

理解体悟教育情境首先明确三个基本观点。

第一，体悟教育情境是教育主体自觉、有意识地选择、安排、组织或创设的情境。体悟现象广泛存在于人们的现实生活之中，由于体悟认识活动在时间上的偶然性，引发体悟的相关情境也是不确定的。虽然体悟总是显得那么神秘，但也并不是无迹可寻。借助人所具有的理性与智慧，体悟过程的轮廓、体悟发生的条件在一定程度上不仅能体验到，而且还能辨析出来。体悟教育情境正是教育主体在此基础上对情境进行选择、安排、组织或创设的结果，目的在于引发成长者生命成长所需要的悟性认识活动。

第二，体悟教育情境的主体是成长者。体悟教育活动有两个主体，即教育者和成长者，在教育过程中，无论是哪一个主体都存在体悟认识现象。体悟教育情境则是针对成长者而言的，教育者的文化生命是情境内容的一个组成部分，服务于情境主体的认识活动。

第三，体悟教育情境具有引发成长者体悟认识活动的趋势。与体悟教育情境相对的是关注知识的认知教育情境。两种教育情境的差异在于教育主体赋予它们不同的价值取向，并且以此出发选择了情境的焦点，进而也决定了情境的附属内容。当教育主体抱着建构意义、提升精神境界的价值取向选择、组织或创设情境时，主体的价值意向或者渗入情境之中，或者自身成为情境的一部分。成长者置身于其中的教育情境即使不能即时地引发体悟认识活动，也会感受到穿透主体生命深处的那种强烈的、无形的力量。这种力量实质上是教育主体的意志力与教育情境作用力的结合。力量虚弱的教育情境是片面关注知识的认知教育情境，没有这种力量的情境则不成其为教育情境。

上述三点是我们理解体悟教育情境的出发点。其中，关于情境的价值取向是认知教育情境与体悟教育情境的分水岭，也是我们进一步剖析体悟教育情境的切入点。

认知教育情境的价值取向以知识为中心，情感、态度、兴趣服务于知识的获取，倾向于静态、功利性的一面。在这里，情境既充当获取知识的动力的角色，同时也是知识的载体。体悟教育情境的价值取向以精神境界为中心，客观、事实性知识服务于情感、态度、意志等主观感受以及智慧、德性、意境的升华。精神境界是无形的大"象"，不可能游离于生命体而寄存于静态的情境之中，因此，静态情境可以作为知识或意义的载体，但不能成为精神的载体，要实现精神境界的价值取向，体悟教育情境就必须进入变动的状态。

任何教育活动都有一个自觉的计划与设计过程，对成长者实践活动的规划同时也包含了对教育情境的预先设计。在进入动态情境之前，计划中的体悟教育情境是静态、潜在的，是对体悟教育情境的一些基本内容，如教育者文化生命、教育主体的价值取向、心理氛围、相关的物理环境等方面的要求或规定。没有这种规划的情境，在实践活动中展开的动态情境只能体现其自在的价值，教育主体的价值取向就难以落实。它或许是体悟情境，但不成为体悟教育情境。

从规划状态进入变动状态，是体悟教育情境形成具有一定结构关系和生命活力的有机整体过程。伴随教育行为的展开，教育者的文化生命、成长者的文化生命和情境中客在文化的气氛在互动过程中形成特定的心理氛围，从而赋予物理环境以主观的感受。例如，当我们置身于某一环境时，欢乐的氛围中，愉快的情绪下，感觉周围的一切都是那么美好；反之，如果遇到困难或挫折，周围的一切仿佛都有了沉重感，给人一种压抑的感觉。这意味着认识主体、教育者的生命样态、心理氛围、物理环境之间形成了某种关系。正是这些关系状态的不断变化使体悟教育情境呈现动态之势。如果在情境中出现了激发体悟的原型，情境中的各种关系就有了集聚的焦点，主体内在的体悟认识活动也就产生了。

原型是不确定的，可遇不可强求。在类似的体悟教育情境中，对某人来说出现了原型并不意味着对另外的人也一定会有原型的存在；情境中一些未在预设中的因素，甚至一些看似无关紧要的东西或事件都有可能成为原型。因为原型的不确定性，体悟教育情境在贯彻体悟教育价值取向的过程中只能通过营造"引发"的趋势召唤原型的出现。原型固然是我们所追求的，但体悟教育情境的价值更应注重这种趋势对认识主体精神境界所具有的潜移默化的影响。两者是结果与过程之间的关系，没有过程就不可能产生相应的结果。

原型的不确定性决定了体悟教育情境不一定就能促发具有外显行为特征的体悟认识的产生。但是，从宏观层面看，生命发展的非连续性表明，现实世界中必然存在打断生命连续发展或引发生命发展进入另一个新阶段的某些情境或因素。从我们的生活体验中能够发现的这些情境或因素正是那些前文曾述及到的非连续性因素，如危机、遭遇、告诫等。它们的出现是非预期的，但却是最容易引发原型出现的体悟教育情境。

"危机（如社会危机、家庭危机、疾病危机和成熟危机等）是突然出现的威胁和中断人类和个体生活进程的事件。"① 个体在生命的成长过程中，"向某个新的生命阶段的过渡只有通过危机才能得以实现"，"危机越严重，渡过危机的决心越大，危机后的一种重新开始的清新感就越酣畅"②。每个人的生活过程中不可避免地会面临各种各样的危机。教育者及时洞悉并介入，危机就会成为积极的体悟教育情境。此时，成长者文化生命的发展进程往往正处于非连续点的位置，具有克服危机、确立新起点的强烈愿望。教育者介入之后，自身的文化生命与危机情境融合，通过内居关系进驻成长者的文化生命之中，起到了引领或诱发成长者文化生命变通的作用。可以说，在这一类体悟教育情境中，危机本身打断了生命发展的进程，教育者的文化生命则肩负着引领成长者开创生命新起点的重任。

遭遇原是存在主义哲学中的一个基本概念，博尔诺夫在其"非连续性教育"思想中，从遭遇的生命成长价值出发，关注相遇的强度，把"震撼人的心灵"作为遭遇的标准。"遭遇到的可能是某个人、某件艺术品、某部著作，也可能是某件事情；遭遇到的可能是好事，也可能是坏事，但都能够震撼人的心灵，改变人的精神状态。"③ 利用遭遇的这一震撼价值，一是教育者及时了解并介入，把自在的遭遇情境转化为体悟教育情境；二是有意识地创造遭遇的条件和机会，人为地制造遭遇，引导成长者的内部精神世界走向预期的方向。

告诫本身不是情境得以成立的基本因素，但在某些教育情境中却可能引发体悟认识活动。我们在日常生活过程中会有这样的体验：某些时候身心疲惫，做什么事都没有热情；某些时候会失去奋斗目标陷入茫然、空虚的状态。有人称之为生命的衰退状态。经历一段时间后生命发展或许能够恢复到向上的正常状态，但其间可能会出现很多的曲折和反复，甚至有可能从此误入歧途。这是一种消极的心理情境，只有与积极的外部情境相结合，才能出现生命发展的良性的整体情境。告诫就是外部情境中的一个积极因素，仿如

---

① 冯建军. 生命与教育［M］. 北京：教育科学出版社，2004：350.
② 博尔诺夫. 教育人类学［M］. 李其龙，译. 上海：华东师范大学出版社，1999：63，65.
③ 冯建军. 生命与教育［M］. 北京：教育科学出版社，2004：352.

夜间的北斗星指示你前进的方向，又如一个震耳欲聋的响雷，可能使你翻然醒悟。告诫起到了雅斯贝尔斯所强调的"心灵的唤醒"的作用。

生活或教育过程中诸如危机、遭遇、告诫这类情境或因素还有很多，经历无数坎坷之后的成功或是一次重大的错误都可能转化为体悟教育情境。教育主体不仅要关注日常的体悟教育情境，对于这些机会性的教育情境也必须给予足够的重视。只有两者并重，个体生命的发展才能保持连续向上的趋势，同时在累积了一定生命能量之后，促成个体文化生命实现跳跃式的超越。

第二节　体悟教育情境的创设

依据体悟教育情境中主体（成长者）的普及程度，我们把体悟教育情境划分为两种类型：一是体悟教育基础情境，它的主体包括某一范围内的所有成长者；二是体悟教育特定情境，它的主体仅涉及某一范围内的一部分成长者。两种情境在引发成长者悟性认识的过程中存在各自的特点，在创设过程中也需要采取不同的策略。

一、体悟教育基础情境的建设

体悟教育基础情境是指在体悟教育过程中对每个成长者文化生命的提升具有普遍影响的教育情境。它或者没有具体的行为预设，却能对成长者起到"润物细无声"般潜移默化的作用，如校园文化情境、社区教育情境，或者作为体悟教育预设的、典型的客观环境，等待着情境主体的介入，如体验教育基地、爱国主义教育基地等。它往往影响着情境主体文化生命的发展方向，同时它也是有特定主题或行为指向的体悟教育情境的支持平台，需要经过长时间的建设、依靠群体的力量才能逐步形成。

（一）校园文化情境的营建

今天，每个新生命都需要经过校园生活的培育才能走向成熟。校园文化自然成为与成长者关联的最基本的教育情境。

已往对校园文化的研究主要从文化系统和课程系统两个角度展开。依据文化的分类，校园文化一般由物质文化、组织制度文化和精神文化三大部分组成。其中，物质文化是人们对象化活动的产物，包括办公设备、后勤装备、器具配备、图书馆、实验室、演讲厅、学生活动中心等设施文化，经过精心布置的教学场所、张贴有标语、名言名画、重要人物画像的墙壁、雕塑、校园文物、校史陈列室等内蕴特定意义的方式文化；组织制度文化指学校的各种规章制度和组织形式，大的方面有学校的发展规划、办学模式和规章制度等，具体的有礼仪规范、生活制度、艺术会演制度、体育竞赛制度、春游制度等。精神文化是校园主体经过长期的实践活动凝练发展而形成的意识形态，集中表现为一所学校的校风，是校园文化建设的境界追求。无论在理论上还是实践中，人们普遍认识到校园文化透射出独特的凝聚力、感染力和震慑力，能够在潜移默化中感染人的情绪、激励人的志气、陶冶人的情操、启迪人的智慧、美化人的心灵、塑造人的形象。

从体悟教育视角解读，校园文化无疑是一种体悟教育的基础情境，不仅存在教育者文化生命、成长者文化生命、意义与精神等体悟教育的基本要素，也充分体现了意义教育情境和精神教育情境的特质。从功能上看，校园文化指向成长者的内部精神世界，潜移默化对其过程的悟性认识路线作了最好的诠释。

把校园文化作为一种体悟教育情境，意味着站在境界的高度体察校园的灵魂，思考灵魂的塑造。或许从谢冕的散文随笔《永远的校园》里的两段描述中我们能得到一些启迪：

这里是我的永远的校园，从未名湖曲折向西，有荷塘垂柳、江南烟景，从镜春园进入朗润园，从成府小街东迤，入燕东园林荫曲径，以燕园为中心向四面放射性扩张，那里有诸多这样的道路。年复一年，日复一日，那里行进着一些衣饰朴素的人。从青年到老年，他们步履稳健、仪态从容，一切都如这座北方古城那样质朴平常。但此刻与你默默交臂而过的，很可能就是科学和学术上的巨人。当然，跟随在他们身后的，有更多他们的学生，作为自由思想的继承者，他们默默地接受并奔涌着前辈学者身上的血液——作为精神品质不可见却实际拥有的伟力。这圣地绵延着不会熄灭的火种。它不同于父母的繁衍后代，但却较那种繁衍更为神妙，且不朽。它不是一种物质的遗传，而是灵魂的塑造和远播。生活在燕园里的人都会把握到这种恒远同时又是不具形的巨大的存在，那是一种北大特有的精神现象。这种存在超越时间和空间成为北大永存的灵魂。

北大人说到校园，潜意识中并不单指眼下的西郊燕园，他们大都无意间扩展了北大所有的校园的观念：从未名湖到红楼，从蔡元培先生铜像到民主广场。或者说，北大人的校园观念既是现实的存在，也是历史的和精神的存在。在北大人的心目中，校园既具体又抽象，他们似乎更乐于承认象征性的校园的精魂。

在我国的教育机构中，北大的历史积淀、精神气魄是独一无二的。散文作者的感怀无可置疑地引起了读者的共鸣。读罢这两段简短的文字，我们意会到了北大校园的灵魂所在，同时也折射出我们自己对校园文化情境的深刻体验。是什么造就了校园的灵魂？细细检索，我们能列出如下一些因素：幽美的物理环境、学术氛围、师生心灵的对话、历史文化的积淀，等等，它们折射并凝聚成一所学校的精神，透入每个学子生命的血液之中。

建设校园文化情境就是优化上述这些因素。在教育实践中，人们探索并总结了许多成功的经验。例如，立足于校园整体情境，教学区应有幽雅安静的文化环境，体现一个"静"字；学生生活区应有舒适的环境，体现一个"洁"字；体育活动区应有朝气蓬勃的环境，体现一个"活"字；绿化风景区应有花草亭阁的环境，体现一个"美"字；① 着眼于校园人际环境，开展为困难学生捐款献爱心、师生谈心交朋友、文艺演出等活动；聚焦传统校园文化精神，注重校史馆的建设，保护学校有价值的历史遗迹，发掘名人校友的文化资源；为了营造学术氛围，在中小学校园里把例会变成教师经验论坛、教师创新论坛、专家讲座，把教研活动做成主题沙龙、集体备课、个案研究、理论学习②；通过确立校训、谱写校歌、制作校徽、统一校服等增强对学校的认同感，树立优良的校风和学风。这些经验有些具有普适性，更多的要根据学校的不同境况做出创造性的探索，找到适合本校的着力点或突破点，创建具有特色的学校校园情境。

（二）社区教育情境的建设

教育者引领成长者走进社会，领悟现实社会文化背后的精神世界是实践体悟教育三条基本通道之一。作为一个成长中的个体，生活实践中能够触及的社会主要是家庭和学校所在的社区——社会的缩影。因此，社区也就自然成为成长者领悟人类现有精神世界的窗口。社区教育情境成为架通成长者与人类现有精神世界的桥梁。

1. 社区情境的要素

社区是我国改革开放之后逐步形成的一种社会单位。从性质上看，"社区是指聚集在一定地域范围内的社会群体和社会组织根据一套规范和制度结合而成的社会实体，是一个地域性社会活动的共同体"；从外延和功能上看，"社区是人们生活中除了家庭之外最直接接触的生活范围，是调节和维系社会秩序的最基层社会单位"，"是人们在日常生活中形成的，具有一定地域范围的体系，它满足的是公共面对的需求和问题"③，"是架在不同经济收入、不同政治地位以及不同教育水平的全体成员之间的一座桥梁，使人们之间的

---

① 赵文奎. 试论校园文化建设的基本原则 [J]. 天津教育，1997 (6)：20-21.
② 侯明甫. 中小学校园文化建设的着力点 [J]. 教书育人，2007 (11)：54-55.
③ 王春光. 我们为什么需要社区 [J]. 新华文摘，2002 (9).

相互联系、交流和理解成为可能"①。2000 年，我国国务院批转民政部《关于在全国推进城市社区建设的意见》中提出：社区是指聚居在一定地域范围内的人们所组成的社会生活共同体。从这些界说中可以抽象出社区情境的四个基本要素：一是人群，二是地域，三是活动和机构，四是风俗、意识和制度。

自在的社区情境不仅使人们之间的相互联系、交流和理解成为可能，对于社区的特殊成员——成长者而言，同时也使他们感受社会文化、领悟类生命成为可能。要使这些可能转变为现实，社区情境需要从自在走向自觉，形成积极有为的社区教育情境。

2. 社区教育情境的构成

我国的社区教育是很有特色的。20 世纪 80 年代中期，我国普遍把社区教育看成是学校教育的延伸和补充，将其理解为青少年的校外教育或学校、社会、家庭三结合教育，关注中小学与社区的联系。进入 90 年代，社区教育出现了新的形式和特点，教育对象开始由青少年扩及社区所有成员。1998年《面向 21 世纪中国教育振兴行动计划》指出，社区教育应该逐步建立和完善终身教育体系，这标志着我国社区教育迈向了创建学习型社区的新阶段。社区教育情境的核心逐步由教育基地转移到社区文化上来。

从情境的生命意义维度加以考察，社区教育情境可以依次划分为社区成员（生命体）、社区文化和社区物理环境三个层面。社区成员的特色在于多元化，有社区情境的建设主体，包括教育行政部门、社区教育工作领导小组、社区教育委员会和街道办事处等群体组织，以及驻区企事业界人士、专家学者、离退休干部、学生家长、社区志愿者、社会各界的先进人物、知名人士等个体成员，也有作为社区教育"对象"的情境互动主体，包括本社区里成长中的个体和所有成年居民；社区文化是"区别于其他社区的独特的行为系统，明显的居住形式，特殊的语言，一定的经济体系，一种特定的社会组织，以及某一种宗教信仰和价值观念等"②，包括社区精神文化、社区制度文化和社区物质文化。社区物理环境包括社区的自然环境以及硬件性质的文化设施和机构，如图书馆、公园、影剧院、体育场馆、青少年宫、体验中心，等等。社区物质文化与社会物理环境存在交叉的地方，前者指向物质实体的文化内蕴，后者指向物质实体存在的形态。

3. 社区教育情境建设的经验

进入 21 世纪以来，北京、上海、重庆等直辖市，以及广东、河北等省

---

① 孙玲. 社区教育与社会的持续发展——第七届国际社区教育大会综述 [J]. 教育研究，1995（11）：74—77.

② 鲁洁. 教育社会学 [M]. 北京：人民教育出版社，1990：349.

的主要城市先后开展社区教育实验区的建设，积累了很多有益的经验。从社区教育情境的视角看，主要有以下几点。

（1）探索并实践了多元化的社区教育管理制度

社区教育管理制度主要涉及社区教育情境的建设主体及其职责问题。目前广东省社区教育的三种模式具有一定的代表性。第一种是"以政府为主导"的发展模式。它是我国当前社区教育的主要形式。街道是辖区社区教育的组织者、实施者、监督者、协调者，在街道主导下社区各界共同参与以社区服务及社区文化为着眼点开展的各种休闲、文艺、体育等方面的活动。深圳市宝安区创建的两级（区、街道）管理、三级（区、街道、居委）推进制度是这一模式的代表。第二种是"以学校为主体"的模式。这种模式关注青少年的成长，由学校牵头组建社区教育协调委员会，鼓励社区居民参与学校的教育与管理，在学校与社区的互动中促进社区教育资源的共享。中山市的小榄镇社区、深圳市的蛇口社区是这一模式的代表。第三种是"以社区为基地"的模式。这一模式下的社区教育由辖区各行各业较有影响且热心社区教育的单位，或由某一条件较齐备的单位牵头组成专门机构，由社会各界共同组成社区教育协调委员会，政府部门加以扶持和配合，对社区教育进行总体协调和具体策划。广州市天河区的社区教育是这一模式的典型代表。[1]

此外，重庆市提出"以街道党政为统领，学校教育为中心，家庭教育为基础，社会各方参与，双向服务，共育新人"的城镇社区发展基本思路，是第一、第二种模式的结合体。也有学者提出了政府规范引导，逐步推进重庆社区自治制度即第三种模式的未来发展方向。[2]

（2）注重社区教育物理环境的建设

社区教育的物理环境是社区文化的载体，也是开展社区教育活动的基础。各地普遍重视文化设施和机构的建设，为各项教育活动的开展提供了物质的保障。有一项问卷调查显示，绝大多数人认为缺乏场地是目前社区教育发展的最大障碍[3]，反映了民众对社区教育物理环境的基本需要和强烈的关注。在建设社区教育的物理环境中，一类是创建的设施或机构，另一类是对现有社区物理环境的利用。以南京新街口区为例[4]，2002年以社区委员会为依托，创建了社区综合教育基地，拥有社区少儿潜能开发中心、社区团校、

---

① 郑淮，周洁. 广东省社区教育的发展现状与模式分析［J］. 高等函授学报（哲学社会科学版），2007（3）：61-64.

② 刘幼昕. 重庆城市社区教育发展初探［J］. 重庆工商大学学报（社会科学版），2005（1）：146-151.

③ 楼一峰. 推进上海社区教育发展的若干思考［J］. 职教论坛，2007（9）：28-30.

④ 许芸. 社区教育资源的开发整合和利用［J］. 南通大学学报（教育科学版），2005（1）：22-25.

社区再就业培训中心、街道国防教育学校、社区家长学校、社区人口学校、社区家政学校和社区老年文化培训中心等八大阵地。与此同时，利用社区内所辖单位建立了一系列的社区教育活动实践基地，例如，玄武法院少年庭、中山大厦烹饪培训基地等。

4. 社区教育情境建设的思考

从体悟教育视野考察社区教育情境，它意味着社区为个体文化生命的提升，尤其是为成长者文化生命的成熟提供了某种环境。在这个意义上检视当前的社区教育情境，我们发现其中最重要的社区精神文化的建设却是比较薄弱的。"对于人文精神'文化'层面，还未提高到自觉的高度去倡导、去培育。主要表现在：一是忽视人文精神、忽视文化的基础性、主导性的社会功能作用；二是把'文化'理解局限在狭义层面，具体层次上的学习'文化知识'活动和开展'文化娱乐活动'"①。这一现象在社区教育发展处于初级阶段的地方表现得更为突出。例如，河北省7个主要城市开展的社区教育活动的内容主要有学习知识活动、健康活动、文娱活动、咨询活动、服务活动、培训活动、社会交往活动7种类型。其中知识类活动占45%，培训活动占15%，文娱和咨询活动各占10%，社会交往活动占10%，健康活动占8%，服务活动占3%。② 知识类活动占据了绝对的优势，对成长者来说，意味着参与社区教育是进入第二个学校，意味着社区教育未能充分发挥其固有的"实践中体验"之长。从另一方面看，社区教育面向社区全体成员，对于成人而言，学习型社区将是他们更新知识的主要场所，但更新知识不是文化生命的终极追求，最终都将以社区成员的精神面貌展现出来，折射出类生命的发展水平。可以说，人文精神永远都是一个社区品位的标志。社区教育情境应该重在营造人文精神和科学精神，营造先进的社会文化，从而提升社区教育的文化品位，提高社区教育的个体生命价值。

提高一个社区的人文精神，不是某一项活动所能独立承担的，需要通过各种社会活动，尤其是有利于居民间良好关系的人际交往活动、奉献爱心的服务活动和展现生命风采的文娱活动。一个社区散发着和谐、浓郁的人文精神，充满着蓬勃灵动的生命活力，就会打开生命间交融的大门，为每一个现有的生命提供升华的物理与心理空间。

---

① 楼一峰. 推进上海社区教育发展的若干思考 [J]. 职教论坛，2007 (9)：28-30.
② 王晓云，刘喜怀，李晓军，等. 河北省城市社区教育模式的构建 [J]. 中国职业技术教育，2007 (2)：48-49.

二、特定体悟教育情境的创设

特定体悟教育情境与体悟教育基础情境的区别在于有明确、特定的情境主体。以特定班级学生为主体的基本体悟情境是课堂体悟情境。以活动小组为主体的基本体悟情境是体验教育情境。

（一）课堂体悟情境的营造

课堂是学校教育最基本的组织形式，也是人类为传递历史文化所创建的最有效的、最经济的场景。正是基于课堂在传递历史文化所具有的独特功能，传统的课堂情境倾向于服务知识的获取，呈现出认知教育情境独霸课堂的格局。

1. 课堂情境：逻辑认知教育情境与体悟教育情境的契合

2001 年 7 月，教育部颁布的《基础教育课程改革纲要（试行）》指出："新课程的培养目标应体现时代要求。要使学生具有爱国主义、集体主义精神，热爱社会主义，继承和发扬中华民族的优秀传统和革命传统；具有社会主义民主法制意识，遵守国家法律和社会公德；逐步形成正确的世界观、人生观、价值观；具有社会责任感，努力为人民服务；具有初步的创新精神、实践能力、科学和人文素养以及环境意识；具有适应终身学习的基础知识、基本技能和方法；具有健壮的体魄和良好的心理素质，养成健康的审美情趣和生活方式，成为有理想、有道德、有文化、有纪律的一代新人"。这是新一轮课程改革的总目标，精神、传统、意识、世界观、人生观、价值观、素养、情趣等词汇昭示着课程的个体生命价值，间接肯定了教育活动中走向心灵深处的体悟现象。在课程改革的具体目标中强调要"改变课程过于注重知识传授的倾向，强调形成积极主动的学习态度，使获得基础知识与基本技能的过程同时成为学会学习和形成正确价值观的过程"，进一步阐明课堂作为知识传授的主要阵地不仅具有"双基"的客观价值，还有情感态度与价值观的主观价值，意味着课堂不仅需要逻辑认知活动，也需要促发成长者悟性认识的产生。

在课程改革纲要的指导下制定的中小学各学科课程标准对主观精神的价值及其认识路线做了进一步具有针对性的阐释。例如，《全日制义务教育语文课程标准（实验稿）》的实施建议部分提出，教材应"有助于学生树立正确的世界观、人生观、价值观"，"有助于增强学生的民族自尊心和爱国主义感情"，"有助于激发学生的学习兴趣和创新精神"，教学要"注重熏陶感染，潜移默化"，"让学生在主动积极的思维和情感活动中，加深理解和体验，有所感悟和思考，受到情感熏陶，获得思想启迪，享受审美乐趣。要珍视学生独特的感受、体验和理解"；《初中历史与社会课程标准》强调"教学要从学生的经验和体验出发，密切知识与生活的联系"，"在合作、互助、民主、开放的课堂氛围中进行"，"尊重每个学生的心理需要，创设激发学生学习兴趣的学习环境"。课堂情境因为透射出课程的新理念，作为课堂教学改革的一个切入口，在新世纪课程改革的过程中成为教学一线教师实践探索的一个热点。

在课堂这个特殊情境中，我们不能说获取知识必须服务于情感态度与价值观的形成，但也不能认为情感态度与价值观是为获取知识服务的手段或附属性结果。换句话说，在性质上，课堂情境应该是逻辑认知教育情境与体悟教育情境的契合：既关注知识的获取，同时也眷顾情感态度与价值观，二者统一于课堂教学的过程之中。

2. 课堂情境的研究概况

回顾近几年课堂情境的研究，主流是课堂教学实践层面的探索，在课堂情境的类型、功能及其创设的原则和方法等方面积累了许多有益的经验。

关于课堂情境的类型，文献材料中可以见到以下一些提法：问题情境、矛盾情境、争论情境、幽默情境、探究情境、活动情境、联想情境、语言情境、直观情境、表演情境、音乐情境、合作情境、竞赛情境、审美情境、艺术情境、故事情境、游戏情境、生活情境、兴趣情境、生成情境、对话情境、历史情境、成功情境、发现情境、评错情境、纠错情境、媒体情境、团队情境，等等。类型如此之多，反映了教学实践中教育者对课堂情境的青睐。

关于课堂情境的功能，人们认识到，情境化是实现学生主体地位的关键环节，有利于激发学生的学习兴趣，使学生在学习中获得情感体验，有助于增加学生的心理自由度与安全感，有助于强化学生创新能力发展的动力系统，有助于学生创新思维和创新人格的培养，有助于学生优良的情感品质和人文精神的养成，有助于教师创新教学能力的提升[1]。

关于课堂情境创设的原则，人们普遍认为情境的创设要遵循目标性、开放性（或生活性）、参与性、现实性、激励性、时代性、整体性、趣味性、动态性、情感性的原则。在创设的方法或策略上，归纳起来有实例引导、设疑激趣、探究发现、故事导入、引经论典、语言描绘、角色扮演、艺术渲染，等等。

3. 课堂情境的价值

从理论视角反思课堂情境的实践经验，有许多问题值得思考：为什么会出现如此多的情境类型？它们之间有什么关系？"情境是'引子'"[2]、手段

---

① 范安平，吴长庚. 论课堂创新教学情境的创设 [J]. 江西教育科研，2007 (1)：106－108.

② 王英. 创设虚拟情境增强教学实效 [J]. 职业技术教育研究，2006 (2)：38.

吗？确定课堂情境原则的依据是什么？情境是否具有可操作性？这些问题的存在都源于一个基本的问题：课堂情境的价值。

无论什么样的价值取向，情感总是贯穿着课堂情境。但是，不同的价值取向却会影响着情境的性质。立足于知识价值，课堂情境注重兴趣和安静的氛围，要求情境具有操作性；聚焦于意义价值，课堂情境注重学生的主体性和个性，要求情境动态化、生活化；关注到精神价值，课堂情境注重文本与情境主体（学生）之间、情境主体与情境主体之间、教师与学生之间的生命互动与交融，要求情境是有灵魂的，是能拨动主体的心灵之弦。对价值进行不同的定位，就会对课堂情境有不同的理解：只看到知识价值，课堂情境就是一种手段；追求精神价值，课堂情境就是能动的"教学者"，是自觉展开的"教学过程"。

课堂情境应该具有什么样的价值取向？课程改革目标强调"改变课程过于注重知识传授的倾向"，落实到课堂教学，要求课堂情境不仅要重视知识价值，同时更要关注意义和精神价值。换句话说，课堂的情境应该既是认知情境，也是体悟情境。

4．创建课堂体悟情境的注意事项

前述各类型的课堂情境及其创建方法是新课程理念的课堂教学实践，充盈着对情境主体内部体验与感悟的诉求，在不同程度上体现了体悟情境的性质。但另一方面也还存在着一些误区。立足于意义与精神价值，在理论与实践中，创建课堂体悟情境还需要注意以下几点。

（1）明确情感在课堂体悟情境中的定位

课堂中有教师的情感、学生的情感以及寓居在文本中的情感。教师的情感表现为对本专业的热爱、对学生的感情、对文本内蕴情感的移情以及进入课堂期间的情绪等；学生的情感主要是指对学科的喜欢程度、对教学内容的心理期待以及与教师的心理距离、同学间的感情、课堂期间的情绪等；寓居在文本中的情感包括作者的个人情感以及文本情境中关涉人物的情感。课堂中三方面的情感相互影响、相互作用形成课堂情感的场，也就是置身于课堂中所能感受到的氛围。

在课堂体悟情境中，不同方面的情感的定位是不同的。文本中承载着知识、情感和意义，学生理解文本内蕴的原意首先必须移情或产生情感共鸣，教师的情感对此起着非常重要的作用。学生时代的大多数人或多或少都有过这样的体验：上某个老师的课是一种享受，察觉不到时间的流逝，自己的心思在老师的引领下不知不觉间已全部投入其中；上某个老师的课则趣味索然，就会心不在焉，文本中的情意似乎远在天外，唯一的愿望是下课铃声快快敲响。如果说理解原意必须进入文本的情感世界，那么，形成相关文本的意谓——生成新意义则需要学生摆脱文本情感的束缚，回归自我，或者达成文本与自我情感的统一。

概而言之，情感在课堂体悟教育情境中发挥着动力定向的作用，也是通达意义世界、进入精神世界的阶梯。

（2）关注学生的生活经验

课堂体悟情境由教师的文化生命、教学内容、教室环境和课堂心理氛围、学生已有的经验等因素及其相互间的关系所组成。课堂体悟情境的意义与精神价值的实现过程就是情境主体理解文本内蕴的意义、生成新意义、领悟与意义关联并作为意义"母体"的主观精神的过程。这个过程的展开离不开情境主体意会知识——大量的生活经验的支持。由于参与体悟过程的意会知识具有不确定性和个体的差异性，课堂体悟情境对学生生活经验的关注意味着不仅要看到与相关教学内容有联系的学生共有的生活经验，也要唤醒每个学生个别化的相关生活经验。

（3）重视良好内居关系的创建

原型是引发主体体悟认识的情境因素。在课堂体悟情境中，原型囿于教材内容、教师文化生命、班级同学文化生命、主体生活经验的范围，教室物理环境因为相对比较稳定，不易成为原型。这与生活实践过程中体悟原型的开放性形成了鲜明的对比。引发主体意识变通的原型总是与变化的、流动的新信息或新事物有更大缘分。在课堂情境中，潜含这种新信息或新事物的部分更多的是教材内容、教师与班级学生的文化生命。通过情境主体与教材内容的对话、与教师及学生的交往活动，教材内容、教师与学生的文化生命由静态转入动态的流变状态，新信息或新事物展现在情境主体面前并以对象属性的形式进入主体生命，形成内居关系，推升着主体意识变通力量的强度，或直接成为主体意识变通的触发因素。

可见，从体悟认识的角度看，课堂情境中良好的内居关系是原型由潜在形式转化为现实因素的必经之路，是实现体悟情境价值的重要举措。

（二）体验教育情境的建设

1. 有体验的教育与体验教育

当我们把体验的界域确定为亲身经历及其主客相融的状态或关系时，体验与学术认知之间的界线似乎已经很清楚了。但是，当我们解读新课标时，学术课程领域却有很多体验、领悟的要求。语文课程标准中提及"体验"一词就有 15 处之多，体验与学术认知的界域好像又被打破了。课堂中存在什么样的体验？有体验的教育与体验教育之间是什么关系？这两个问题是我们在探讨体验教育情境及其建设之前必须给予澄清的。

课堂教学活动也是学生亲身经历的过程，课堂中存在体验是大家都认同的。但是，面向历史文化的课堂教学与面向现实世界的实践活动的区别也是显而易见的，与两者相对应的体验也有很大的区别。有人把体验分为亲身体验和亲心体验，认为亲身体验是主体通过实践层面上的亲历获得的情感和认识；亲心体验则是主体通过心理层面上的亲历获得的情感和认识①。这一观点对我们认识课堂体验与实践体验之间的差异有一定的启示。课堂体验虽然是学生学习生活的亲身经历及其获得的情感与认识，但主要是以生活经验为基础、以文本内容为载体的心理层面的亲历过程，实质上是对文本意义的理解与生成。以阅读文本为例，"北京著名特级教师李卫东先生在绍兴给初一学生上《从百草园到三味书屋》一文时，整堂课是在读中完成的。他在布置学生完成整体阅读的基础上，有重点地指导学生去读文中有关百草园的环境及'我'在百草园的活动的描写，读'我'下课后在三味书屋后面的园子里的活动以及寿镜吾老先生的如醉的读书状态。他没有过多的讲析，而是有意识地引导学生去读，读文中的景，读文中的人，读文中的事，而学生就在读中读出了文中的趣、文中的情。虽然每位学生对'趣意'的理解有强有弱，对'情感'认识有深有浅，但毕竟读出了自己的感受。"② 在这个文本阅读过程中，首先是学生角色在心理层面转换到了文本中的"我"，进而有可能在心理层面置身于百草园的情境之中，领略作者"我"的情感及感受，当学生从文本人物角色走出来回到自我时，文本人物角色的情感及感受对他来说有过心理的亲历，是真切的体验，与这种亲心体验相对应的也主要是心理情境，是文本暗含情境的一种个体心理化。事实上，学术认知过程在不同程度上总是伴随着亲心体验，伴随着主体的心理情境，正是有这种伴随，逻辑认知教育才能与体悟教育相契合，才能在获得知识的同时理解、生成意义，形成一定的情感态度和价值观。实践体验是主体与外部世界相遇时的亲身经历过程，不仅有实践层面的亲历，也必然包含心理层面的亲历。无论是杜威及其之后的发挥者，还是我国学术界的学者，对体验教育的理解基本上倾向于亲历的身与心的统一。以此衡量体验教育的界域，存在体验的教育不一定就是体验教育：只有心理层面体验的教育具有心悟教育的性质，同时具备了身与心亲历的教育才是体验教育。

相对于课堂体悟情境来说，体验教育情境不像班级成员那样具有固定的情境主体，也不像教室那样具有固定的物理环境。它的情境主体和物理环境是在动态过程中确定的。一旦实践活动的主体与主题确定之后，体验教育情境的主体与实践活动的对象也就有了特定的指向，由此出发，体验教育情境的其他因素得以逐步确立或生成。

依据情境的构成要素，体验教育情境系统的因素包括他生命（教育者的生命以及体验活动中涉及的其他个体或群体的生命）、活动展开所依托

---

① 左昌伦. 阅读教学：让学生亲心体验 [J]. 中小学教材教学，2006（2）：6-9.
② 郭吉成. 文学作品教学要引领学生走进阅读体验和阅读创造中去 [J]. 教学月刊（中学版），2005（8）：3-5.

的物理环境、文化氛围、在活动展开过程中所形成的心理氛围和这些方面之间的关系。四个因素由实践活动的主题内容决定。它们的结构可以用图7-1表示。

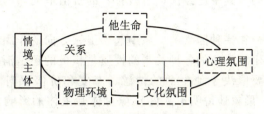

图7-1 体验教育情境系统的因素结构分析图

2. 案例解析

以下是某个学校在"珍惜劳动果实"主题教育活动期间一位学生对体验的描述：①

> 我们农村孩子想挣钱真难，妈妈带我下玉米地除草，说一天给我10块钱。我戴着草帽，跟妈妈来到地头。初夏时节，骄阳似火，玉米地像蒸笼，几分钟就大汗淋漓了。但看到妈妈满身的汗水，我只得不声不响地坚持着，妈妈每天都是这样辛苦啊！本来说好干一天，妈妈看我支撑不了，上午9点多就把我赶了回去。晚上，妈妈递给我10块钱，我只收了5元，并把它用纸包好放在书柜里准备买文具。以前，我曾抱怨爸妈不给我买高档运动鞋、高档衣服，我真的能够体谅他们了。

在这个案例中，他生命主要是教师与该生的妈妈；物理环境是以玉米地为中心的周围环境及其气候条件；"妈妈满身的汗水"、我"不声不响""看我支撑不了""把我赶了回去"等字眼迷漫着一种难以言喻的心理氛围；在似火的骄阳下，"妈妈便带我下玉米地除草，说一天给我10块钱"，简明地注解了我、他生命与物理环境的关系；"看到妈妈满身的汗水，我不声不响地坚持着"，诠释了活动过程中形成的动态关系。从描述中似乎看不到文化氛围，实际上它隐含于农村的劳动方式和生活习惯之中。这些因素构成了一个具有教育价值的、主题为"珍惜劳动果实"的体验情境。

从这个案例中，我们还能领悟到以下几点。

第一，体验教育情境的生命成长价值源于教育者设计主题时的价值取向与其后情境主体的亲身经历。假如这位学生只是妈妈要他一起去玉米地除草，他也会有亲身经历，但是对经历的感受可能只有一个字——累，甚至可

---

① 成文云. "当家才知柴米贵"——由一次思品体验活动想起的 [J]. 河北教育，2007 (6)：51.

能会出现一些抱怨。由于没有明确价值取向的引领，往往缺乏自觉、深层的悟思，教育价值就难以得到有效的体现。案例描述中虽然没有涉及教师，但这项实践活动是"珍惜劳动果实"主题教育活动的一个组成部分，是由学校教师组织和安排的，其中已经渗透了教育者的价值取向，因此收到了良好的体验教育效果。

第二，他生命在诸种因素的关系中起着引领方向的作用。体验教育情境中各因素相互作用所形成的各种关系的性质是积极的还是消极的，是和谐的还是冲突的，主要取决于他生命的情感、态度和价值取向。所谓"近朱者赤、近墨者黑"，形象地说明了人际环境对体验主体的影响。虽然也有"出淤泥而不染者"，但作为教育情境，情境主体需要付出高昂的学费，相对于收获来说往往是得不偿失的。教育者在设计活动主题和内容时，一方面通过价值取向引领着活动中积极关系的形成，另一方面通过活动场景的选择直接或间接地选择了教育者之外他生命的样态，并通过他生命的样态在活动过程中更具体地影响着因素间关系的性质。如案例描述中"妈妈"的劳动态度、对"我"的关切之情，等等，无声之中营造了"妈妈""我"劳动和成果之间的微妙关系，从而产生情境主体强烈的主观感受。

第三，不同的主题内容会有不同的体验教育情境的焦点。体验教育的主题分为人与社会的关系、人与自然的关系、人与人的关系、人与自我的关系四个系列。每个主题系列的情境都有各自的侧重点：人与社会的关系侧重于文化情境的选择；人与自然的关系聚焦于物理环境的利用；人与人的关系强调活动中涉及的他生命；人与自我的关系关注心理氛围（情境主题的主观感受是心理氛围的一个重要的有机组成部分）。

3. 创建体验教育情境的注意事项

基于以上的认识，在创建体验教育情境时应注意以下几点。

首先，在选择主题时要考虑到体验教育的资源状况。体验教育的基础情境是特定体验教育情境的平台，处在不同地域的教育机构的社区文化情境、周边自然环境有较大的差异，每所学校的校园文化情境也有自己的特色，在创建具体、特定的体验教育情境时，需要先了解相关的资源状况，评估并精选其中富有教育价值的部分，据此确定四大主题系列中具体的活动主题和内容。例如，城市学校所在的社区有工厂、政府机构、公共设施、公园、教育基地，等等，周边的自然环境遭受人为的破坏相对比较严重，农村学校所在区域的文化情境有自己的特色，自然环境优美。因此，城市与农村的体验教育情境就会有很大的不同。

其次，精选他生命的样态。他生命是体验教育情境中精神世界的存在形式，不仅影响着因素间关系的性质，也通过与情境主体建立精神的内居关系赋予情境主体主观感受，引发主体深层的反思。精选他生命的样态意味着让情境主体走进积极向上的、充满活力的精神世界。主题内容、活动方式、场景选择等都可以成为选择他生命样态的路径。以"保护母亲河"为例，在实地勘查母亲河现状的过程中，往往会看到某些人依然对母亲河采取不文明的行为，但如果运用访谈的方法，则可能会了解到他们与行为截然不同的态度。

再次，改善心理氛围。心理氛围情境显示生命状态的"场"，具体通过实践活动中主体与他生命的情感、态度、兴趣、意志表现出来。改善心理氛围首先是教育者对体验活动要抱有积极、热情的态度，引发情境主体的兴趣并使之对实践活动中有可能出现的各种困难有充分的准备。此外，活动过程中采取团队协作方式，合作者的相互信任和相互鼓励也是营造良好心理氛围所不可缺少的。

最后，关注活动过程中各方面关系的状态并及时加以引导。实践活动的过程是主体认识或改造实践对象的过程。随着认识的深化或改造的进行，对象发生着变化，情境主体的心理世界也会发生变化，围绕着主体与对象的其他因素同时也会产生变化。他们之间的关系相应的进入动态变化之中。体验教育情境的价值正是通过建立诸因素间动态关系得以实现的。活动过程中的情境主体是动态关系网中的枢纽；教育者虽然也是关系网中的一部分，但却能够在一定程度上跳出关系网，在从外部审视情境之后重新回到关系网中并扮演引领者的角色。教育者在活动过程中引导的方式是很多的，例如，协调情境主体与他生命的关系，影响主体认识或改造对象的进程，根据实际情况增减活动的内容，等等。可以说，教育者适时的引导是营建良好体验教育情境的关键，闪烁着教育者智慧的光芒，散发着教育艺术的魅力。

第 八 章

体悟教育的实践智慧

　　体悟认识是隐秘、虚灵的，以至凭借我们的思想虽然能够悟思它的玄理，却难以用言语给出一个周全的描述或解释。体悟教育也一样，我们可以在思想所及的领域去思考、建构那部分能够辨析的理论，却很难用逻辑的方式揭示实践的智慧。事实上，体悟教育是在世纪之交教育改革的背景下，基于内在教育的实践探索提出的。指向个体生命成长、回归人类精神家园的教育实践在宏观层面包容、孕育了体悟教育思想。可以说，在社会转型背景下的这场教育改革中，我们正在探索的正是具有体悟性质的教育。主体性教育、生命化教育、生活化教育、情境化教育，等等，无不体现了对生命意义、精神世界的追求，贯穿着主体悟性认识的活动。怀着体悟教育理念回顾当前教育改革的实践智慧，常常会给人一种心领神会、豁然开朗的喜悦。相对而言，理性的分析显得苍白无力，原始的故事或事件却反而往往会给人一些心得。鉴于此理，笔者选取几个有代表性的事例，付以感受，作为对体悟教育实践智慧的一种观照。

第一节 内蕴体悟理念的综合教育实验

人类社会跨入 21 世纪之际，中国教育界的一些理论家与教育实践工作者在反思我国教育实践中诸多弊端的基础上，自觉地肩负起探索新时代教育走向的使命，开展了诸多民间的教育实验，在不同程度、以不同思路，或显或隐几乎都触及了教育中的体悟现象。其中在全国影响比较大的有叶澜教授主持的"新基础教育实验"和语文特级教师李吉林主持的"情境教学—情境教育"实验等。

一、新基础教育实验

（一）"新基础教育"简介

由华东师范大学叶澜教授主持的"新基础教育实验"自 1994 年开始，至今已有十多年之久，目前已进入推广阶段。

"新基础教育实验"是一项我国义务教育阶段学校转型性变革问题的理论与实践研究，致力于中国学校教育的世纪转型，即学校教育的整体形态、内在基质和日常的教育实践由"近代型"向"现代型"的转换。实验的宗旨在于从生命和基础教育的整体性出发唤醒教育活动中的每一个生命，让每一个人都真正"活"起来。为了实现这一宗旨，"新基础教育实验"把具体的研究目标定为从理论和实践两方面以及在两者结合的意义上探索、构建面向 21 世纪的基础教育的新观念和学校内部教育的新模式。其中，学校教育模式主要是指学生在学校中参与的基本教育活动——课堂教学、班级构建与活动的模式。

"新基础教育实验"首先是从确立基础教育观开始的。以叶澜教授为首的理论研究者面对深刻转型的社会形势，在反思基础教育诸多弊端的基础上，认为新基础教育需要在教育理念、教育目标和培养模式上进行更新，并提出了三大基础教育观[①]：其一，把握时代精神，设计未来新人形象；其二，提出转型时期学校教育的文化使命；其三，构建新教育观念系统，形成了三

[①] 叶澜. "面向 21 世纪新基础教育"探索性研究结题总报告［Z］//叶澜. "新基础教育"探索性研究报告集. 上海：上海三联书店，1999：19-29.

个层次十大观念组成的新基础教育观念系统——第一个层次属基础教育"价值观"的更新，包括新基础教育的"未来性""生命性"和"社会性"三大观念；第二个层面关系到如何看待学生的问题，实际上是教育生命性在"对象观"上的具体化，包含了"主动性""潜在性"和"差异性"，即三种认识"学生"这一特殊社会角色时应强调和确立的观念；第三个层面涉及学校教育活动观的更新，提出了"双边共时性""灵活结构性""动态生成性"及"综合渗透性"四个概括学校教育活动性质的新观念。

在新基础教育观的指导下，实践研究以学校生活中与学生生命发展直接相关的、最普通的两大活动——课堂教学与班级教育的活动模式构建为重点。

1. 课堂教学新模式的建构

研究者们认为，"把丰富复杂、变动不居的课堂教学过程简约化归为特殊的认识活动，把它从整体的生命活动中抽象、隔离出来，是传统课堂教学观的最根本缺陷"。为了改变上述状态，课堂教学"必须超出和突破（但不是完全否定）'教学特殊认识论'的传统框架，从高一个层次——生命的层次，用动态生成的观念，重新全面地认识课堂教学，构建新的课堂教学观"[①]；课堂教学"应全面体现培养目标，促进学生生命多方面的发展，而不是只局限于认识方面的发展"，课堂教学"应被看做是师生人生中一段重要的生命经历，是他们生命的、有意义的构成部分"[②]，在实践效应上，应该让课堂焕发出生命的活力。

基于以上认识，"新基础教育"的研究者与实践者提出了六条课堂教学改革试验的基本原则：为学生提供课堂主动学习的条件；帮助学生掌握主动学习的"工具"；培养学生质疑能力和要求教师学会"倾听"；加强"书本世界"与学生"生活世界"的沟通；丰富课堂师生的互动关系；营造富有人文气息的课堂氛围。在影响课堂教学师生状态的众多因素中，主要的、起直接作用的潜在因素如表 8-1 所示[③]。

立足于"新基础教育"的课堂教学价值观在教学过程中的实现，课题研究者与实践者把教学过程的基本任务定位为：使学生努力学会不断地、从不同方面丰富自己的经验世界，努力学会实现个人的经验世界与社会共有的"精神文化世界"的沟通和富有创造性的转换；逐渐完成个人精神世界对社会共有精神财富具有个性化和创生性的占有；充分发挥人类创造的文化、科

①　叶澜. 重建课堂教学过程观——"新基础教育"课堂教学改革的理论与实践探究之二 [J]. 教育研究，2002（10）：24—30，50.

②　叶澜. 让课堂焕发出生命的活力 [J]. 教育研究，1997（9）：3—8.

③　同上。

学对学生"主动、健康发展"的教育价值。

表 8-1　影响课堂教学师生状态的因素分析

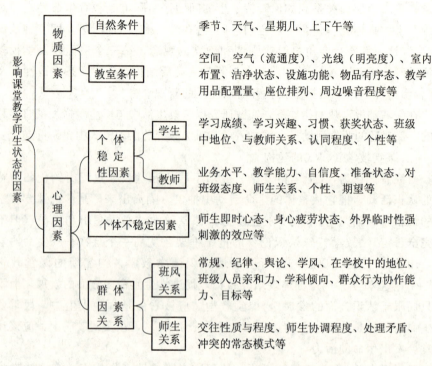

影响课堂教学师生状态的因素	物质因素	自然条件		季节、天气、星期几、上下午等
		教室条件		空间、空气（流通度）、光线（明亮度）、室内布置、洁净状态、设施功能、物品有序态、教学用品配置量、座位排列、周边噪音程度等
	心理因素	个体稳定性因素	学生	学习成绩、学习兴趣、习惯、获奖状态、班级中地位、与教师关系、认同程度、个性等
			教师	业务水平、教学能力、自信度、准备状态、对班级态度、师生关系、个性、期望等
		个体不稳定因素		师生即时心态、身心疲劳状态、外界临时性强刺激的效应等
		群体因素关系	班风关系	常规、纪律、舆论、学风、在学校中的地位、班级人员亲和力、学科倾向、群众行为协作能力、目标等
			师生关系	交往性质与程度、师生协调程度、处理矛盾、冲突的常态模式等

改革的第一步是"把课堂还给学生，让课堂充满生命气息"，提出并实践了还主动学习的"时间"（要求每节课至少有 1/3 的时间让学生主动学习，并逐渐向 2/3 过渡，压缩课堂上教师讲授和指向个别学生的一问一答所占用的时间）、"空间"（允许学生在学习过程中根据需要变动位置和朝向，不是固定在一个位置上）、"工具"（不只是指学具，主要指教学内容结构化，教会学生学习结构和掌握、运用结构主动、独立学习的能力）、"提问权"（让学生在预习、独立思考基础上提出自己想问的各种性质和类型的问题）和"评议权"（包括自评与他评、发表感受、提意见、表扬和建议）等"五还"策略。研究和实践的第二步主题是：在课堂教学过程中实现师生积极、有效和高质量的多向互动、动态生成，为第三阶段自觉的教学创造夯实基础。①

---

① 叶澜. 重建课堂教学过程观——"新基础教育"课堂教学改革的理论与实践探究之二 [J]. 教育研究，2002（10）：24-30，50.

2. 班级建设新模式的构建

班级建设新模式的"新"体现在传统相对集中的、阶段性的大型主题活动的基础上，有意识地开拓出了另一类活动——对班级中日常事物的处理。"正是这些日常事务和处理这些事务的方式，对每个学生在班级中的地位与心理健康，自我认识与社会交往以及一系列道德品质的发展，具有不可忽视的、持久和深入的、潜移默化的影响。所以，我们（指"新基础教育"的研究者与实践者，笔者注）花大力气研究了这些问题，用'把班级还给学生'的口号"①，形成了以下几方面班级建设新模式的特性和方法②。

一是增设班级岗位，把主人的地位还给学生。主要的做法是，根据班级生活的实际需要，增设多种目标与任务明确、集体生活中所必须的岗位；岗位在承担责任的大小上有差别，性质上也有不同。

二是建立小干部轮换制，把管理的权利还给每个学生。它致力于改变干部在班级中作为"特权阶层"的地位，提供更多学生在班干部岗位上锻炼的机会；强化"干部"能上能下的观念，淡化"终身制"的意识；增强学生承受变化、挫折的能力和自信心等。

三是丰富班内评价，把评价的责任还给每个学生。具体措施是：加强"一事一评"，阶段性地推出班内多种"明星"；加强对班级小岗位和干部的工作评价；建立每日一评制度。

四是建设班级文化，把创造群体个性的任务还给学生。课题研究者把独立性、凝聚力、创新活力和竞争实力作为形成班级文化的几个指标，指导实验班从各自的实际情况出发，通过多种方式形成这些特征，并使它们有机整合，最终形成班级的形象和群体个性，即班级个性。

除了课堂教学改革和班级建设的实践探索，"新基础教育实验"还有另一项与之相关的工作——学校管理改革，积累了以下一些经验：确立"关怀生命"的学校管理的价值取向；通过科研推进学校各项工作的展开，使教师的职业生命呈现光彩；在管理中体现科学精神和人文精神的结合；提高学校管理人员的科研和管理能力，等等。

概而言之，"新基础教育实验"是涉及教育理念、教育目标、培养模式三方面更新的一项长时间的、大型的教育转型时期的变革性实验研究。它关注人的主动、健康发展，关注生命并积极唤醒人的生命意识，关注人的生存

---

① 叶澜. "面向 21 世纪新基础教育"探索性研究结题总报告［Z］//叶澜. "新基础教育"探索性研究报告集. 上海：上海三联书店，1999：43.

② 叶澜. "面向 21 世纪新基础教育"探索性研究结题总报告［Z］//叶澜. "新基础教育"探索性研究报告集. 上海：上海三联书店，1999：43-51.

方式的更新，回答了在世纪之交的社会历史背景之下，我国基础教育改革的走向这一基本问题。

3. 对"新基础教育实验"的感言

叶澜教授在《"面向 21 世纪新基础教育"探索性研究结题总报告》中反思四年多试验的全部实践时说，"我最深切的感受是：学校可以成为孕育人的精神生命的'宝地'，也可以成为扼杀人的精神活力的'屠宰场'。我们的试验就是探索如何使学校教育真正成为创造人的精神生命的实践，而这项改革必将涉及学校文化最普遍又是最深入的层面，即学校里师生的基本生存方式"。十年探索之后，叶澜把目光从研究对象转到作为研究者的自身时说，"就我本人而言，'新基础教育'的十年历程，让我策划和亲历了一个以前研究生涯中从未有过的复杂式研究的全过程，锻炼了自己的意志、智慧和情感，体验了它的全部丰富性：机遇与挑战、退出与进入；发现与捕捉、批判和重建；挫折与成功、继往与开来……这些亲历和体验有时是无法言表的，它凝聚在我生命的深处，成为我精神世界独具的富有与力量；它很难被处在另一种生活世界和思维方式中的人理解，但可以和共同走过的人和愿意同行的人分享。我从未希求过所有人为'新基础教育'鼓掌，但我庆幸自己从事了'新基础教育'。'新基础教育'让我存有的学术能量有了一次绽放，又孕育出我新的学术能量和生长出指向未来的学术生命"。[①]

作为弟子的李政涛参与了"新基础教育实验"，对叶澜教授的亲历和体验是理解的，同时也形成了自己的一些感悟："新基础教育"的"根基与魂魄在于中国传统文化的精髓，在于作为这一精髓之表现的传统教育文化之中。无论是对学生思维方式的'悟性'的强调，还是对教师教育智慧的寻求，或者'新基础教育'自始至终所体现出来的整体性综合性的思维品质，都可以一瞥'新基础教育'的民族性特征"，它所"带来的种种转变和由此而来的新的生成，包括研究者和实践者新的生存方式，新的教育学学派等，都与'体悟'有关，'已直指对'生命的体悟'。叶澜主张，'新基础教育'的研究者与实践者，必须有对生命的体悟，这种体悟是中国传统文化和中国智慧中最富有特色和值得珍视、发扬的方面，人只有进入'体悟'、经过体悟，才能真正与周围世界、与他人建立起'我—你'关系，而不是停留在'我—他'关系之中。体悟不仅是个体与世界、他人实现内在沟通和对话的重要方式，也是教育研究者与实践者、校长与老师、教师与学生实现内在沟

---

① 叶澜. 我与"新基础教育"——思想笔记式的十年研究回望［Z］//丁钢主编. 中国教育：研究与评论. 北京：教育科学出版社，2004.

通和对话的不可或缺的方式。因着对'生命的体悟'，教育研究者、实践者共同汲取思想的洞察力、行动的感召力。真正的教育智慧，就是建立在对自我生命、他人生命和对两者的沟通联系的体悟的基础之上的"。[1]

"新基础教育实验"的同行人也是理解的。深圳大学师范学院附属中学教师闫海燕发出由衷的感言："'新基础教育'关于'生命性'的阐释，更使我们认识到，人的发展绝不仅仅是心理学意义上的'变化'，而应当是'有着文化价值的、持续不断的、对个体生命构成意义的变化'。这种变化，应该是个体自主建构的精神内部的质的变化；这种变化，应该是让生命个体真切地感受到自我心灵力量的增长。"[2]

伴随着我国教育改革的深入，尤其是注重学生内在发展的新一轮课程改革的展开，实践着新教育理念的广大教育工作者拥有了探索教育教学变革的经历，也在一定程度上拥有了叶澜教授类似的体验。基于这些体验，我们很容易敏感地觉察到"新基础教育"对悟性认识的内在追求：在教育理念上关注学生生命主动、健康地发展，教育的核心价值指向生命意识的唤醒和个体生存方式的更新；在课堂教学和班级管理上致力于营建良好的文化氛围；在教学过程中关注个体精神世界与社会共有的"精神文化世界"的沟通和富有创造性的转换，实现个体对人类现有精神世界个性化、创生性的占有；强调学校文化的新使命和校园新文化的建设；倡导教育研究者与实践者在教育改革过程中与个体生命成长过程的合二为一。所有这一切融汇成一股澎湃的"生命的活力"激荡在个体生命的成长世界，直通教育的生命底蕴。可以说，"新基础教育实验"站在社会转型的大背景之下、立于教育转型的高度，揭示了教育中的体悟现象并在实践中进行了历史性的探索，取得了丰硕的成果，积累了宝贵的经验，为我们进一步实践体悟教育开阔了视野，提供了理论与实践智慧的关照。

二、情境教学—情境教育实验

（一）"情境教学—情境教育"素描

从 1978 年开始的情境教学实践探索与研究，历经近 30 年的时间，李吉林创建了"情境教学""情境教育"，形成了比较完整的情境教育的理论框架及其操作体系，成为世纪之交我国素质教育的一个重要模式。

---

① 李政涛. 追寻"生命·实践"的教育智慧——叶澜与"新基础教育"［J］. 中小学管理，2004（4）：22－26.

② "新基础教育"感言［J］. 基础教育，2004（5）：12－15.

1. 情境教学

"文化大革命"结束之后，在"百业待举、百废待兴"的时代背景下，从事小学语文教学的李吉林老师深感当时"注入式＋谈话＋单项训练"的教学模式"呆板、烦琐、片面、低效"，怀着对教育的赤诚，心底回荡起教学改革的呼声。一次偶然的机会，李老师了解到外语运用情境进行语言训练获得了很好的教学效果，于是产生了移植外语情境教学的设想。从此开始，李老师走上了在教学实践过程中探索语文情境教学之路。第一次试验，结合《小马过河》的内容，通过设计一个情境、一个动作，训练说一句描写人物动态的句子。第二次是结合复习一组"看图学文"的教材，设计一个情境、一组动作训练说一段连贯的话。两次试验的效果是明显的，教学现场非常热烈，学生情绪倍增。李老师把这一阶段的探索总结为"创设情境，进行片断语言的训练"。

第一阶段的实验使李吉林老师"朦胧地意识到，以往我们的教育教学活动似乎过于理性，从而开始关注情感在儿童学习活动中的作用"，并从我国古代文论中的"意境说"得到了重要的启示："古代意境理论中有关'物'、'情'、'辞'具有能动作用的辩证关系的见解，以及现代心理学关于语言与思维紧密而又相互作用的理论，使我逐渐悟出'物'激'情'、'情'发'辞'、'辞'促'思'的相互作用的联动关系"。它"促使我萌生一个新的设想，即运用情境教学，为学生提供作文题材，突破语文教学的难点，为有效地提高儿童的写作能力，开辟一条新的途径，真正地让儿童用自己的笔去表达自己的真情实感"[①]。于是，情境教学实验进入了第二阶段："带入情境，提供作文题材"。期间，李老师初步概括出了创设情境的六个途径：以生活展现情境；以实物演示情境；以图画再现情境；以音乐渲染情境；以表演体会情境；以语言描绘情境。

第二阶段的探索使李老师领悟到了情境中美感的存在及其作用："儿童在观察、体验、想象情境的过程中，之所以能激起他们热烈的情绪，是由于情境具备美感的缘故"；"美，或表现为形象，或存在于情感，或蕴藏于理念。而一般说来，都是通过具体的情境使人感受到的"[②]。由此出发，情境教学进入了第三阶段："运用情境，进行审美教育"，即"通过创设情境，显示鲜明形象引导学生在其中'感受美'，学会'鉴赏美''表达美'，从而逐步

---

① 李吉林，田本娜. 李吉林小学语文"情境教学—情境教育"［M］. 济南：山东教育出版社，2000：7，8.

② 李吉林，田本娜. 李吉林小学语文"情境教学—情境教育"［M］. 济南：山东教育出版社，2000：10.

提高审美情趣"。期间，李老师概括出了情境教学"形真、情切、意远、理寓其中"四个特点以及实体情境、模拟情境、想象情境、推理情境、语言情境等五种类型。

　　然而，李吉林情境教学的步伐并没有至此缓慢下来。"通过反思，我发现第一阶段运用情境进行片断语言训练，第二阶段带入情境提供作文题材，第三阶段创设情境进行阅读教学，渗透审美教育，虽然是一个阶段一个阶段地摸索，一个局部一个局部地去认识，但这些都不是单一的、孤立的，而是相互联系的，每一个阶段都包含着儿童发展的各方面要素。至此我顿悟到，儿童的发展是整体的。"① 在实验进行了四年后的 1982 年，他确立了"凭借情境，促进整体发展"的课题，情境教学实验探索进入第四个阶段。期间，李老师概括了情境教学促进儿童发展的五个原则：以培养兴趣为前提，诱发主动性；以指导观察为基础，强化感受性；以发展思维为核心，着眼创造性；以激发情感为动因，渗透教育性；以训练语言为手段，贯穿实践性。它与先前形成的观点相结合，初步形成了情境教学的理论框架及操作体系。

　　2. 情境教育

　　在实践探索过程中，情境教学理论对儿童整体发展的普遍意义逐渐展现在人们面前。1990 年，李吉林老师提出情境教育的设想，开始了新一轮更高层次的理论与实践探索。

　　在"五原则"的基础上，以李吉林老师为首的课题组成员首先从情境教学的成功经验中进一步概括出了具有普遍指导意义的创设情境的"五为"：以"美"为突破口，以"情"为纽带，以"思"为核心，以"儿童活动"为途径，以"周围世界"为源泉。在"五原则"和"五为"指导下开启了情境教育实践探索的历程。

　　第一步，情境教学从语文学科向其他学科延伸。学科的延伸是从思想品德课入手的，通过创设德育情境完全改变了"说教式"的教学模式。一种生动活泼、有血有肉的养成教育展现在人们的面前。之后，具有丰富形象性的音体美等学科也走上了情境教学之路，并激励数学和理科教学寻找到了与之契合的生活情境和探究情境。

　　第二步，从课堂教学向课外活动延伸。依据活动空间分属的领域，"分别创设了'趣、美、智'的教学情境，'洁、美、智'的校园情境，'乐、美、智'的活动情境及'净、美、智'的家庭情境，构成一个广阔的、目标

---

① 李吉林. 我的情境教育探索之路［J］. 基础教育，2005（Z1）：105-111.

一致的整体优化情境"①。

第三步，开发情境课程。随着情境教育实验的深化，课程成为迫切需要改革的内容。从情境的视野审视学科课程和活动课程，两者都是认知、情感、体验的过程，是外显与内隐课程的融合。课题研究者将学科课程、活动课程与优化的情境融合成一个有机的整体，提出并实践了五种情境课程：体现主体作用的学科情境课程、体现整体联动作用的大单元情境课程、体现源泉作用的野外情境课程、体现强化作用的专项训练情境课程、体现衔接作用的过渡情境课程。

在情境教育实验过程中，课题组成员还总结出了情境教育的四个基本原理：暗示诱导原理、情感驱动原理、角色转换原理、心理场整合原理；逐步形成了拓宽教育空间，追求教育的整体效益；缩短心理距离，形成最佳的情绪状态；利用角色效应，强化主体意识；注重创新实践，落实全面发展的情境教育立体模式。

（二）悟性认识论视域中的"情境教学—情境教育"

从李吉林的论著、经验介绍中考察"情境教学—情境教育"所揭示的悟性认识现象，概括起来有以下几方面的内容。

1. "情境教学—情境教育"的探索过程：反思、感悟与变通

情境教学实验之初，李吉林老师"凭着多年教学实践的直觉，便大胆地把外语情景教学移植到汉语的小学语文教学中来"。其间，汉语讲究情致、意韵的特点促发古代文论中的意境理论进入李老师的视野，并"逐渐悟出'物'激'情'、'情'发'辞'、'辞'促'思'的相互作用的联动关系"，于是有了第二阶段"带入情境提供作文题材"的设想。"在探索的第二阶段中，我直觉地感到儿童在观察、体验、想象情境的过程中，之所以能激起他们热烈的情绪，是由于情境具备美感的缘故"，"从美学原理中，我悟出对儿童进行审美教育，首先必须让儿童感受美"。于是有了第三阶段"运用情境，进行审美教育"的实践探索。"当我回过头来看实验走过的路时，顿觉前三个阶段虽是每一个阶段探索一个具体的课题，但并非孤立单一进行的，而是相互联系、相互作用着的，而情感则是贯穿于其中的一根红线"。② "至此我顿悟到，儿童的发展是整体的"，情境教学需要进入更高的一个层次，即"凭

---

① 李吉林，田本娜. 李吉林小学语文"情境教学—情境教育"［M］. 济南：山东教育出版社，2000：73.

② 李吉林，田本娜. 李吉林小学语文"情境教学—情境教育"［M］. 济南：山东教育出版社，2000：5，7，10—11，12—13.

借情境，促进儿童整体发展"。

可见，从情境教学实验的酝酿，经过层层深化的四个阶段，到情境教育的提出与实践探索，乃至最后建构情境课程，是一个不断变通、深化的过程，是李吉林老师在对教育教学改革的不懈追求之下，不断反思、感悟的结果。李吉林老师的这一研究特点在确保课题实验从局限到整体有机、连续性的同时，也契合了"情境教学—情境教育"悟性认识论的一面。这是"情境教学—情境教育"实验成功的一个重要的原因。

2. 情境的性质与功能：从服务课程的手段到课程的本体存在

从"情境教学"到"情境教育"，实质性的变化在于情境的性质与功能。在"情境教学"实验的第一、二阶段，李吉林老师认为："生活是语言的源泉，在生活的情境中，学习记叙事物的字词句篇，具体形象，易于理解，易于运用，效果显著"；"情景交融，有利于词与形象的结合，思维与语言的发展，内部语言向外部语言的过渡"；"带着情感色彩去观察、体验客观情境，在情感的驱动下，想象、思维积极展开，进而激起表达动机，且达到'不容自遏地说'的'情动而辞发'的境界"，因此，"运用情境教学，为学生提供作文题材，突破语文教学的难点，为有效地提高儿童的写作能力，开辟一条新的途径"。可见，这时期李老师眼中的情境是服务于文本、实现教学目的的一种手段。尽管情境教学使学生的心到场了，课堂出现热烈的情绪，触及了学生的内部世界，改变了学生的精神面貌，但从性质上看，情境教学并没有摆脱学术认知教育、知识教学的框框。进入第三阶段之后，在拓展到审美教育之际，情境教学提出了形真、情切、意远、理寓其中四个特点。其中，"形真""主要是要求形象富有真切感，即神韵相似，能达到可意会，可想见就行"；"情切"意味着"在情境教学中，情感不仅仅作为手段，而且成为语文教学本身的任务，又成了目的"；"理寓其中"则表达着思想与情境之间的融合关系。"情境教学形真、情切、理蕴的特点，正确体现了理性与感性、认识与情感的辩证关系。充分利用形象、情感激活右脑，提高儿童的悟性，协调大脑两半球的活动；由于情境广远的意境、蕴涵的理念，又促进儿童在学习语言文字过程中，形象思维和抽象思维的相互补充，相互促进，进而带动儿童素质的全面发展"。至此，创设情境本身成为一种教学的目的、一种指向儿童整体发展的教育活动："通过一定的语言训练，引导儿童表达这种渗透着对客观世界的美的感受及情感体验"；在课堂上，"把语文教学中的字词句篇、听说读写的训练统一在情境中。同时，儿童凭借进入情境所产生的内心感受，受到道德品质、审美情感及意志的陶冶，其智力和非智力因素获得整体发展"。及至创建情境课程的阶段，进一步要求"将知识的系统性、活动的操作性、审美的愉悦性和环境的广阔性融为一体"，"将外显课程与内隐课程的影响糅合在一起"，实现了"客观环境与主体活动的充分和谐，使儿童全身心地沉浸其中，通过自身的感悟、操作、体验、陶冶，得到充分的发展"。[①] 情境真正从实验之初的手段演化为一种课程的本体存在，成为一种典型的体悟教育情境。

3. 情境教育的过程：体验、感悟

情境教育活动就是儿童在优化的教育情境中得到的体验和感悟。"当儿童通过他们的视觉、听觉获得了美感，感到愉悦、兴奋以至忘我时，就形成审美体验，引起联想或展开想象，使儿童由直觉而渐次地理解美的实质，即情境内在而深广的意蕴，形成'审美意象'"，"通过想象，往往又丰富了观察的客体，强化了孩子的感受，加深了内心体验"。

情境教育提出了"暗示诱导""情感驱动""角色转换""心理场整合"等基本原理，依循任一原理考察情境教育的过程，相应地都形成各自独特的角度。其中，情感驱动是最基本的，融合在其他三个原理之中。从情感驱动的角度透析情境教育，"儿童经历了'关注—激起—移入—加深—弥散'这一连续的情绪发展过程"。"当儿童进入情境时，首先觉察到客观情境，并引起关注。情境显示的美感和儿童情趣，孩子们感到满意愉悦，他们几乎不假思索地接受了，于是持续地关注"；当"儿童对客观情境获得具体的感受时，表现出一种积极的态度，从而激起了相应的情感。在老师语言提示、语言描绘的调节支配下，儿童情不自禁地将自己的情感移入到教材的对象上，在想象的作用下，达到'我他同一''物情同一'的境界，在此过程中儿童对教材内容的情感体验，一步步加深"；"最终由于情感的弥散渗透到儿童内心世界的各个方面，作为相对稳定的情感态度、价值取向逐渐内化，融入儿童的个性之中"[②]。

在这里，虽然仅仅是从课堂教学、依托教材言述情境教育的过程，但是，当活动对象由教材内容转移到客观情境本身时（课外实践活动的对象），上述情绪发展的过程并没有发生实质性的变化，具有教育层面的普遍意义。另一方面，情绪发展过程以人的情感发展作为主线，深刻地揭示了个体主观精神的形成与提升的过程，也体现了情境教育深入个体内部心灵世界的理论与实践品性。

---

① 李吉林，田本娜. 李吉林小学语文"情境教学—情境教育"［M］. 济南：山东教育出版社，2000：7，8，12，13，50，56，95，101.

② 李吉林，田本娜. 李吉林小学语文"情境教学—情境教育"［M］. 济南：山东教育出版社，2000：12，63，75，76.

4．情境教育理论：关注悟性

在"情境教学—情境教育"实践探索过程中总结、反思、概括而成的理论，秉承了实践中体验、感悟的品格，对悟性认识青睐有加。李吉林老师说，"对于儿童来说，悟性是一种潜在的智慧"，"小学阶段，是人的潜在智慧发展的最佳时期，儿童的可能能力如果不在这时被唤醒，就难以再发展了，最后便像灿烂的火花得不到氧的供给而泯灭"。

情境教育理论对悟性认识的青睐在情境教育原理的阐释之中表现得尤其突出。

暗示诱导原理表明，"运用图画、音乐、表演等艺术的直观，或运用现实生活的典型场景，直接诉诸儿童的感官"，"虽不在儿童有意注意到中心或焦点，但是这些处于边缘的形象、色彩、音响、节奏、语言等信息、符号，都可被直接吸收，儿童可对全部感觉到的情境做出反映；而这些信息又是有机地相互联系着的，构成一个整体运作的整体"，"形成无意识的心理倾向"。

遵循情感驱动原理，"情境教育利用移情作用，形成身临其境的主观感受，且在加深情感体验中陶冶情操"。

角色转换原理指导下的情境教育，"其过程可概括为'进入情境—担当角色—理解角色—体验角色—表现角色—自己与角色同一，产生顿悟'"。

心理场整合原理的视界中，"情境教育利用心理场，形成推进教育教学活动的正诱发力，在顿悟中改变认知结构乃至心理结构"。"'情境—教师—学生'三者之间形成良性推进的多向折射的心理场，促使儿童情不自禁地用'心眼'去学习，教学便可进入一种沸腾的状态。这种热烈的情绪，真切的感受，促使儿童顿悟加速产生，从而不断改变儿童的认知结构和心理结构，因而使不增加负担不受强制而能自主学习、自我教育的理想境界得以实现"。①

有学者以"境界"为题，对李吉林老师的情境教育发表了如下一些感言②。

"李老师'从情境教学到情境教育，全面发展学生素质'的研究课题，其立意之高，所关注的问题之深远，与当今国际上占主导地位的人文主义教育思潮有诸多不谋而合之处，达到了很高的境界。"

情境教育"不仅关注学生知识与能力的获得，还关注学生的个性、情操、情意态度、思想境界的发展，将教育的着眼点和归宿真正指向人本身，

---

① 李吉林，田本娜. 李吉林小学语文"情境教学—情境教育"［M］. 济南：山东教育出版社，2000：65，73，74，75，78，79.

② 边霞. 境界——有感于李吉林老师的情境教育［J］. 课程·教材·教法，1999（1）：9—11.

指向人的全面发展，这正是情境教育的境界和高度。"

"李老师课题的境界还在于她在语文学科的情境教学和全面的情境教育活动中对培养人的审美素质的重视。人类把握世界的基本方式有两种，一种是科学的方式，另一种是审美的方式。前者主要是一种逻辑的、理性的、分析的方式，后者主要是一种直觉的、感性的、整体的、综合的方式。"后者"更多的是一种东方式的思维方式，它与科学主义相对，强调人的感悟、体验、直觉、灵感，承认有些东西是难以言说甚至无法言说的。""李吉林老师独辟蹊径，走自己的路，将科学的方式与审美的方式结合起来，整合于一体，着眼于学生全面素质的培养，体现了她的语文教育思想的先进性和成熟性。"

结合上述感言和李吉林老师的言述，笔者的脑海中浮现出许多用于表达"情境教育"性质的词汇：人文主义教育、以人为本的教育、生命教育、审美教育；直觉、体验、感悟；以及这些词汇所指向的意义世界、精神世界、生命境界。这些词汇直觉地告诉我们，情境教育在性质上是一种体悟教育。

第二节　体验教育的开展

从形式上看，体验教育活动在学校教育产生之前就已广泛存在于人类的社会生活和生产实践之中了。体验教育理论的实践在国外已有半个多世纪之久，我国在课外活动、少先队活动的基础上，从 20 世纪 90 年代开始出现了一些体验教育的实验和理论研究。新一轮课程改革之后，体验教育在《基础教育课程改革纲要（试行）》及课程标准中通过教育理念、教学方式和"综合实践活动"等方面表现出来，并成为课程改革深化进程中教育教学变革的一个热点。

从笔者掌握的现有资料看，我国基础教育界有组织地开展体验教育的理论与实践专项课题研究始于 1996 年吉林省第二实验学校的"体验教育"实验。这一时期，在美国已经出现了多元化的体验教育的运行模式。它们基于不同的文化背景和思维方式，体现出不同风格的实践智慧，彼此都能给对方很多的启示。

一、吉林省第二实验学校的"体验教育"

（一）实验的基本思路

"体验教育"实验是针对传统教育单一的说教和训导等诸多弊端提出

的。课题研究者基于体验的心理学意义，把体验教育理解为"教育者按照预定的教育内容和目标，科学、有效地创设一种达到'身临其境'或'心临其境'的体验氛围，使受教育者能在这种环境氛围的影响下，主动、自觉地通过'体验'和'内省'来实现'自我教育'，并达到'自我实现'和'个性完善'的内化过程"，提出的实验基本思路为："把教师和学生共同置于一种情景和氛围之中，使双方在共同感悟和体验的过程中，在心理上拉近距离并产生情感的共鸣".①

（二）实验的措施和内容②

1. 转变观念，增强整体育人意识。实验者把教师教育观念的转变置于首位，把体验教育理念作为实验过程展开的指导思想。

2. 精心设计课程及活动，确立了学科课程、统一活动和自主活动三部分组成的校内外课程活动结构，如表 8-2 所示。

表 8-2 实验班学生活动结构一览表

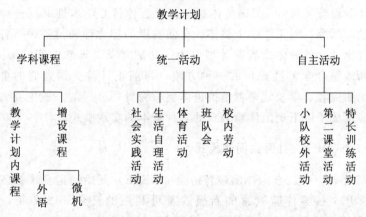

其中，校外的实践活动没有纳入课表，但制定了每个学期的活动计划。

3. 发挥课堂主渠道的作用。实验把课堂教学作为体验教育的主渠道，在每一节课中贯穿体验教育思想。教师根据教学内容首先创设情境，制造气氛以供学生体验，在体验中学习知识，在体验中接受教育。

4. 重视课外实践活动的地位。"体验教育"实验注重培养学生的创新精

---

① 关尚敏."体验教育"的理论与实践研究 [J]. 现代中小学教育，2001（5）：57—60.

② 吉林省第二实验学校"体验教育"实验课题组."体验教育的理论与实践"实验报告 [J].中小学教师培训，2001（1）：32—33.

神和实践能力，在社会实践方面做出了大胆的尝试。

5. 优化校内校外环境。在学校环境方面，注重学校大环境的优化和班级小环境的优化；在家庭环境方面，注意建立学校和家庭的沟通制度；在社会环境方面，主动与工厂、街道、部队、商店等部门建立社区教育基地；实验力求做到学校、家庭、社会三力合一。

二、美国体验教育的组织与运行

在教育实践层面，美国体验教育的类型除了传统的冒险教育（adventure education）、户外娱乐（outdoor recreation）、环境教育（environmental education）等户外类型，以及社区教育（community-based education）、服务学习（service learning）、职业训练（internships，apprenticeships）、成人教育（adult education）、创造与表达艺术（creative and expressive arts）等户内类型外，出现了包括方案设计（project approach）、合作学习（cooperative learning）、写作坊（writer's workshop）、统整语言（whole language）在内的课堂体验教育类型。[①] 美国的体验教育没有像核心学术性课程一样有明确的州级学习标准，但关注学生整体、全面发展的理念却通过各种教育法令的形式体现出来。各种体验教育计划作为这些法案及其理念的实践形式之一，作为平衡或整合学术性教育的一种方略，目前正日益受到人们的重视。协会、理论研究者、学校管理者是推进体验教育计划开展的三股主要力量。由此，相应形成了以下美国体验教育的三种基本的实践模式。

（一）NCDP[②]：社区共同体模式

1996 年初，美国全国体验教育协会（NSEE）开始制定全国社区发展计划（NCDP），探索体验教育的新模式及可利用的资金。1997 年，来自于 Surdna 和福特基金会的资金使协会开展这项计划成为了可能。协会选择了宾夕法尼亚州的葛底斯堡（Gettysburg）、加利福尼亚州的圣迭戈（San Diego）、卡罗莱纳州的达勒姆（Durham）作为合作伙伴。这三个社区及其教育者都是协会的成员。参与的合作伙伴及三个团队的目标如表 8-3 所示。

---

① Joanna Allen, John Hutchinson. The Woods and the Trees: Interpreting Experiential Education for Schools and a Greater Audience [A]. In: Rick Harwell, Timothea Comstedt, Nina Roberts, ed. Deeply Rooted, Branching Out, 1972—1997 (25th Annual AEE International Conference Proceedings) [C]. Needham Heights, MA: Simon & Schuster Custom Publishing, 1997, P. 1—12.

② Lawrence Neil Bailis. The National Society for Experiential Education in Service-Learning [J]. New Directions for Higher **Education**, 2001, (114): 61—65.

表 8-3 协会社区合作伙伴及其体验教育项目表

	卡罗莱纳州达勒姆	宾夕法尼亚州 葛底斯堡	加利福尼亚州圣迭戈
学院	社区中心大学	葛底斯堡学院	圣迭戈大学
高中	山坡中学	盖茨堡中学	马克吐温初、高级中学
社区	达拉谟县健康局 （社区行动代理）	南部中心社区 （协助行动方案）	桑迪哥公园及娱乐部门 （对青年社会性的倡导）
最初项目	健康教育	读写能力	青年发展与环境
当前项目	健康教育	文化意识	青年发展与环境

协会职员即是调查者，又是推进者、监控者，分别到各社区帮助计划的开展并探讨建立合作伙伴关系的具体方法。协会为每个合作伙伴配备可雇用的社区人员，负责提供反馈信息、推进计划的进程、加强合作伙伴关系。这些"促进者"是活跃的协会成员，对该项工作积极热情，与协会职员有密切的联系。

三个社区的合作伙伴在协会的年会上相聚共享信息并参与更大范围专业发展的机会。利用这些机会，他们相互交流，产生一系列的互惠。此外，为了促成社区伙伴工作目标和方法的进一步改进，协会也为他们创造与领域专家沟通的机会。

对三个社区正式的支持于 2000 年秋季结束，但是，协会继续与三个社区伙伴保持接触并提供让一些伙伴继续参加协会年会等有限的支持。

中期报告显示，协会有效地把体验教育的理论变成了现实，合作伙伴获得了自身持续的发展，成效显著。达勒姆、圣迭戈、葛底斯堡的社区合作伙伴都保持着相应的活动，社区合作伙伴的成员不断增加，他们间相互支持、相互影响，保持着持续发展的态势。

（二）发现计划：理论应用模式

安迪·明克（Mink，A.）是弗吉尼亚州立大学数字化历史中心主任、2003 年度美国国民教育家奖获得者。安迪·明克从南卡罗莱纳大学获得历史学硕士学位后，曾在弗吉尼亚州的一个乡村公立中学从教了十年。1996 年，他创立并担任发现计划的理事，以弗吉尼亚州奥伦奇市希望中学为中心，与北卡罗来纳、科罗拉多、哥斯达黎加等地区或国家的教育机构开展了广泛的合作。安迪·明克从两方面改革传统公立学校的教育教学制度：一是贯彻户外训练和杜威经验教育哲学的信条，开发服务学习、就业实习、户外训练等"做中学"的体验教育课程；二是整合体验教育与传统学术性教育，以体验的理念统贯各领域的教育活动。在开发体验教育项目、整合课程体系的过程中，为了转变教师的观念、提高教师的专业素质，数字化历史中心为 K-12（12年一贯制）中小学及大学教师设立专业发展工作坊，提供有关历史的站点内容以及教学方法论、课堂教学活动、过程、评估的指导。基于安迪·明克自身所从事的学科专业，历史学科的数字化教学改革成为教育一体化的突破口。利用信息技术，学生探索资源、分析材料、综合数据、提出结论，在协作、互动的学习与研究过程中，实现了现实世界的探索与数字资源的有效结合，在体验的过程中更有效地达到了课程标准的学习要求。①

2000年，在《K-12核心学术课程指导纲要》的基础上，弗吉尼亚州下议院通过了人格教育法案，以法律形式要求所有学区实施人格教育计划。人格教育计划的目标是培养学生责任心、诚实和同情的品质。但是，许多学区为了确保学术性教育的重心地位，人格教育被游离于学术教育之外。

在此背景下，发现计划突破历史学科教学改革的范围，致力于融合学术教育与人格教育，架通实践感知领域和学术认知领域的桥梁。发现计划强调学生的整体发展，探索感知教育与认知教育互为基础、相互转化的模式，在弗吉尼亚希望高级中学真正形成了学术与人格教育一体化的格局。从实践的结果看，参与发现计划的学生在学术课程的考试成绩上明显超过了本校、本学区或本州的同辈学生群体。发现计划的实践结果显示：在公立学校系统中，体验教育是一种从制度上突破传统教育体制的可行的途径。②

（三）富勒敦（Fullerton）学校的故事：学校自主发展模式

富勒敦学校校长哈钦森（Hutchinson，J.）曾经擅长"做中学"，1987年签约参加体验教育的内部服务课程之后，他发现，原本确信知道的那些知识是在传统教育的模式下获得的。他带着一套确信的教育价值观——体验教育的信念体系回到学校，并开始满怀激情地把新的观念落实到实践之中。

在与教师和家长组成的学校改进小组的会晤中，改进小组赞同体验教育的观点，一致同意起草任务计划。富勒敦学校的任务计划聚焦于儿童"比旁观更多的参与""体验学习"等有意义的、真正的学习活动。虽然制定的任务计划很好，但推向公共社会时却遇到了诸多的困难。

几年之后，哈钦森有机会参加了1993年国际体验教育协会的会议。领域专家史蒂文（Steven，L.）展示了一个体验学习的课堂基本样式。此外，

① Virginia Center for Digital History. VCDH Staff and Directors [EB/OL]. [2007-01-25]. http://www.vcdh.virginia.cdu/mink.html.

② Andy Mink, Billy O'Steen. Reaching Beyond the Choir: Taking Experiential Education Down From The Mountain and Into The Public School [J]. Journal of Experiential Education, 2003, 25 (3): 355.

他也参加了一个与学校任务计划直接相关、涉及如何提炼任务宣言的会议。回校后，他与教师们通过座谈检索任务计划中使用频率最高的词汇并把它们作为学校改革的特色。提炼出的词汇最终被扩展为一个句子：我们将教导我们的孩子通晓技能、领悟内容、了解思维过程，教导他们应用知识于课堂、社区和户外情境中，获取亲自动手而得的、有意义的、真正的学习经验。

凭着这一理念与改革主题，学校向公共社会推介自己，很快获得了社会的肯定。与此同时，为了把任务计划落实到学校生活之中，学校致力于建设教师团队、家长团队和学生团队。

教师团队的成长孕育在教师教育课程的建设过程之中。几年后，最初的"当日回校"体验活动已发展成系列课程：帆船运动、划独木舟、观览公园或动物园、进入社区探索当地资源等。有一位教师把最后这种具有冒险性质的课程称为"二美元一任务"。每个教师只允许带二美元并要求参与由另外三名教师组成的团队，在一天内通过探索发现社区的资源。晚上，教师们相互交流他们的经历。这一天教师们往往是战战兢兢地开始，最后却带着一路欢笑和愉快回到学校。

教师教育课程关注并履行 TCC（教学、关心和沟通）生活与实践方式。通过团体合作的体验过程以及每月一次名为"第一个星期四"的特殊活动等，学校逐步成为学生、家长和教师们都愿意待的地方，教师逐步形成这样的信念：作为个体我们是不完善的，但作为一个团队，我们是一种力量。

沟通是 TCC 信念体系的一部分，有助于家长成为团队的一部分，也促使他们成为学校任务计划的坚决拥护者。家长每隔一周能收到校长关于学校情况的报告，每月能收到一次班级管理教师的报告。每年，教师们发现至少100 个家长来学校与孩子一起共同作业并以各种方式帮助教师的工作。

学生是任务计划的落脚点所在。学校期望学生"比旁观更多的参与"，学生做到了。他们开设学校商店，撰写本社区中年长者的"生活传记"、与美国家长—教师联谊会（PTA）联系取得贷款培植香草。五年级学生调查研究了"人们为什么喜欢生活在富勒敦社区"，并撰写了关于这个专题的一本小册子，被当地的房产办公室用来作为展示社区优势的重要依据。这些充分体现了任务计划中"比旁观更多参与"的学校发展目标。①

---

① Joanna Allen, John Hutchinson. The Woods and the Trees: Interpreting Experiential Education for Schools and a Greater Audience [A]. In: Rick Harwell, Timothea Comstedt, Nina Roberts, ed. Deeply Rooted, Branching Out, 1972—1997 (25th Annual AEE International Conference Proceedings) [C]. Needham Heights, MA: Simon & Schuster Custom Publishing, 1997, P. 1—12.

三、对中美体验教育实践的一些感想

吉林省第二实验学校的"体验教育"和美国体验教育的三个个案虽然不能完全代表中美体验教育实践的全貌,但在一定程度上反映了中美体验教育的不同取向及其实践路径。

伴随着世纪之交教育理念的转变,我国体验教育基于传统的课外活动、少先队活动的实践,重视校内外学生亲身的实践活动。另一方面,尤其是课程改革之后,课程目标三维度中的"过程与方法""情感态度与价值观"要求课堂教学中学生经历"亲心"体验。这样,在体验教育的理解上就形成了两种倾向:一是把体验教育的范围限定在"亲身经历"的实践活动领域;二是兼综"亲身体验"与"亲心"体验。在深化课程改革的教育实践中,后者的理解比较普遍。吉林省第二实验学校的"体验教育"就是这一取向的代表。它以课堂教学作为主渠道,建构课程的活动结构,重视课外实践活动,优化校内外环境,形成了以内在体验贯穿教育活动中不同认识领域的大综合形式的体验教育。这是中国传统文化背景下,基于东方式思维的"体验教育"。

从美国体验教育的类型上看,无论是户外、户内的体验教育还是课堂体验教育,界说标准更多地倾向于外显的操作性实践活动。发现计划致力于改革传统公立学校的教育教学制度,不仅开发了服务学习、就业实习、户外训练等"做中学"的体验教育课程,同时也以体验的理念统贯各领域的教育活动,与我国当前主流的体验教育实践的基本方向是相同的。在实践方式上发现计划有自己的一些特色:基于体验亲身经历的取向,在融合体验教育、学术性教育和人格教育的过程中,发现计划把信息技术、感知教育作为一体化教育的桥梁。从体验教育的项目和学校体验教育的理念和改革主题看,体验的实践活动取向显然也表现在全美社区发展计划和富勒敦学校的教育实践之中。

从美国体验教育的组织管理方面看,学校之外的组织和研究者往往是美国体验教育实践的支持者或发动者。在三个个案中,全国社区发展计划的实质是体验教育共同体的建设,包括作为管理、协调、监督者的协会,作为理论指导者的大学或学院,作为体验教育实施者的学校,还有作为协作者的社区代理或协助机构,等等。它以协会为核心,整合了高校、中小学校、专家和社会各方面的力量,为体验教育项目的展开提供了广阔的空间,也为学生体验的广度和深度提供了有利的支持环境;富勒敦学校模式的运行以校长为核心,动力源来自校长和教师,但如果没有体验教育协会所提供的内部服务课程、会议及领域专家史蒂文等人的支持,学校的改革也不会如此顺利;由安迪·明克发起的发现计划代表了美国体验教育发展的新动向:贯彻体验教

育哲学，突破传统体验教育项目的局限，走向学术教育领域的改革，为美国公立学校教育制度的变革提供了一种切实可行的新思路。

由上可见，中美体验教育的取向存在内取与外求的差异。基于传统智慧的我国体验教育在指向外部直接经验获得的同时，始终关注主观的内部体验，表现出体验的完整性；基于西方思维方式的美国体验教育直接指向外部经验，把内部体验作为个体实践活动的客观结果，但也正因为把体验理解为亲身经历，体验教育的操作性更强，主体能够实现真正的多元化，教育情境也有更广阔的背景。

我们把亲身经历的、由外而内的体验教育视为体悟教育的外在形态，把亲心经历的、由内而内的心悟教育视为体悟教育的内在形式，兼顾了中美体验教育各自的优点，即有利于增强体验教育的可操作性，更好地发挥各种体验教育资源的作用，也有利于更深入地认识个体内部世界的形成与提高。

第三节　体悟教学的探索

体悟教学是新课程改革拉开序幕之后，指向过程与方法、情感态度价值观两方面课程目标，主要在课堂教学领域掀起的、以探求文本意义为己任的一种教学改革思路。它从语文学科教学改革开始，已先后扩展到思想品德、音乐与美术、数学、历史、地理、体育等各个学科，并总结出了适应不同学科的体悟教学模式。其中，江苏省锡山高中依托"高中语文体悟教学"实验课题开展的教学改革是我国最早有系统地进行体悟教学的实践探索，具有一定的代表性。

一、体悟教学的典型个案——《生命的意义》课堂教学实录节选

以下是 2002 年 11 月江苏省锡山高中"高中语文体悟教学"实验课题主持人、特级教师唐江澎老师在北京召开的"苏教版初中语文教材实验区课程与教材改革研讨会"上上的一节诵读示范课的教学实录[①]（节选）：

师：下面，请同学们在小组内朗读，每人读一段，然后交流一下，说说为什么要这样读，道理何在？

（小组内同学间进行朗读交流，老师参与讨论、巡视组织）

---

① 唐江澎.《生命的意义》课堂教学实录 [J]. 中学语文教学，2003（2）：22—24.

师：下面请第三组的同学来朗读，然后说说为什么这样读。完了以后，大家再评评，看他们的读法有没有表现他们的道理。

生：（第三组同学依次朗读后，组长谈读法设计的道理）我觉得我们读得还可以。我觉得其中的景物描写给人的感觉很好，总体读起来催人奋进，给人以鼓舞……

师：所以，你们读得慷慨激昂。（众笑）

生：（举手并从座位上站起来）我先纠正一下，刚才他们读错了一个字，"枞树枝"的"枞"应读"cōng"。还有，我要指出他们组朗读的一个严重的问题……

师：哦，严重问题，说说看。

生：他们读得没有感情……

师：我听起来激情充沛，怎么说没有感情呢？

生：不是那种感情，他们主要是没有理解保尔当时的心情。

师：太重要的一个提醒，看来，我们应该去把握主人公的感情，有了一定理解后再来读。

大家既然已经读过小说，那就随我一起回想一下有关情节。（老师提，学生跟说，明确了一些重要情节）在此之前，保尔已经单目失明，退伍后参加筑路，得了场重病——伤寒，在床上躺了一个冬天。

我还记得，大病初愈的保尔出门后，对着他望了一冬的小鸟说：我们终于熬过了这个冬天。可见他已经经历了一次死亡的考验。现在他想回到工作岗位去，走之前，来到了——

生：（众）公墓。

师：公墓里埋的是——

生：革命烈士。

生：不，是瓦利亚等，是保尔的战友。

师：是童年的伙伴。本该是鲜活的生命，现在却进入了另一个世界。回到最初的问题上，保尔是在什么环境中思考了什么？

生：在公墓中，面对战友的坟墓，思考了生命的意义。

师：现在知道该怎么读了吗？我们来读读保尔的这段传世名言吧。

生：我觉得保尔大病初愈，步履蹒跚，节奏不应该读得那么快；语气应该是沉重的，不应该……

师：你说得很对，我和大家更想听你如何用声音把你的理解表现出来。

生：我觉得应该这样读……（读第6节，声音低缓沉重）

生：（老师示意学生点评）太没劲儿了，这段话好像也不能这么读。

师：的确，它是全文最重要的一节，是保尔面对战友的亡灵而产生的对生命价值与意义的深刻思考。这段话，提出了两个我们每个人都必须回答的关于生命意义的问题，一是人活着为什么，二是人应该怎样活着。（屏幕显示板书）前者决定人生目标，后者决定生活方式。为全人类的解放而斗争，不虚度年华，不碌碌无为，高尚的人生追求加充实的生活方式构成了保尔生命的伟大意义。下面请同学们认真思考一下：你为什么而活？你又将怎样活着？让我们在有关生命意义这一重大话题上与伟大的保尔进行一次对话，看看能否进一步理解他，从而更准确地读出他的情感。

（生思考片刻后纷纷举手）

……

师：面对生命意义的话题，大家谈笑风生，我觉得主要的问题是，在同学们的生命里程中，还不曾有过保尔那样直接面对死亡的体验，因而所有读这段名言的同学都遗漏了最后一句："人应该赶紧地、充分地生活，因为残酷的疾病和意外的事故随时都可能夺去你的生命。"是啊，保尔对生命的珍惜和生命价值的重视都源于此，这使我不禁想到俄国思想家、哲学家别尔嘉耶夫的一段话：（屏幕显示）"只有死亡的事实才能深刻地提出生命的意义问题。这个世界上生命之所以有意义，只是因为有死亡。假如在我们的世界里没有死亡，那么生命就会丧失意义。"

（生沉寂）

师：曾经读到过一个故事，我甚至不愿重复讲述。1999 年 10 月 3 日，本该愉快的假日里，一个幸福的三口之家在高高的缆车放飞他们的欢笑，欣赏着被枫叶染红的峡谷美景。就在这时，缆车突然间离开了缆索，急速地坠落。十几条鲜活的生命一瞬间就要消失了。就在缆车坠地的那一瞬间，父母用双手奋力托起了年仅 2 岁的孩子。父母双双遇难了，而他们却用双手托起了孩子的重生。这个孩子叫潘子洁。

（播放韩红演唱的歌曲《天亮了》，屏幕显示歌词）

　　就是那个秋天

　　再也见不到爸爸的脸

　　他用他的双肩

　　托起我重生的起点

　　黑暗中泪水沾满了双眼

　　你不要离开，不要伤害

　　我看到爸爸妈妈就这么走远

　　留下我在这陌生的人世间

（许多人在啜泣）

师：（在音乐声中）这是个近乎残酷的换位体验，假如你是潘子洁，在父母为你托起了这第二次生命后，你对生命是否有更深刻的理解？

生：我、我……（泣不成声）

师：（示意坐下）你是潘子洁。请你以"人最宝贵的是生命"开头，说说人生目标与生活方式。

生：（满含热泪）人最宝贵的是生命。人的一生应该这样度过：好好珍惜自己，生命太宝贵了，我不能随便对待它，要好好活着，做出一番事业。有朝一日，在我走进天国的时候，父母会对我说：孩子，你是有出息的。

师：（片刻的沉寂后，缓缓地）太感动人了。这时候我们再来读一读保尔关于生命思考的那一段，是否会有更深刻的感悟？刚才这位同学读得没感情。现在你来读，好吗？

生：人最宝贵的是生命……

师：好多了。同学们，诵读不是声音技巧的完善，而是真实情感的表达，要用心读出自己的感悟。我们可以采用写诵读脚本的方法（已下发诵读脚本格式），记录自己对文本的理解和声音表现方法的设计，可以是短语，也可以想象一种境界。比如第一句，按刚才同学们的理解，可以写为：（屏幕显示）

诵读脚本（示例）

人最宝贵的是生命。

生命每个人只有一次。

（或）本该是鲜活的生命呀，却消失在另一个世界里。

（或）悲愤，深沉的思索从心底流出。

（生开始撰写脚本，教师巡视后展示学生所写，并请学生点评）

……

人的一生应当这样度过：

当回忆往事的时候，

他不会因为虚度年华而悔恨，

也不会因为碌碌无为而羞愧；

在临死的时候，他能够说："我的整个生命和全部精力，都已经献给了世界上最壮丽的事业——为人类的解放而斗争。"……

生1："这样"，是对未来的设计，用想象的语气，而不是命令的语气。

生2："不会"，不是估计，语气坚定，一定如此。

生3："临死的时候"，不悲观，终于交出了满意的答卷。

生4："临死的时候"，问心无愧。

生5："能够"：充满自信。

生6："能够"：咱这一辈子没白活。

生7："能够"：问心无愧的老者，回首往事。

生8："斗争"：坚定。

师：太好了。下面，我来诵读这一段。不过，我要说明的是，我是用自己的声音读出我的理解、我的感悟。我的声音较为浑厚苍凉。如果大家要刻意模仿我，那不一定会有好的效果。朗读完全是一种个人行为，请大家记住：我口诵我心。

（师满含感情朗读第 6 段。众人沉醉其间，许多学生眼含热泪）

二、对课例的反思与感言

（一）执教者的反思：心悟口诵

作为体悟教学的首创者①，唐江澎坚信"朗读的基础应该是理解和感悟，'心悟'而后'口诵'"。阅读教学策略"应该着重于学生'有意义'地阅读，应该强调学生的理解与体验、感悟与思考"。在教学过程中，"教师的作用，就是要引导学生依据他们的生活经历、情感体验、审美趣味、直觉能力去积极参与文本的再创造，去感受作者对社会、人生的'心理体验'，去'研究'那些'未定性'的层面，去'填充'那些'空白'，实现学生经验与文本的融合，最终产生个性化层面上的文本意义"。要做到理解与感悟，首先"要引导学生走人文本，把握人物的情感。教学中，教师引领着学生从文本语言出发，逐步走进保尔生活境况，体验他当时的独特情感"；其次，"要拉近学生与文本的距离，展开精神的对话。教学调查中，发现大多数学生并不怎么欣赏这段话，认为是过去时代英雄们的豪言壮语，与当代学生的人生观相去甚远"；第三，"还要创设情境，让学生在换位中获得情感体验"。②

（二）学者的感言

"在听课中感到，唐老师的教学突出强调参与、交流、对话、引导，他经常使用的方法约为两种：学生——'定向自悟'，教师——'导向致悟'；学生——'体悟'，教师——'启悟'"③。"他以自己'教'中的'体悟'，去启引学生'学'中的'体悟'，终于在理论与实践的交汇点上，提出了带有鲜明个性色彩的语文教学策略体系——体悟教学。"④ 另一方面，体悟教学也引发了学者们对一些重要问题的深层次的思考："如何更好地促进学生积极地进行体悟并实有所得？""如何更好地促进学生自由地交流从而获得体悟的

---

① 钱梦龙. 唐江澎给我们的启示 [J]. 人民教育，2002（6）：46.
② 唐江澎. 要朗朗书声，更要理解感悟 [J]. 人民教育，2003（10）：23－24.
③ 王建军."体悟教学"的教育学意蕴 [J]. 人民教育，2002（6）.
④ 钱梦龙. 唐江澎给我们的启示 [J]. 人民教育，2002（6）：46.

升华?""怎样在不伤害学生个人体悟的限度内进行有定论的指导?""'体悟教学'是不是仅适用于高年级学生?""是不是仅适用于语文科的教学?"① 正是这些问题促使人们近些年对体悟教学作了进一步深入的实践探索。

---

① 王建军."体悟教学"的教育学意蕴 [J]. 人民教育,2002 (6):47.

参 考 文 献

一、中文部分

（一）著作类

[1] 奥斯特洛夫斯基.钢铁是怎样炼成的[M].田国彬,译.北京:燕山出版社,2004.

[2] 柏格森.创造进化论[M].王珍丽,译.长沙:湖南人民出版社,1989.

[3] 柏格森.形而上学导论[M].刘放桐,译.北京:商务印书馆,1963.

[4] 博尔诺夫.教育人类学[M].李其龙,译.上海:华东师范大学出版社,1999.

[5] 波林·罗斯诺.后现代主义与社会科学[M].张国清,译.上海:上海译文出版社,1998.

[6] 陈桂生.教育原理[M].上海:华东师范大学出版社,1993.

[7] 陈卫平,施志伟.生命的冲动——柏格森和他的哲学[M].上海:上海三联书店,1988.

[8] 陈琦,刘儒德.当代教育心理学[M].北京:北京师范大学出版社,1997.

[9] 车文博.意识与无意识[M].沈阳:辽宁人民出版社,1987.

[10] 中国社会科学院哲学研究所现代外国哲学组.当代美国资产阶级哲学资料[M].北京:商务印书馆,1978.

[11] 刁培萼,吴也显.智慧型教师素质探新[M].北京:教育科学出版社,2005.

[12] 董德福.生命哲学在中国[M].广州:广东人民出版社,2001.

[13] 杜·舒尔茨.现代心理学史[M].杨立能,等,译.北京:人民教育出版社,1981.

[14] 费迪南·费尔曼.生命哲学[M].李键鸣,译,北京:华夏出版社,2000.

[15] 冯建军.生命与教育[M].北京:教育科学出版社,2004.

[16] 弗兰克 G.戈布尔.第三思潮——马斯洛心理学[M].吕明,陈红雯,译.上海:上海译文出版社,2001.

[17] 弗洛伊德.精神分析引论[M].高觉敷,译.北京:商务印书馆,1999.

[18] 格奥尔格·西美尔.生命直观:先验论四章[M].刁承俊,译.北京:生活·读书·新知三联书店,2003.

[19] 郭晓明.课程知识与个体精神自由[M].北京:教育科学出版社,2005.

[20] 海德格尔.存在与时间[M].陈嘉映,王庆节,译.北京:生活·读书·新知三联书

店,2000.

[21] 汉斯·波塞尔.科学:什么是科学[M].上海:上海三联书店,2002.

[22] 赫舍尔.人是谁[M].隗仁莲,译.贵阳:贵州人民出版社,1994.

[23] 胡德海.教育学原理[M].兰州:甘肃教育出版社,2006.

[24] 胡塞尔.欧洲科学危机和超验现象学[M].张庆熊,译.上海:上海译文出版社,2005.

[25] 胡塞尔.现象学的观念[M].倪梁康,译.上海:上海译文出版社,1986.

[26] 金生鈜.理解与教育——走向哲学解释学的教育哲学导论[M].北京:教育科学出版社,1997.

[27] 夸美纽斯.大教学论[M].傅任敢,译.北京:人民教育出版社,1984.

[28] 李家成.关怀生命:当代中国学校教育价值取向探[M].北京:教育科学出版社,2006.

[29] 李吉林,田本娜.李吉林小学语文"情境教学—情境教育"[M].济南:山东教育出版社,2000.

[30] 厉以贤.学习化社会的理念与建设[M].成都:四川教育出版社,2004.

[31] 利奥塔.后现代状态:关于知识的报告[M].车槿山,译.北京:生活·读书·新知三联书店,1997.

[32] 柳海明.现代教育学原理[M].长春:东北师范大学出版社,2002.

[33] 刘放桐.新编现代西方哲学[M].北京:人民出版社,2000.

[34] 刘慧.生命德育论[M].北京:人民出版社,2005.

[35] 刘济良.生命的沉思:生命教育理论解读[M].北京:中国社会科学出版社,2004.

[36] 刘惊铎.道德体验论[M].北京:人民教育出版社,2003.

[37] 刘奎林.灵感:创新的非逻辑思维艺术[M].哈尔滨:黑龙江人民出版社,2003.

[38] 刘志军.生命教育论[M].北京:中国社会科学出版社,2004.

[39] 鲁洁.教育社会学[M].北京:人民教育出版社,1990.

[40] 罗素.西方哲学史(上、下卷)[M].马元德,译,北京:商务印书馆,2004.

[41] 马丁·海德格尔.林中路[M].孙兴周,译.上海:上海译文出版社,1997.

[42] 马克斯·范梅南.教学机智——教育智慧的意蕴[M].李树英,译.北京:教育科学出版社,2001.

[43] 马克斯·范梅南.生活体验研究——人文科学视野中的教育学[M].宋广文,等,译.北京:教育科学出版社,2003.

[44] 马列著作选读(哲学卷)[M].北京:人民出版社,1988.

[45] 马斯洛.人的潜能和价值[M].林方,等,译.北京:华夏出版社,1987.

[46] 马斯洛.存在心理学探索[M].李文湉,译.昆明:云南人民出版社,1987.

[47] 马中.中国哲人的大思路[M].西安:陕西人民出版社,1993.

[48] 迈克尔·波兰尼.意义[M].彭淮栋,译.台北:台湾联经出版公司,1981.

[49] 米盖尔·杜夫海纳.美学与哲学[M].孙非,译.北京:中国社会科学出版社,1985.

[50] 尼采.悲剧的诞生[M].熊希伟,译.北京:华龄出版社,1996.

[51] 尼采.查拉斯图拉如是说[M].尹溟,译.北京:文化艺术出版社,1987.

[52] 欧阳谦.20世纪西方人学思想导论[M].北京:中国人民大学出版社,2000.

[53] 裴娣娜.发展性教学论[M].沈阳:辽宁人民出版社,1998.

[54] 秦光涛.意义世界[M].长春:吉林教育出版社,1998.

[55] 萨特.存在主义是一种人道主义[M].周煦良,汤永宽,译.上海:上海译文出版社,1988.

[56] 石中英.知识转型与教育改革[M].北京:教育科学出版社,2001.

[57] 王道俊,王汉澜.教育学[M].北京:人民教育出版社,1989.

[58] 王坤庆.精神与教育:一种教育哲学视角的当代教育的反思与建构[M].上海:上海教育出版社,2002.

[59] 王前.中西文化比较概论[M].北京:中国人民大学出版社,2005.

[60] 王枬.智慧型教师的诞生[M].北京:教育科学出版社,2006.

[61] 汪霞.课程研究:现代与后现代[M].上海:上海科技教育出版社,2003.

[62] 汪云九,杨玉芳.意识与大脑——多学科研究及其意义[M].北京:人民出版社,2003.

[63] 魏金生主编.现代西方人学思想的震荡[M].北京:中国人民大学出版社,1996.

[64] 吴式颖主编.外国教育史教程[M].北京:人民教育出版社,1999.

[65] 小威廉姆 E.多尔.后现代课程观[M].王红宇,译.北京:教育科学出版社,2000.

[66] 杨岚,张维真.中国当代人文精神的构建[M].北京:人民出版社,2002.

[67] 易连云.重建学校精神家园[M].北京:教育科学出版社,2003.

[68] 雅斯贝尔斯.什么是教育[M].邹进,译.上海:上海三联书店,1991.

[69] 叶澜.教育概论[M].北京:人民教育出版社,1991.

[70] 叶启绩,林滨,程金生.20 世纪西方人生哲学[M].北京:人民出版社,2006.

[71] 赵光武主编.思维科学研究[M].北京:中国人民大学出版社,1999.

[72] 杜威.杜威教育论著选[M].赵祥麟,王承绪,译.上海:华东师范大学出版社,1981.

[73] 张世英.天人合———中西哲学的困惑与选择[M].北京:人民出版社,1995.

[74] 张文质.生命化教育的责任与梦想[M].上海:华东师范大学出版社,2006.

[75] 朱小蔓.情感教育论纲[M].南京:南京出版社,1993.

（二）论文类

[1] 蔡熹耀.体验式学习的价值生成机理及关联分析[J].科技管理研究,2004(5).

[2] 陈焕章.日本中小学体验活动的社会支持系统[J].外国中小学教育,2004(7).

[3] 陈建翔.试论"体悟式教学"[J].教育科学,2004(4).

[4] 陈佑清.体验及其生成[J].教育研究与实验,2002(2).

[5] 邓武蓉,周庆元.试论新课程背景下语文教学过程的审美化[J].湖南师范大学教育科学学报,2006(1).

[6] 刁生虎.老庄直觉思维及其方法论意义[J].安徽大学学报(哲学社会科学版),2002(5).

[7] 方红,顾纪鑫.简论体验式学习[J].高等教育研究,2000(2).

[8] 方展画."情境教育"模式对建构教育原理的启示[J].课程·教材·教法,1999(7).

[9] 范安平,吴长庚.论课堂创新教学情境的创设[J].江西教育科研,2007(1).

[10] 冯玉珍.理性、非理性与理性主义与非理性主义[J].哲学动态,1994(2).

[11] 傅永军.后现代知识观与社会批判方法的知识学意义[J].文史哲,2002(2).

[12] 高伟.体验:教育哲学新的生长点[J].湖南师范大学教育科学学报,2003(4).

[13] 顾红亮.对德性之知的再阐释——论杜维明的体知概念[J].孔子研究,2005(5).

[14] 关尚敏.创设体验氛围,升华自我心灵——谈体验教育[J].吉林教育科学(普教研究),1996(2).

[15] 郭思乐.人之悟感发展与教育的生本化改革[J].教育研究,2004(3).

[16] 郭祖仪.从教育诸要素看社会对教育本体应有的关照[J].陕西师范大学继续教育学报,2001(1).

[17] 黄瑞雄.波兰尼的科学人性化途径[J].自然辩证法通讯,2000(2).

[18] 蒋卫东.灵感思维研究简史(上、下)[J].发明与创新,2003(3);2003(5).

[19] 姜勇,阎水金.西方知识观的转变及其对当前课程改革的启示[J].比较教育研究,2004.(1).

[20] 江东.对非逻辑思维方式的哲学反思[J].河北大学学报(哲学社会科学版),1998(1).

[21] 靖国平.体验性学习与新课程改革[J].教育科学研究,2004(2).

[22] 李吉林.我的情境教育探索之路[J].基础教育,2005.(Z1).

[23] 李树英.教育现象学:一门新型的教育学——访教育现象学国际大师马克思·范梅南教授[J].开放教育研究,2005(3).

[24] 李维.青少年体验教育的心理学依据[J].当代青年研究,2002(5).

[25] 李维.青少年体验教育的社会学依据[J].当代青年研究,2002(6).

[26] 李英.体验:一种教育学的话语——初探教育体验范畴[J].教育理论与实践,2001(12).

[27] 林丽华.让道德生命在道德情感体验中发展——论美国学校道德教育及其启示[J].比较教育研究,2005(3).

[28] 连淑能.中西思维方式:悟性与理性[J].外语与外语教学,2006(7).

[29] 刘国建.论直觉和灵感思维的自组织机制[J].科学技术与辩证法,2001(5).

[30] 刘松来,尹雪华."以天合天"与"妙悟"之我见——中国古代艺术领域直觉思维理论溯源[J].江西师范大学学报(哲学社会科学版),2003(4).

[31] 刘徐湘.从直觉的三种形态看教师形上的智慧何以可能[J].湖南师范大学教育科学学报,2005(1).

[32] 刘仲林.认识论的新课题——意会知识——波兰尼学说评介[J].天津师范大学学报(社会科学版),1983(5).

[33] 刘仲林.意之所在,不言而会——老庄意会认识论初探[J].中国哲学史,2003(3).

[34] 刘正光.《体验哲学——体验心智及其对西方思想的挑战》述介[J].外语教学与研究(外国语文双月刊),2001(6).

[35] 毛金凤."悟":中华民族审美体验中的一把金钥匙[J].广西民族学院学报(哲学社会科学版),2001(5).

[36] 孟宪鹏.直觉思维[J].思维与智慧,1996(3).

[37] 牛菲,张智勇.略论中西传统思维方式之差异[J].安徽工业大学学报(社会科学版),2003(1).

[38] 潘洪建.当代知识观及其对基础教育改革的启示[J].教育研究,2004(2).

[39] 彭梅蕾."得意忘言"说对中国诗学的意义——严羽诗论意蕴演绎[J].社会科学家,

2005(1).

[40] 乔根锁.论老庄哲学的直觉与直观[J].西藏民族学院学报(哲学社会科学版),2003(5).

[41] Roger Sperry.分离大脑半球的一些结果[J].世界科学,1982(9).

[42] 沈建.体验性:学生主体参与的一个重要维度[J].中国教育学刊,2001(4).

[43] 孙云晓,胡霞.在体验中快乐成长——日本的自然体验教育[J].中国教师,2005(1).

[44] 王嘉毅,李志厚.论体验学习[J].教育理论与实践,2004(12).

[45] 王蓉拉.论理性与非理性的界定[J].宁波大学学报(人文科学版),1998(3).

[46] 王攀峰,张天宝.让教育研究走向生活体验[J].教师教育研究,2004(5)

[47] 王树人.中国的"象思维"及其原创性问题[J].学术月刊,2006(1).

[48] 王玉兰.裂脑人与大脑意识功能研究评述[J].南开学报,1987(4).

[49] 王寅.体验哲学:一种新的哲学理论[J].哲学动态,2003(7).

[50] 王寅.中西学者对体验哲学的论述对比初探[J].外语与外语教学,2004(10).

[51] 汪怀君.由现代到后现代看科学与人文的关系[J].东南大学学报(哲学社会科学版),2006(1).

[52] 伍香平,李华中.论柏格森的直觉体验教育哲学观[J].湖南师范大学教育科学学报,2002(9).

[53] 闫守轩.论体验教学的生命机制[J].教育科学,2006(3).

[54] 杨通宇,陈庆良,何克等.体验教学的理论研究[J].当代教育论坛,2006(4).

[55] 杨义.感悟通论(上、下)[J].社会科学战线,2006(1);2006(2).

[56] 杨楹.非理性主义哲学思维方式论纲[J].新疆师范大学学报(哲学社会科学版),1998(1).

[57] 杨楹,董翔薇.论非理性主义思维方式[J].齐鲁学刊,1998(2).

[58] 姚鹤鸣.诗悟和禅悟及其现代解读[J].江海学刊,2002(5).

[59] 叶澜.让课堂焕发出生命的活力[J].教育研究,1997(9).

[60] 余玫."妙悟说"的启示[J].社会科学研究,1998(4).

[61] 张华.体验课程论——一种整体主义的课程观(上、中、下)[J].教育理论与实践,1999(10);1990(11);1990(12).

[62] 张华龙.体悟学习:塑造人文精神的基本学习方式[J].课程·教材·教法,2003(3).

[63] 张华龙.课程目标一体化与体悟教学[J].课程·教材·教法.2004(4).

[64] 张松辉.论渐修与顿悟的同异[J].宗教学研究,2002(3).

[65] 张天明.沧浪"妙悟"说与审美的直觉性[J].湖南师范大学社会科学学报,1998(4).

[66] 张文质.回归生命化的教育——黄克剑先生访谈录[J].明日教育论坛,2001(2).

[67] 周文文.超越近代"理性"的走向:马克思的"感性意识"[J].人文杂志,2002(5).

[68] 庄穆.体验的认识功能初探[J].福建学刊,1994(6).

[69] 辛继湘.体验教学研究[D].重庆:西南师范大学,2003.

[70] 张威.教师引导道德体验学习[D].北京:首都师范大学,2005.

[71] 邹进.现代德国文化教育学[C]//中国博士论文提要(社会科学部分 1981-1990).北京图书馆学位学术论文收藏中心,1992.

二、英文部分

[1] Andrew Wright(2000). *Spirituality and Education*. London and New York：State University of New York Press.

[2] Andy Mink, Billy O'Steen. Reaching Beyond the Choir：Taking Experiential Education Down From The Mountain and Into The Public School. Journal of Experiential Education, 2003,25(3).

[3] Boud,D. and Miller,N(1997). *Working with Experience：animating learning*, London：Routledge.

[4] Bourdeau, Virginia D. 4-H Experiential Education—A Model for 4-H Science as Inquiry. Journal of Extension,2004,(5).

[5] Brownhill R. J(1983). *Education and the Nature of knowledge*. London & Canberra：Croom Helm.

[6] Crick F(1994). *The Astonishing Hypothesis—The Scientific Search for the Soul*. New York：Charles Scriber's Sons.

[7] Crosby, April. A Critical Look：The Philosophical Foundations of Experiential Education. Experiential Education,1981,(1).

[8] Dewey,J(1929). *Experience and Nature*, New York Dover.

[9] Denise Dumouchel. Experiential Practice：Outdoor, Environmental and Adventure Education. New Horizons Online Journal, 2003,IX(3).

[10] Ewert,Alan. Research in Experiential Education：An Overview. Experiential Education, 1987,(2).

[11] Feyerabend, P. K (1997). *Against Method；Outline of an Anarchistic Theory of Knowledge*. Redwood Burn.

[12] arvis,P(1995). *Adult and Continuing Education：Theory and practice*. London：Routledge.

[13] Joanna Allen,John Hutchinson. The Woods and the Trees：Interpreting Experiential Education for Schools and a Greater Audience. In：Rick Harwell,Timothea Comstedt, Nina Roberts, ed(1997). *Deeply Rooted, Branching Out, 1972－1997(25th Annual AEE International Conference Proceedings)*. Needham Heights, MA：Simon & Schuster Custom Publishing.

[14] Kolb,David A(1984). Experiential Learning：Experience as the Source of Learning and Development. Englewood Cliffs. New Jersey：Prentice-Hall.

[15] Lawrence Neil Bailis. The National Society for Experiential Education in Service Learning. New Directions for Higher Education, 2001,(114).

[16] Minnich, Elizabeth Kamarck. Experiential Education. Liberal Education,1999,(3).

[17] Michael Polanyi(1962). *Personal Knowledge：Towards a Post Critical Philosophy*, Chicago：University of Chicago Press.

[18] Priest, Simon and Gass(1997). *Michael A. Effective Leadership in Adventure Programming. Champaign, IL: Human Kinetics.*

[19] Proudman, Bill. Experiential Education as Emotionally-Engaged Learning. Experiential Education, 1992,(2).

[20] Steven E. Brooks, J. E. Althof(1979). New Directions For Experiential Learning: Enriching the Liberal Arts Through Experiential Learning. San Francisco, Jossey-Bass Inc. Publishers.

[21] Usher, R. Experiential learning or learning from experience: does it make a difference? in: D. Boud, R. Cohen and D. Walker(1993). *Using Experience for Learning*, Buckingham: Open University Press.

[22] Warren, Karen, Ed:? And Others(1995). *The Theory of Experiential Education*. Association for Experiential Education, Boulder, CO.

后　记

　　本书是在我的博士论文的基础上修改而成的。四年之前，我带着对教育的些许思考从浙中来到大西北，有幸成为胡德海先生的弟子之一。在先生的鼓励和指导下，我的博士学位论文才得以顺利完成。

　　对体悟教育的关注最初源于我主讲"教育史"课程的教学实践。最初的几年，我关注教育史学科的知识体系，致力于学科知识的拓广和深化，追求学科知识的教学效果。虽然学生一般能专心听讲，但问题很少。为了改变这种课堂氛围，我开始思考教学内容与方法的变革问题。在若干年的教学之后，我已对教育史有了较深的体会和感悟，开始脱离教案边思考边表达自己的一些观点，经常在课堂教学过程中生成一些问题并与学生交流讨论。在双向交流的过程中，渐渐地，我发现与学生之间的心理距离拉近了。从此，我逐步形成了一种思辨互动型的教学风格，教学的重心也由学识转移到了学理。后来，"教育史"作为学院重点建设课程，要求确定课程建设的思路。我开始思考自己走过的历程，"体悟"一词由此进入我的视野。之后，体悟学习和体悟教学成为我课程建设过程中集中思考的理论问题，并成为我学术研究的一个领域。有幸获得深造机会从事教育学原理的学习和研究之后，恩师曾对我们说："做学术要有这样的勇气：在思想的自由王国里，我就是帝王"。在恩师的激励下，我有了提升研究层面的想法：从原理的视野对体悟教育进行比较全面的研究，也为将来与中小学校合作开展体悟教育教学课题的实验奠定理论的基础。然而，在这一想法终于变成现实的时候，感觉对体悟教育的研究才刚刚开了一个头。之所以有这种感受，源于体悟教育研究涉及的许多问题是意会性的。体悟教育研究得出的观点是对其中普遍性内容的辨析，在兼顾理论研究逻辑理性的要求下，很多朦胧之中有些许意会的东西尚未揭开神秘的面纱。站在教育感悟与逻辑理性的平衡点上回顾体悟教育的研究，清晰脉络的细微深处，依然有很多的问题值得进一步思考。

　　在这里，我想借后记的机会，向那些在完成本书过程中给予我帮助的人们表示感谢。

　　首先，我要衷心地感谢我的导师胡德海先生。80岁高龄所具有的朝气是先生精神与人格的写照。先生心胸开阔，不计名利得失，为晚辈树立了做人、做学术的楷模。聆听着先生"做学术，先做人"的教诲，品味着先生从根底创建的学术体系，我看到了神圣学术殿堂的大门正徐徐地开启。先生丰富的阅历、宽广的视野、渊博的学识、哲学的气度引领我跨越"神殿"的门槛；殷切的期望、热诚的鼓励、谆谆的教诲给了我在学术自由王国里开拓进取的勇气。正是有了这种勇气，我才有了"体悟教育研究"的抉择。从论文选题到设计论文体例、论证研究方法、搜集相关资料，以至于撰写、修改、润色等具体问题，先生不辞辛劳地给予了大量的指导和宝贵的建议，无不浸透着吾师的心血，令我一生都难以忘怀。师母也像先生一样和蔼可亲，善良而温雅。她把我们视为自己的孩子，关心我们的学业，关心我们的生活。可以说，三年的学业生活是在感动着父母一样的关爱中度过的。在此，我要向吾师和师母致以最诚挚的谢意，并送上最温馨的祝福。

　　感谢郝文武教授、裴娣娜教授、李定仁教授、万明钢教授、王嘉毅教授、蔡宝来教授、刘旭东教授、王鉴教授和张学强教授提供的启发性观点和建设性建议。

　　感谢浙江师范大学的吴惠青教授、李长吉教授的指导和关照，感谢钱旭升博士、郑和博士的鼓励和帮助。

　　感谢西北师范大学同窗学友悉心的关怀和无私的帮助。他（她）们是李虎林、李保强、蔡中宏、王星霞、高闰青、肖正德、张新海、王慧霞、纪德奎、弋文武博士，等等。

　　最后，我还要感谢我的家人。夫人金锦萍女士在我远离求学期间，既要照顾女儿，自己也要完成学业，并对我给予了全力的支持，使我能够安心地完成学业。

　　感谢本书编辑人员，没有他（她）们的大力支持，本书不可能这么快地得以出版。

张华龙

2009年2月于浙江师范大学

责任编辑　谭文明
版式设计　贾艳凤
责任校对　刘永玲
责任印制　曲凤玲

图书在版编目（CIP）数据

体悟教育研究/张华龙著.—北京：教育科学出版社，
2009.6（2012.12 重印）
（教学新探索丛书/裴娣娜，李长吉主编）
ISBN 978 – 7 – 5041 – 4754 – 7

Ⅰ. 体…　Ⅱ. 张…　Ⅲ. 基础教育—教育改革—研究—中
国　Ⅳ. G639.21

中国版本图书馆 CIP 数据核字（2009）第 109041 号

出版发行	**教育科学出版社**		
社　　址	北京·朝阳区安慧北里安园甲 9 号	市场部电话	010 – 64989009
邮　　编	100101	编辑部电话	010 – 64981277
传　　真	010 – 64891796	网　　址	http://www.esph.com.cn
经　　销	各地新华书店		
制　　作	北京大有图文信息有限公司		
印　　刷	保定市中画美凯印刷有限公司	版　　次	2009 年 6 月第 1 版
开　　本	169 毫米×239 毫米　16 开	印　　次	2012 年 12 月第 2 次印刷
印　　张	14	印　　数	5 001—6 000 册
字　　数	258 千	定　　价	28.00 元

如有印装质量问题，请到所购图书销售部门联系调换。

责任编辑：谭文明

封面设计：北京盛和创亿

　　体悟是中国传统文化基本的认识路线，也是教育活动中固有的认识现象。理性教育学承认教育活动中悟性认识现象的存在，但无力把它纳入研究对象的范畴。教育学超越理性认识论的视阈，意味着教育理论研究突破传统方法论的局限，在体验、感悟的过程中深入到悟性认识的领域。这条路是隐秘的，教育学能撩开其神秘的面纱，看到周遭的景象吗？

定价：28.00元

ISBN 978-7-5041-4754-7

9 787504 147547 >